Ein Quäntchen Glück

Ursula Schöpf

Ein Quäntchen Glück

Die Geschichte der Weberfamilie Richter in Lodz

FREE PEN VERLAG

Inhalt

Zum Buch	7
Introduktion	9
Vor dem Krieg	12
Die Fotos	12
In der Peter- Rosegger- Straße	18
Fremde und Berge	23
Frau Kapitän	44
Schule extrem	51
Bauernhöfe	56
Nachricht aus Polen	60
Erste Briefe	60
Eheleben in Litzmannstadt	66
Grützwurst	78
Franziska und Apolonia	81
Familienherkunft	92
Leben im Zweiten Weltkrieg	102
Die Richterkinder	105
Leo Richter	106
Josef Richter	112
Apolonia Richter	119
Subtile Suche	125
Drei Jahre Rosenheim	127
Reinhold und Else	139

Am Fuß der schwäbischen Alb	144
Spiele und Konfirmation	144
In der Jos-Weiss-Schule	154
Lehrjahre	162
Landsmannschaft Weichsel-Warthe	168
Stellenwechsel	176
Economat Franzaises	181
Büro und Verlobung	200
Leben auf der Alb	204
Die 60er und 70er Jahre	222
Erste Besuche	222
Nachtgespräche mit Hedwig	231
Neuorientierung	237
Kleines Familientreffen	240
Weg von Mießem	245
Hedwigs Erinnerungen	252
Hedwigs Fotos	252
Lodz anschauen	263
Familienangehörige kennen lernen	263
Resümee	287
Gegen Gewalt	292
Stadt meiner Dokumente	293
Anhang	295

Zum Buch

Die Lebensgeschichte Helene Richters und ihrer Tochter Ursula steht exemplarisch für Millionen Vertriebenen- und Flüchtlingsschicksale in Vergangenheit und Gegenwart. Das Buch bringt den Lesern nahe, wie sich Krieg, Enteignung und Trennung auf das Leben der betroffenen Familien auswirken. Darüber hinaus wird deutlich, dass es jederzeit nicht nur Hass, sondern auch gegenseitige Hilfe und Mitmenschlichkeit gibt. Sie wertzuschätzen, nicht zu vergessen, ist Anliegen dieses Buches. Die Menschen haben es verdient.

Nach vielen Jahren des Abwägens und Abwartens gelingt der Verfasserin 2009 die Reise in ihre Geburtsstadt Lodz, in der ihre Angehörigen fast zwei Jahrhunderte lebten und noch leben.

Anschließend schreibt sie das aktuell Erfahrene auf und erzählt die Geschichte ihrer Familie, der Weberfamilie Richter. Sie beginnt Anfang des 19. Jahrhunderts mit Franz Richter. Durch traumatische Nachkriegserlebnisse 1945 in Polen, wird die Familie, der die Flucht vor den Russen misslingt, getrennt. Aber das Familienzusammengehörigkeitsgefühl Helene Richters ist so stark, dass es Jahrzehnte überdauert. Nach und nach holt sie ihre Eltern und Geschwister in die Bundesrepublik Deutschland, in die sie als erste flüchtete, und wo sie versucht, an die traditionellen Familienwerte anzuknüpfen.

Authentische Berichte von Helene und Hedwig Richter, die auf Tonträgern festgehalten wurden und Erinnerungen an viele Gespräche im Kreis der Familie bestimmen Duktus und Diktion.

            die Liebe ist Erinnerung

            der mutigen Helene Richter gewidmet
            meiner Mutter

Introduktion

Die Sonne schien, ich stand auf der Terrasse und fragte wieder einmal vorsichtig an. Vorsichtig, weil ich kein Grashälmchen kaputt treten und nicht nerven wollte. »Ja, du kannst dich jetzt ins Gras legen«, hatte mein Mann gesagt. Ich zog meine Füße nacheinander aus den alten Schuhen und trat langsam mit dem rechten Fuß die ersten eigenen Gräser in meinem Leben nieder. Sie fühlten sich kühl und weich an, und ich ging behutsam, jeden Schritt bewusst nachspürend, weiter in die Mitte der Rasenfläche. Ich setzte mich auf die jungen Pflänzchen und streckte mich lang auf der Erde aus. Über mir der wolkenlose blaue Himmel.

Das war nun mein Land. Ein Stück dieses Erdballes gehörte jetzt mir. Ein wunderbares Gefühl. Richtig eingetragen in das Grundbuch. Einen Grundbuchauszug in den Händen zu halten, war schon wunderbar gewesen, aber im Sonnenschein im eigenen Rasen zu liegen, übertraf alles. Ach nein. Noch glücklicher fühlte ich mich nach der Geburt meiner Kinder. Ich sah auf die helle Fassade des Hauses und dachte, dass ich es jetzt geschafft hätte. Was habe ich geschafft? Wir werden »Es« schon schaffen, hatten mein Mann und ich gesagt, als wir beschlossen zu heiraten. Wir waren beide Flüchtlingskinder und besaßen nichts als unsere Liebe und Zuversicht sowie unsere Pläne für ein gemütliches Heim, wie es unsere Vorfahren hatten und unsere Eltern in ihren jungen Jahren. Viele Kinder wünschten wir uns, und dafür wollten wir uns anstrengen.

Eigentlich sollte das Haus anders werden. Es sollte dieselbe große Veranda haben, die ich so oft auf dem Foto aus der polnischen Heimat bewundert hatte und so gern einmal selbst gesehen hätte. Nach vielen Überlegungen und Berechnungen musste ich darauf und auf manch anderes verzichten.

Ich drückte mich ganz fest an den Boden und war glücklich. Mein Rasen. Endlich ein eigenes Stückchen Land. Ein kleiner Ersatz für den Verlust des Bauernhauses unserer Familie.

Wahrscheinlich würde ich den großen Garten in Jozefow nie sehen, mit den vielen Fliederbüschen in allen Farben, deren Duft den ganzen Ort überzog.

Der Kastanie inmitten des Gartens galten meine Gedanken. Einmal unter ihr sitzen zu können, stand auf meiner Lebenswunschliste weit oben. Großvater freute sich sehr über den großen Baum, als er den Hof kaufte: »Da ist ja schon gutes Futter für meine Pferde.«

Großmutter zeigte sich nach dem Rundgang um das Anwesen zufrieden und sah die praktische Seite: die nützlichen Kastanienblätter und den Schatten, den sie für ihre Mahlzeiten im Freien haben würden.

Dieses Stückchen Land würde jetzt ein kleiner Ausgleich dafür sein, dass ich in meinem bisherigen Leben so vieles vermissen musste. Einmal, wie die Familie früher, unter einer eigenen Kastanie zu sitzen, wird niemals möglich sein. Dazu ist das Grundstück zu klein.

Beinahe hätte ich diesen glücklichen Tag nicht erlebt. Viele Male war mein Leben bedroht. Zuerst durch den Krieg. Russische und polnische Soldaten zielten mit ihren Gewehren auf Mutter und mich. Sie hielt mich fest in ihren Armen und vertraute bei jedem Überfall auf die Kinderliebe der Männer.

Neben der großen Freude fühlte ich Trauer. Viel zu früh musste ich lebenstüchtig sein und mich gegen Feindseligkeiten wehren. Mit diesem Haus war mir ein wichtiger Schritt zu mehr Geborgenheit und Unabhängigkeit gelungen.

Seit dem Kriegsende sind nun über drei Jahrzehnte vergangen, sinnierte ich, während ich hinauf sah zum strahlend blauen Himmel. Eine lange Zeit, mit vielen Erlebnissen und Erinnerungen an viele Menschen in vielen Orten.

Das war 1979. Noch einmal dreißig Jahre später bereitete ich mich auf diese lang ersehnte Reise vor. Was wird sie mir bringen?

Auf zweispurigen Landstraßen fuhren wir unserem Ziel entgegen. »Das Navi zeigt an, dass wir um 15 Uhr in Lodz sind. Das glaub' ich nicht. Bei diesem Straßenbelag und dem ständigen Gegenverkehr schaffen wir das bestimmt nicht«, orakelte meine Tochter Angela, und so kam es auch. Während der Fahrt lernten wir aus dem Buch »Polen« von Ute Frings (eine Taschenbuchausgabe von 1998), das ich vor vielen Jahren als Sonderangebot kaufte, die wichtigsten Vokabeln: tak (ja), nie (nein), dziekuje (danke), prosze (bitte), dzien dobry (guten Tag), do widzenia (auf Wiedersehen) ect.

Vor dem Krieg

Die Fotos

Der Sonntagmorgen war Familienerzähltag. Während wir um den Wohnzimmertisch in Reutlingen herumsaßen und frühstückten, erzählten die Erwachsenen aus ihrem Leben vor dem Krieg, von ihren Erlebnissen im Krieg und auf der Flucht aus Polen. Mutters Erzählungen gruben sich wie Petroglyphen in meine Seele. In Deutschland war dies eine Odyssee von Berlin über das Lager Friedland durch mehrere Orte und Besatzungszonen: Ostfriesland, Bayern und Baden-Württemberg.

Mutters Welt, in der ländlichen Umgebung bei Lodz, war eine Welt ohne Luxus, aber ohne Not: mit Pferden, Kühen, Schweinen, Federvieh und Hunden. Es gab einen großen Garten voller Blumen und Gemüse, umgeben von Flieder. Nahe am Haus eine große Kastanie, darunter ein Tisch und eine Bank.

Mutter schwärmte vom selbstgebackenen Brot ihrer Mutter, der Grützwurst und dem selbst eingestampften Sauerkraut, das viel besser schmeckte als das gekaufte aus der Büchse und den sehr guten, eingelegten Salzgurken aus dem eigenen Garten. Kraut und Gurken lagerten in Holzfässern. Nie wieder fand sie solch guten gepökelten Schinken, wie ihn ihre Mutter einlegte, den die Familie am ersten Weihnachtsfeiertag zu Buchteln aß (leicht süßliches Hefegebäck). Oder wie aufregend schön die Kutsch- und Schlittenfahrten am Karfreitag und am Heiligen Abend zur evangelischen Kirche mit ihrem Vater waren.

Der Garten machte viel Arbeit, vor der sie sich selbst und auch ihre drei Schwestern schon mal drückten, aber mit dem eigenen Gemüse bis hin zu den Kartoffeln war die ganze Familie gut versorgt. Was übrig war, wurde auf dem Markt verkauft oder für den Winter in Gläser eingeweckt. Kartoffeln für Mensch und Tier bewahrte man in Holzkisten im Schuppen und in Erdkuhlen auf. Karotten steckte man in einen Sandhaufen, und dort blieben sie, fast bis zur neuen Ernte, knackig frisch.

Mutter erzählte von ihren Vorfahren, die väterlicherseits aus Österreich nach Lodz kamen. Es waren Weber, die sich im ersten Drittel des neunzehnten Jahrhunderts anwerben ließen, um in Polen beim Aufbau einer Textilindustrie zu helfen. Angelockt wurden sie von dem Versprechen von guten Verdienstmöglichkeiten und Lebensbedingungen, wie billigem Land und billigen Krediten.

Vierundzwanzig Jahre lebte Mutter in Lodz und Umgebung. Aus dieser Zeit gab es nur wenige Fotos. Mutter besaß acht, die sie sich in aller Eile in die Handtasche steckte, bevor sie das Haus verließ. Sie hoffte, dass dies nur für ein paar Tage sein musste. Die Fotos waren ihr so kostbar wie ihr Reisepass, Geld und Schmuck. Sie waren nicht ersetzbare Erinnerungen.

Ihr Konfirmationsfoto bewunderte ich am meisten, das weiße Kleid und die vielen Blumen. Sie sieht schon sehr erwachsen aus, steht wie eine Braut an einem Blumentisch und hält in ihrem linken Arm einen großen Fliederstrauß, in den Tulpen eingebunden sind. Vor dem kleinen runden Tisch mit weißer Häkeldecke steht zu ihren Füßen ein Korb mit Rosen und Gerbera.

»Die Blumen hat mir Tante Polla gebracht«, kommentierte Mutter und fragte wehmütig: »Was sie jetzt wohl macht? Seit meiner Flucht 1945, das sind jetzt acht Jahre, haben wir uns nicht mehr gesehen. Ich war immer gern bei ihr, obwohl sie zehn Jahre älter war. Apolonia wurde von allen sehr bewundert. Sie war eine schöne Frau mit langem blonden Haar, das sie zu Zöpfen flocht oder zur Hochfrisur aufsteckte. Sie hatte einen unfehlbaren Blick für das Schöne und war sehr tüchtig. Ihr Blumenladen ging sehr gut. Viele reiche Leute kauften bei ihr ein. Sie machte die schönsten Kränze, Blumengebinde und Sträuße.«

»Die Richters waren alle tüchtig, hatten in Lodz einen Namen. In Baden-Württemberg tragen die Konfirmandinnen schwarze Kleider. Bei uns zu Hause ging man in weiß. Es war Tradition, weiße Kleider zu tragen.«

»Mir gefallen weiße Kleider auch besser. Ich möchte zu meiner Konfirmation auch ein weißes Kleid tragen; genau so ein schönes. Wann hab ich eigentlich Konfirmation?«, wollte ich wissen.

Zögerlich nachdenklich bekam ich den Hinweis, dass es in zwei Jahren sei. Zuerst müsse ich zum Konfirmandenunterricht in das Pfarrhaus gehen.

»Wir können die Tanten und die Großmutter doch besuchen. Ich möchte sie auch kennen lernen«, wünschte ich mir. Es ginge nicht, bekam ich zu hören, weil man nicht willkommen sei. Nach allem, was die Nazis in Polen angerichtet haben, hassen die Polen die Deutschen. Außerdem gibt es für Besucher keine Rechtssicherheit unter dem kommunistischen System. Die Kommunisten seien unberechenbar. Dorthin zu reisen, sei zu weit, zu teuer und zu gefährlich; dann noch die unzureichende Lebensmittelversorgung der Bevölkerung. Ein Besuch wäre bestimmt eine zu große Belastung für die gastgebenden Verwandten, die zudem noch sehr beengt wohnten.

Das nächst interessante Foto entstand am 13. Juli 1943. Noch gut ablesbar von einem Stempel auf der Fotorückseite. Darüber Foto M. Meckling in der H. Göring-Str. 11, Fernruf 238: Mutter ließ sich mit mir auf dem Arm ablichten. Mit sieben Monaten bekam ich mein erstes Kleidchen mit einem neuen Baumwolljäckchen und Socken von meiner Patentante Maria. Sie war Mutters vier Jahre jüngere Schwester. Darin wollte sie mich fotografieren lassen. Danach wurde ich auf eine Bank gesetzt. Der Fotograf gab mir einen Ball, den ich mit beiden Händen festhalte und ernst, mit weit geöffneten Augen, in den Fotoapparat schaue. Unter den kurzen Puffärmeln des Kleides schauen lange Ärmel hervor, und ich habe weiße Socken an. In Deutschland bevorzugte man für Säuglinge liegende Posen auf Schaffellen.

Auf meine Frage, ob es im Juli in Polen kalt ist, erklärte mir Mutter: »Wir im Warthegau hatten Landklima. Im Sommer konnte es sehr heiß werden. Abends war es meist recht kühl und deshalb nicht verkehrt, wenn man den empfindlichen Säuglingen was Wärmeres anzog. Im Winter war es sehr kalt. Ab Dezember hatten wir immer Schnee. Da machten wir unsere Besorgungen mit dem Pferdeschlitten.«

Auf zwei bedauernswert kleinen Fotos ist Mutter mit ihrem Fahrrad zu sehen. Einmal auf einem ziemlich missglückten Bild, auf dem meinem Vater die Haare fehlen. Sie selbst ist gut getroffen, auch auf dem Foto mit Vaters Bruder und dessen Frau. Zu mir gewandt erinnerte sie sich: »Dein Vater war ein besserer Fotograf als dein Onkel, wie man an den Bildern sieht. Zuhause gibt es keine Berge, da konnte man gut mit dem Fahrrad fahren.

Am Sonntag trafen wir uns mit Nachbarn oder mit den Verwandten, fuhren zum Gottesdienst oder besuchten uns gegenseitig. Ich hasse die Berge. In Bayern war es ja ganz schlimm mit diesem ständigen bergauf und bergab. Fahrräder sind dort nicht zu gebrauchen. Wenn ich endlich mit den Einkäufen auf dem Hirschberg ankam, war ich immer ganz kaputt.

Fotoapparate waren damals sehr teuer. Dein Onkel Gustav war der einzige in der großen Verwandtschaft und in unserem Bekanntenkreis, der sich einen leistete und damit umgehen konnte. Hier hat er mich mit deinem Vater vor seinem Haus geknipst.« Lange betrachtete ich die Aufnahme. Drehte sie um und fand auf der Rückseite kein Datum.

»In einem solch schönen Haus möchte ich auch wohnen, nicht hier mit den vielen Leuten in einem Wohnblock.« Unzufrieden und sehnsüchtig sah ich auf die Fotografie und wollte auch eine tüchtig zupackende Richter werden, nach Weberart an die Familientradition anknüpfen und in einem ebenso schönen Haus wohnen.

Erdachte mir dabei ein Wohnzimmer mit eleganten Sitzmöbeln vor großen Fenstern zur Veranda. Dazu den Bauerngarten mit Wiese, vielen Beeten und Obstbäumen. Der Spaten neben der Treppe ließ vermuten, dass erst vor kurzem darin gearbeitet wurde.

»Wie viele Personen wohnten in dem Haus?« »Vier. Dein Onkel Gustav, die Tante und dein Cousin Arthur und deine Cousine Cäcilia.«

Bäume umrahmten, auf den zwei weiteren Fotos, eine Gruppe Familienangehörige. Sie ließen sich in einer Wiese ablichten: einmal stehend und einmal sitzend.

»Hat Onkel Gustav das Haus selbst gebaut?«, fragend sah ich Mutter an. Sie antwortete nicht. Es war entgegen ihrer sonstigen Gewohnheit.

Als ich die Frage wiederholte, meinte sie: »Darüber will ich nicht reden. Hier sind wir im Obstgarten hinter dem Haus von Onkel Gustav. Das ist dein Vater, das bin ich, daneben der Onkel und die Tante, davor die Zwillinge Herbert und Herta, deine Halbgeschwister, und das ist Cäcilia. Auf diesem Bild sitze ich hier neben deinem Vater im Gras. Da sind wieder Herbert und Herta, die Tante mit ihren Nachbarn.«

Meine immer wieder gestellten Fragen nach meinem Vater: »Wie lange wart ihr verheiratet – warum habt ihr euch getrennt?«, blieben lange ein Geheimnis.

Meist stand Mutter als Erste auf, steckte die Bilder in ein weißes, abgenutzt aussehendes Kuvert und das in die Schublade des Wohnzimmerbüfetts.

In der Peter-Rosegger-Straße

Mutter ging in die Küche und goss Wasser zum Abwaschen in eine Schüssel. Alle trugen etwas vom Frühstückstisch in die kleine Küche und räumten das restliche Essen in den schmalen weißen Einbauschrank unter dem Fensterbrett. Gleich neben dem Schrank befand sich in der Ecke das Waschbecken mit einer etwa viereckigen Abtropffläche. Sie war aus dunklem Granit. Daneben stand der Kohleofen, auf dem immer ein Topf Wasser erhitzt wurde.

Als ältestem Kind fiel mir das Geschirrspülen zu. Das machte ich noch lieber als Geschirr abtrocknen. Meiner vier Jahre jüngeren Schwester Erika ging es genau so, und so stritten wir uns, wer abtrocknen musste.

Die Küche war so klein, dass Mutter jede Abstellfläche zum Zubereiten des Fleisches und des Gemüses brauchte. Deshalb hielt sie vom Selbsttrocknen des Geschirrs nichts. Außerdem sah man dann noch angetrocknete Wassertropfen, hauptsächlich auf dem Besteck, und das war eklig.

Alle Familienmitglieder freuten sich auf das Sonntagsessen. Das war der einzige Tag in der Woche, an dem es – noch lange nach Kriegsende – Fleisch gab. Am Anfang des Monats eher teureres Rindfleisch und zum Ende falsche Koteletts (paniertes durchwachsenes Schweinefleisch), Innereien, wie sauer gekochte Lunge oder falschen Hasen. Das war meist ein Kilo Hackfleisch, das wie Frikadellen gewürzt und in igelähnlicher Form in einer Kasserolle im Backofen gebraten wurde. Wir mochten den falschen Hasen gern mit viel Petersilie und Zwiebeln, und manchmal versteckte Mutter zwei hart gekochte Eier im Teig. An heißen Tagen gab es Stampfkartoffeln mit angeröstetem geräuchertem Speck und Zwiebeln und dazu Buttermilch. Mutter kochte sehr gut. Sie machte die besten Saucen und den schmackhaftesten Apfelstrudel der Welt.

Im Sommer gab es viel Salat: Kopfsalat, Gurkensalat, Tomatensalat oder Rettichsalat. An die Marinade aus Öl, Essig und saurer Sahne kam etwas Pfeffer, Zucker und reichlich Schnittlauch, den meine vier Jahre jüngere Schwester oder ich aus unserem kleinen Stückchen Garten hinter dem Wohnblock holen mussten. Nicht nur mittags, auch zum Abendbrot gab es Salat. Es war nur eine Sorte; der gemischte Salat kam Jahre später auf. Dazu bekamen wir Margarine- oder Schmalzbrot. Butter konnten wir uns viele Jahre nicht kaufen; sie war zu teuer, und Wurst gab es selten. Meist zu besonderen Anlässen: wenn Besuch da war, jemand Geburtstag hatte und an den Festtagen.

Kulinarisches Highlight als Abendbrot war eine Wurstbrotplatte, außerdem noch Kartoffelsalat mit Wiener Würstchen. Mutter bestrich Graubrotschnitten mit Sanella und belegte sie mit der teuersten Wurst. Das war Aufschnitt. Garniert wurde mit Essiggurken oder zur Tomatenzeit mit Tomatenscheiben und Schnittlauch.

Vom Aufschnitt aß jeder in der Familie am liebsten gekochten oder geräucherten Schinken. Ein Brot mit Schinken aus dem Brotberg herauszuziehen war – bei Androhung von Ohrfeigen – streng untersagt.

Die Platte aß man von oben nach unten leer und ein Brot nach dem anderen. Wer bei diesen strikt einzuhaltenden Umgangsformen ein Schinkenbrot erwischte, war ein Glückspilz.

Die Pausenbrote für die Schule brillierten nicht gerade durch Abwechslung. Entweder hatte ich Margarine und Marmelade oder Streichmettwurst darauf. Die feine Mettwurst war am billigsten und hielt sich am längsten. Kühlschränke gehörten damals noch nicht zur obligatorischen Küchenausstattung, von Flüchtlingen schon gar nicht. Noch viele Jahre später konnte ich keine Mettwurst essen.

Einmal in der Woche holte ich beim Metzger in der Milchkanne Wurstbrühe. Sie kostete nicht viel. Wurstbrühe war fast ein Abfallprodukt, sie entstand beim Kochen der Wurst in reichlich Wasser und wurde wegen der darin schwimmenden Fettaugen und des würzigen Geschmackes nicht weggeschüttet.

Mutter kochte daraus Gemüseeintopf oder eine Abendsuppe. Neben Suppengrün kam Gries oder vertrocknetes Brot hinein, oder sie machte eine Kartoffelsuppe mit Satschirken. Das waren feste Klößchen aus Mehl, Ei und Salz. Vom Teig wurde mit einem Teelöffel eine kleine Portion abgestochen und zur kochenden Suppe gegeben.

Am liebsten aß ich Gurkensalat in saurer Sahne mit Schnittlauch und durfte ab und zu die bitteren Enden von der Gurke abschneiden, die Gurke schälen und hobeln. Eintopf und Brotsuppe mochte ich überhaupt nicht, aber der Teller musste leer gegessen werden. Manchmal gelang es mir, einen Teil unbemerkt in den Mülleimer oder in die Toilette zu schütten.

Im Gegensatz dazu kamen im Herbst an die Roten Beete und an den Krautsalat kein Sauerrahm, sondern nur Essig und Öl, wenig Zucker und Salz. Im Winter gab es dann statt Salat warmes Gemüse.

Es wurde nur in der Küche und im Wohnzimmer mit Holz und Kohle geheizt, und wärmende Mahlzeiten waren eine zusätzliche Wohltat, wenn man aus lange durchlittener Kälte nach Hause kam.

Zur Schule, zur Kirche, zum Arzt, zu Bekanntenbesuchen, alle Wege ging man zu Fuß. Bus- und Straßenbahnfahrten leistete sich meine Familie selten.

Süßen Kohl, Karotten, Kohlrabi, Rosenkohl und Blumenkohl in weißer Sauce, später hieß sie Bechamelsauce, mit Salzkartoffeln, aßen wir Kinder gern. Leipziger Allerlei, bestehend aus Karotten, Erbsen und ein paar Stückchen Spargel, gehörte häufig zum sonntäglichen Braten. Das Allerlei erfreute uns nicht so sehr, denn es kam aus der Dose; nicht sehr frisch, eher matschig. Doch jeder mochte Spargel, und Mutter fischte sie aus dem Topf und legte jedem ein Stückchen auf den Gemüseberg. Sauerkraut kochte Mutter wenigstens einmal in der Woche, weil es am billigsten war, und wir es auch gerne aßen. Das Sauerkraut wurde zusammen mit Schweinefüßen oder frischem durchwachsenem Schweinefleisch oder mit geräuchertem Speck gekocht und mit einer geriebenen rohen Kartoffel sämig gemacht.

Noch viele Jahre nach dem Krieg säuerten die Familien das Weißkraut selbst ein; in große Tontöpfe oder Holzfässer. Man musste mit jedem Pfennig rechnen, und das war billiger, und man hatte einen Lebensmittelvorrat im Haus.

Mutter legte auch rohe Eier in Kalkwasser ein. Sie waren im Sommer billiger und wurden dann in den Wintermonaten zum Backen verbraucht. Jeden Sonntag gab es einen selbstgebackenen Kuchen. Meistens aus dem billigeren Hefeteig und zu besonderen Anlässen einen Marmorkuchen oder einen Frankfurter Kranz. Zu Weihnachten verwöhnte uns Mutter mit vielen unterschiedlichen Sorten selbst gebackener Plätzchen und einem Mohnstollen und Mohnsemmeln.

Für den Winter wurden mehrere Zentner Kartoffeln eingelagert und einige kleinere Säcke Zwiebeln. Zu jeder dieser Neubauwohnungen gehörten zwei Kellerräume. Einer war Vorratskeller und Abstellraum, und im zweiten lagerte Holz und Kohle.

Täglich waren Milchkanne und Einkaufsnetz durch eines der Kinder im Einsatz. Mutter schleppte die Lebensmittel wenigstens drei Mal in der Woche, in einer bestimmt zwanzig Kilogramm fassenden Einkaufstasche, aus einem Spar-Markt nach Hause. Wir sammelten akribisch Rabattmärkchen, die sofort in ein DIN-A5-großes, in der Mitte zu faltendes Heft eingeklebt wurden. Das lief unter dem Motto »wer den Pfennig nicht ehrt, ist des Talers nicht wert«.

Schon früh musste ich im Haushalt helfen, im Wald Holz, Blaubeeren und Pilze sammeln und Botengänge übernehmen. Jammern und Klagen parierte Mutter mit – nur nicht so zimperlich – man kann Alles, man muss nur wollen – und – dumm kann man sein, aber zu helfen muss man sich wissen.

Mit dem Leiterwagen und einem Fahrrad transportierten wir größere und schwere Sachen, oder die Händler lieferten frei Haus. Autos gab es kaum. Ein einziger Nachbar bekam als Vertreter einer Firma einen Wagen, und seine zwei Töchter waren die begehrtesten Spielkameradinnen.

In den ersten Jahren nach der Flucht vermied Mutter alles, was auf ihre Herkunft aus Polen hinweisen konnte. Später machte es ihr Spaß, Pschakref, Papirossi, Babtscha oder Nerosumje zu sagen; der ist wohl mit dem Motek geschlagen stand für: der ist wohl behämmert. Mit der Ermahnung: geh nicht durch die Blotte, blieben unsere Schuhe sauber. Ihr Kommentar: nur hingepjergelt, meinte, dass etwas schludrig erledigt wurde. Wer eine »Choroba« hatte, war ernsthaft und langwierig erkrankt.

Helene, Ursula, Hildegard, Erika
Weihnachten 1958 in der Peter-Rosegger-Straße

Fremde und Berge

Es saß sich so gemütlich am gedeckten Tisch, und sonntags musste niemand zu einer festgesetzten Zeit aus dem Haus, und so frühstückte die ganze Familie gerne ausgiebig und lang. Über alles Mögliche wurde geredet und erzählt. Für mich war Mutters Flucht aus Polen – wie Grimms Märchen – jederzeit hörenswert: »Wie kamst du ausgerechnet in den Bayrischen Wald? Erzähl, bitte, bitte, bitte!«, bettelte ich, wenn Mutter meinte, sie hätte es schon so oft erzählt.

Ich konnte mich nicht mehr daran erinnern. Damals – als sie mit mir flüchtete – war ich etwas mehr als drei Jahre alt.

»Also, es war schon so brenzlig (Mutter sprach Lodzer Mundart). Die Russen sollten kommen. Im Radio hab ich das verfolgt, und da hab ich mich mit deinem Vater verabredet. Wir wollten uns auf der Piotrkowska am Kino treffen, wollten flüchten und vorher noch von den Kleiderkarten etwas einkaufen. Wir hatten noch Kleiderkarten. Als ich dort hinkam, war dein Vater nicht da. Dacht ich, jea, jea, was ist nun? Ich bin dann zu Frau Behnke gegangen, die hat im Kino gearbeitet: ›Frau Behnke, ich weiß nicht, mein Mann kommt nicht. Ich wollte mich mit meinem Mann treffen.‹ ›Ja, alle sprechen davon, dass die Russen kommen‹, sagte sie. Da hab ich zwei Stunden gewartet: ›Jetzt muss ich aber nach Hause. Die Kinder sind allein.‹ Hab mich noch schnell auf die Straßenbahn gesetzt. Hab die Straßenbahn bekommen. Nach Hause musste ich bestimmt noch zwanzig Minuten laufen.

Als ich nach Haus kam, war Herta da. Sie hat auf dich aufgepasst. ›Herta, hast du die Milch gebracht von die Frau Behnke?‹ Nein. Frau Baier hat sie geheißen. Da bin ich schnell rüber gelaufen. Frau Baier auch in Sorge: ›Wir müssen flüchten. Wir müssen packen. Die Russen kommen‹. Ich sag: ›Was soll man denn jetzt packen? Ich hab gar keine Koffer. Und mein Mann ist auch nicht da. Da müssen wir warten, bis er kommt.‹

Auf einmal in dem Moment war so ein Krach. Da sagt Frau Baier zu ihrem Jung: ›Geh doch mal raus und guck mal, was da draußen ist.‹ Der schreit: ›Mama, Mama kommt schnell. Der Himmel ist ganz rot. Ganz beleuchtet.‹

Es war sieben Uhr abends am Montag, am 15. Januar 1945. Am Mittwoch früh sind die Russen gekommen. Als der Vater aufmachte – kam rein und sagte: ›Kinder steht auf. Die Russen sind da.‹

Montagabend wurde bombardiert. Dienstag sind wir zum Vater raus nach Jozefow. Und Mittwoch war der Russe da. Das war der 17. Januar. Ich denke das noch so gut, also das werde ich nicht vergessen.

Am Dienstag hat mehr die Flak geschossen, die deutsche Flak. Die Russen sind nicht gleich in Lodz gewesen. Sie haben noch in den Wäldern gekämpft. Bis die rein gekommen sind nach Lodz, das hat noch gedauert.

Bei der Frau Baier haben wir geschaut, was sich draußen abspielt. In dem Moment krachte es schon. Es hat so gekracht, da war ich ganz – ich wusste gar nicht, ob ich da bin im Moment. Es sind drei Bomben auf den Hof gefallen. Ich hab nur gesehen, wie es geschüttet hat.

(Lodz gehört zu den Städten, die wenig bombardiert wurden. Die Paläste im Stadtzentrum blieben erhalten und konnten nach Kriegsende genutzt werden, wie der Palast von Oskar Kon für die Filmhochschule. Roman Polanski missfiel die hässliche Textilmetropole Lodz, trotzdem erarbeitete er sich weltweit anerkannte Film- und Regiekenntnisse.)

Wie ich zu mir kam, hab ich bloß ein Licht gesehen. Aber ob das eine Tür war oder ein Fenster, das wusste ich nicht. Ich bin raus gesprungen zu dem Loch; raus aus dem Haus der Baiers.

Das ganze Haus war verschüttet, ganz eingeschüttet. Wir hatten ja Glück, dass wir davon gekommen sind. Wir hätten tot sein können. Ich hab gesehen, wie das so geschüttet hat. Ich hatte die Milchkanne in der Hand und aus einem Tuch einen Turban auf dem Kopf. Als ich raus kam, war die Milchkanne aus den Händen weg und mein Kopftuch auch.

Da bin ich gerannt. Alles war voll mit Brettern und Zeug auf den Straßen. Ich bin gefallen. Über was ich gefallen bin, weiß ich nicht mehr. Ich bin nur gerannt. Nach Hause. Das war ein Stückchen Weg, vielleicht zweihundert Meter. Da bin ich gelaufen, und als ich nach Hause komm, ach Gott, hat Herta geschrieen und geweint. Du hast geweint. Alle Fenster waren auf, die Türen auf und die Blumen – alles vom Fenster heruntergefallen.

Ja, ich hab gesagt, und die Flak hat geschossen, wir können nichts machen. Kommt wir laufen zur Oma Richter (Franziska Richter). Die Türen und Fenster waren von dem Druck – von dem Bombendruck – aufgesprungen. Wir hatten kein Licht.

Ich habe schnell ein Kissen genommen und habe dich eingepackt in das Kissen, und wir sind raus gelaufen zu Oma Richter. Dort haben wir bis zwei Uhr gesessen. Bis sich alles beruhigt hatte. Die deutsche Flak hat immer noch geschossen. Um zwei hat es immer noch geschossen. Um zwei sind wir nach Hause.

Bei der Oma Richter, hinter der Stadt, haben sie nicht bombardiert, nur Marysin. Dort war ein Teich neben der Frau Baier. Im Sommer haben die Leute dort gebadet. Das hat vielleicht geglänzt, und da haben die gedacht, wunder was da ist und haben auf diese Hilflosen Bomben geschmissen.

Zur Oma Richter war es einen halben Kilometer, gut. Dort war ein Stückchen weiter Wald. Der Wagenitzkiwald. Man hätte können in den Wald laufen. Wir sind nach Hause gekommen. Da war kein Licht. Wir haben uns erst mal beruhigt. Man konnte nicht schlafen vor lauter Schreck. Wir haben uns in den Kleidern hingelegt. Gar nicht ausgezogen. Wie wir gegangen sind, so haben wir uns bisschen hingelegt.

Wie es nachher hell wurde, da hab ich gesagt, dass ich mal gucken wollte, wo die Frau Baier ist. Ich bin losgegangen, und da sagt eine Frau, dass sie dort und dort ist. Das Mädel, die Kleine hätte einen Splitter abbekommen. Da bin ich rein. Da saß die Frau Baier mit den Kindern. Die Kleine hatte den Kopf umwickelt.

Ich hab die Frau Baier zu mir mitgenommen und hab was zu Essen gemacht. Wir saßen gerade beim Mittagessen, da kommt dein Vater: ›Du musst fort. Wir müssen weg. Ich kann euch nicht helfen, ihr müsst weg.‹

In dem Moment kommt die Tante Manja und mein Vater. Manja sagt: ›Hella du musst schnell packen. Pack paar Sachen ein, du kommst zu uns. Wir fahren weg. Morgen.‹

Ich bin dann mit bis zur Babscha (Franziska Richter). Da stand der Wagen vom Vater und der Knecht. Vater sagt: ›Gleich auf den Wagen.‹ Da sind wir raus gefahren nach Jozefow.

Der Wagen war ein großer Gummiwagen. Mit Gummirädern. Ein richtiger Wagen. Ohne Bänke. Bretter waren oben drauf und unten waren Gummiräder. So ein Wagen war sehr teuer. Ziemlich hoch. Der Vater hat damit Kartoffel, Kohle, Holz für Leute gefahren. Was die so wollten. Vorne war ein Sitzbrett für zwei Personen.

Wir haben die Frau Baier mit ihren drei Kindern mitgenommen. Die Herta hab ich zur Oma zurück geschickt nach Moskul, weil sie ja die letzte Zeit bei den Großeltern war. Damit sie mit ihrer Oma zusammen bleibt. Da sind wir zur Mutter raus gekommen, haben erst mal bißl gegessen. Wir haben noch lange zusammen gesessen und sind sehr spät ins Bett gegangen. Zum Schlafen war es sehr eng, wir haben zu dritt in einem Bett geschlafen. Ich glaube, es wurde auch auf dem Fußboden geschlafen. Sehr viele Leute: Hedl, Manja war doch, Mutter, der Knecht und die Baiers. Der Vater ist bei der Großmutter geblieben. Dein Vater und mein Vater haben noch zusammen einen Schnaps getrunken, und dann ist dein Vater fort.

Früh morgens um sieben Uhr kam Vater rein und sagte: ›Kinder steht auf, die Russen sind da.‹

Das war Mittwoch, der siebzehnte Januar.

Wir sind gleich aus den Betten gesprungen, schnell angezogen, und da sehen wir schon, dass der Vater das Tor aufmacht und die Russen mit so kleinen Autos hereinfahren. Das waren kleine Panzer. Die haben nur den Deckel aufgehoben und sind herausgesprungen. Und gleich rein in die Wohnung und wollten Essen.

Gleich Musik gemacht. Die waren lustig. Ziehharmonika haben sie gehabt und gespielt. Waren lustig gewesen. Mutter hat ihnen wahrscheinlich zu essen gegeben. Mama hatte gerade Teig eingemacht und wollte Brot backen. Wir wollten ja wegfahren. Jetzt waren die Russen da. Sie hat den Teig gemacht und hat das Brot gebacken. Da haben wir frisches Brot gehabt.

Und weißt du, es war alles so beengt. So viele Leute. Der Vater hat dann angefangen, zu brummen, Mutter auch. Da ist die Frau Baier nach Haus, mit den Kindern.

Tagtäglich sind die Russen gekommen. Sie waren in der Wohnung und sind gleich wieder weg. Weiter. Dann sind wieder frische gekommen. Das war ja die Front. Die haben ja gekämpft, sind bloß gekommen, wollten was essen und sind weiter. Die haben ja gekämpft, haben Lodz umringelt, ganz umkreist und waren in den Wäldern und auf den Feldern. Überall war ja deutsches Militär. Wenn die weg sind, sind wieder neue gekommen. So lief das tagtäglich. Den ganzen Tag lief das. Die einen sind gegangen, die anderen sind gekommen.

Die Tür ging ja gar nicht zu. Jeder wollte Essen haben. Und dann haben uns gesagt manche Russen – die haben gemerkt, dass wir Deutsche sind – da haben sie gesagt: ›Wir tun euch nichts, aber die was nachkommen, die Roten, die werden schlecht sein.‹ Das war auch so.

Frau Baier ist nach paar Tagen rein nach Lodz, wo schon erlaubt gewesen war, nach Lodz zu gehen, ist sie rein. Ihr Haus war ja ganz verschüttet. Wahrscheinlich ist sie zu einem Polen, hab ich gehört. Ich hab sie nie wieder gesehen. Bin nie wieder zusammen gekommen mit ihr.

Weiß nicht, wo sie geblieben ist. Hab nur gehört, dass sie bei einem Polen eine Wohnung gekriegt hat. Da war sie mit den Kindern.

Ich bin bei der Mutter geblieben. Nachher bin ich auch rein nach Lodz. Unterwegs hab ich noch Onkel Hermann (Hermann Rode) getroffen, den Bruder von meiner Mama. Der ist aufs Land, der wollte was zu essen. In Lodz war ja nichts mehr zu essen.

Als ich in unsere Wohnung kam, ja da war unsere Wohnung ausgeräumt, bis auf ein paar alte Sachen. Da hab ich mir noch bisschen rausgesucht, aus den alten Sachen, was da noch war und hab eingepackt und bin wieder nach Hause zur Mama.

Alles war geplündert. Schlafzimmer raus, alle Möbel raus. Die Wohnung war praktisch leer. Bloß ein paar alte Klamotten. Ich konnte nichts verschließen. Durch den Druck, durch die Bomben ging alles kaputt. Ich konnte die Türe nicht mehr zumachen, die Türe zuschließen, weil sie nicht mehr ran gegangen ist. Da hab ich alles aufgelassen. Wertgegenstände hab ich auch nicht mitgenommen. Wertgegenstände haben wir nicht gehabt. Wir waren noch nicht lange verheiratet. Es war ja Krieg, da hat man nicht gehabt irgend so Wertgegenstände. Man hat gehabt Schuhe, Kleider, Betten, Federbetten, nich, Decken. Ich hatte eine sehr schöne Tischdecke. Die hat mir Großmutter nach der Hochzeit geschenkt. Eine selbst gehäkelte, eine große, für einen großen runden Tisch. Heute würde so eine Tischdecke vielleicht 1000 Mark kosten. Es war eine ganz große Decke für einen Ausziehtisch, Großmutter hatte sie selbst gehäkelt. Heute kostet so eine kleine Decke, selbst gehäkelt, schon über hundert bis zweihundert Mark.

Jedenfalls, Wertgegenstände waren da weiter nicht gewesen. Man konnte, im Krieg, sich das nicht kaufen. Es war ja praktisch nicht da. In den Läden hast du nichts bekommen. Du bist gegangen in Laden rein, da hatten sie schon gehabt bisschen Ware. Das war alles auf Kleiderkarte oder Bezugsschein, ohne hast du nichts bekommen.

Wir hatten Fahrräder. Die waren auch weg. Ach, die haben sie sogar abmontiert. Die Räder haben sie von meinem Fahrrad weggenommen, und den Sitz und das Gestell haben sie gelassen. Von deinem Vater, das weiß ich gar nicht mehr, das war auf dem Boden. Das hatten wir auf den Boden gestellt.

Vier Räume hatte unser Haus mit einem ganz kleinen Keller. Da musste man eine Leiter ran stellen, wenn man rein wollte.

Ich bin wieder zurück nach Jozefow zu den Eltern. Mit der Zeit hat sich das beruhigt.

Also, eigentlich so beruhigt nicht. Die Soldaten sind ja gekommen ein und aus. Es wurde von Tag zu Tag schlimmer. Dann sind die Polen gekommen nachfragen und haben angefangen zu plündern, mit den Russen. Zu plündern, alles aus der Wohnung raus zu nehmen.

Brot haben sie raus genommen, Mehl. Sie sind ganz einfach rein gekommen. Die Russen haben angesetzt das Gewehr. Die Polen sind in die Wohnungen rein und haben alles durchsucht. Da haben sie gefunden: Brot, Mehl, Speck. Das haben sie alles rausgeholt. Sie haben raus getragen die Schinken und dann die Speckseiten und das Fleisch.

Das war noch nicht genug. Sie sind gekommen und haben die lebenden Hühner der Mutter weg geholt, die Schweine weg geholt, und dann haben sie das Pferd weg geholt dem Vater. Dann haben sie der Mutter die Kühe weg geholt. Ich glaub – ich weiß es jetzt nicht – ich glaube, da waren vier im Stall. Und Junge, das weiß ich nicht. Nach und nach war alles weg.

Den Vater haben sie weg geholt, die Mutter haben sie weg geholt. Die sind dann paar Tage nicht nach Hause gekommen. Wir haben uns Sorgen gemacht. Alle haben geheult, wo der Vater ist – wo die Mutter. Dass die nicht wieder kommen. Die werden sie verschleppt haben.

Ich bin ein bißl verschont geblieben. Also, wenn die Russen gekommen sind, dann habe ich dich schnell geschnappt, auf den Arm. Ins Tuch rein und dann hab ich gesagt: ›Usel schrei!‹ Du solltest schreien. Wenn du geschrieen hast, hast du von den Russen eine Schokolade gekriegt.

Alles haben die weggenommen. Ich hatte eine Handtasche aus Leder. Der Pole hat die Handtasche auf den Fußboden geschmissen und ist mit dem Fuß rauf. Fest, und hat sie kaputt getreten. Aus Wut. Darin hatte ich ein Stück Brot für dich aufgehoben. Er hat mir das Brot raus genommen aus der Tasche. Die Tasche mit dem Fuß feste getreten, weißte, so dass die gleich aus dem Rahmen raus gegangen ist. Diese Handtasche hatte mir dein Vater aus Griechenland gebracht.

Als das aus dem Rahmen raus war, hab ich nur noch das Leder gehabt. Die Handtasche konnte ich nicht mehr brauchen. Später hab ich aus der Handtasche beim Schuster – das war ein Bekannter von uns, der vor dem Krieg unsere Schuhe besohlte – für dich Paar Schuhe anfertigen lassen. Mama hatte noch ein Stückchen Speck versteckt, das hat sie ihm dafür gegeben. Weil, die haben dir die Schuhe von den Füßen runter gezogen, ausgezogen.

Und weißt, jetzt waren die Eltern weg. Die waren drei Tage weg. Am dritten Tag kam die Mutter. Am vierten Tag kam der Vater. Man hat sie nach Zgierz getrieben, und von Zgierz hat man sie nach Lodz gebracht, mit der Straßenbahn. Dort brachte man sie in ein großes Gebäude. Da waren lauter deutsche Soldaten eingesperrt. Es war so eng und die Soldaten waren so schwach, die hatten schon eine Woche nichts gegessen. Sie sind an den Wasserhahn gegangen und haben Wasser getrunken. Viele sind umgefallen vor Hunger und sind gestorben.

Auf den Hof haben die Polen gefrorene rohe Kartoffeln ausgeschüttet. Die Leute und die Soldaten sind gegangen und haben die rohen, gefrorenen Kartoffeln gegessen. Mutter hatte noch ein Stückchen Brot in der Tasche. Der eine Soldat neben ihr, der hatte schon acht Tage nichts gegessen, der ist ohnmächtig geworden, und da hat ihm Mutter das Stückchen Brot gegeben, weil sie damit gerechnet hat, nach Hause zu kommen.

Drei Nächte haben sie dort geschlafen. Dann sind russische Offiziere gekommen. Die haben die Polen gefragt, was das für Leute sind. Das sind Baure, haben die Polen geantwortet. Wir brauchen keine Baure, hat der russische Offizier gesagt, wir brauchen Offiziere, SS, Gestapo.

Die Polen wollten die Leute nicht nach Hause gehen lassen. Da haben die russischen Offiziere in die Luft geschossen. Man hat die Leute doch noch bis zum Nachmittag behalten, und dann hat man sie laufen lassen. Jeder ist in seine Richtung gegangen.

Viele waren aus Jozefow. Sie haben auch die Frauen geholt, abgeholt. Sie sind bis Bagevnig gekommen und die Männer auch. Da mussten sie zu dritt oder zu zwei laufen, im Marsch. Die polnische Miliz mit Karabiner haben sie begleitet bis Vaginiki, da war die Gemeinde, und da war auch die Polizei. Man hat die Frauen nach Hause gelassen, und die Männer hat man da behalten und geschlagen.

Der Seehagen war auch da. Er war verheiratet und hat die gelbe, braune Uniform getragen. Er war Ortsgruppenführer. Den hat man sehr geschlagen. Vater hat erzählt, den hat man so geschlagen, dass er schon gar nicht mehr menschlich ausgesehen hat. Vater hat auch seine Prügel gekriegt. Der eine Polizist, der Pole, der mit meinem Vater gut bekannt war, hat gesagt: ›Richter, ich tät ja ihnen helfen, aber ich kann nicht. Sie sehen ja. Nich?‹

Am nächsten Tag hat man auch den Vater nach Hause gelassen, zerschlagen mit blauen Flecken. Es waren Nachbarn aus der Umgebung, die man kannte. Die konnten dich schlagen, blau, und totschlagen; da konntest nichts machen.

Wir wohnen jetzt hier, und drüben sind zum Beispiel Polen. Jetzt kommen die Russen an. Die Russen haben doch die Polen befreit. Jetzt konnten die Polen tun und lassen was sie wollten. Da sind die zu den Deutschen gekommen und haben eben alles ausgeplündert, geschlagen und weggeholt.

Die haben gleich gegründet die Miliz, die polnische. Das ging alles schnell. Vater ist nach Haus gekommen. Man hat ihn wieder geholt, weg geholt. Die Miliz hat ihn wieder geholt, und da hat man ihn erst nach die Gmina Dobra gebracht, und dort hat man die Männer in den Keller gesperrt. Ist jemand gekommen, ich weiß nicht wer, und hat gesagt, die Mutter soll mal in die Gmina kommen, in die Gemeinde Dobra. Dort ist der Vater, und sie soll ihm was zu essen bringen. Die Mutter ist hin, hat ihm was zu essen gebracht. Da hat man sie mit reingesperrt in den Keller. Eine Nacht musste sie beim Vater schlafen. Den Vater und viele andere Männer brachte man nach Breschini, das war dreißig Kilometer entfernt. Da war ein Gefängnis. Dreißig Kilometer musste der Vater zu Fuß laufen, und die Polizei hinter ihm mit dem Karabiner. Zwei Polizisten haben sie begleitet. Man hat sie in das Gefängnis gebracht, und da war der Vater drei Wochen. Mutter hat den Stephan mit dem Rucksack losgeschickt. Er sollte dem Vater bißl Wäsche und Essen hinbringen, aber der ist nach Hause gekommen und hat gesagt: ›Da ist kein Richter, die haben gesagt, da ist kein Richter.‹

Stephan war Vaters Knecht, ein Pole. Er war um die dreißig. Er ist bei uns geblieben. Wo sollte er denn hin? Er hatte kein zu Hause und nichts zu essen. Wo sollte er hin? Da hat er bei uns gesessen. Gut. Solange es ging, hatte er bei uns was zu essen.

Nach drei Wochen kam der Vater. Am nächsten Tag, als sich der Vater auszog und sich gewaschen hat, da hab ich gesehen die Striemen auf dem Puckel und hab gefragt: ›Was hat denn der Tata da? Haben sie geschlagen?‹ ›Ach, nene, nein‹, hat er gesagt. Weißte, er wollte nichts sagen. Über die Nieren und die Lungen haben sie ihn geschlagen.

Vater wurde es zu viel mit dir und mit mir; der Mutter auch. Du hast Tag und Nacht geschrien: ›Ich will nach Hause, ich will nach Hause.‹ Da hat die Mama und der Vater gesagt: ›Nimm dein Bankert oder nimm dein Balg und geh. Mach dass du fort kommst.‹

Ich hab dich genommen, hab ein Tuch gehabt, in das Tuch eingewickelt, und da haben die Beine so ein Stück raus gehangen und die Hände, und da bin ich über die Felder gegangen.

Wo gehst du jetzt hin? Ich hab doch kein zu Hause, dachte ich. Du gehst zu deinem Vater seine Wirtschaft nach Moskul. Guckst, ob die alle noch am Leben sind, und ob du da bleiben kannst. Da bin ich gelaufen. Es waren bestimmt zwanzig oder fünfzehn Kilometer nach Moskul von Jozefow. Ich bin über die Felder gelaufen; vier oder fünf Stunden. Über die Felder, weil ich Angst hatte, dass mich die Russen schnappen oder die Polen. Ich hätte durch den Wald gehen und abkürzen können, aber hatte Angst und bin auf den Grenzen durch die Felder gegangen. Es war ein sehr strenger Winter, großer Schnee, und da hast du dir die Füße (Mutter sagte Fiisse) und die Hände erfroren. Dazumal.

Na ja, ich schaffte es bis zur Landwirtschaft deines Vaters. Traf die Polin an und bin auch rüber gegangen zu den Schwiegereltern und zu den Kindern. Sie waren da. No ja, da sind auch die Russen gekommen. Ein und aus sind sie gegangen und haben die Frauen geholt. Vergewaltigt. Nachts sind die gekommen und haben die Frauen abgeholt. Auf die Kommandantur. Dort wurden sie mehrere Nächte festgehalten. Stroh wurde auseinander gelegt, die Frauen mussten sich nackt ausziehen.

Mich wollten sie auch holen, ein paar Polen sind gekommen. Von der Miliz. Sie wussten, dass ich in Moskul bin. ›Nein, sie ist nicht da‹, hat der Pole gesagt, und da haben die gefragt: ›Und wer schläft da?‹

Da hat er geantwortet: ›Dass sind unsere Kinder und meine Schwester.‹ Sie haben mich gesucht und haben mich nicht gefunden. Sonst wär ich auch dran gekommen.

Ich hab mich im Haus meines Mannes versteckt, bei meinen Schwiegereltern und bei der Selma, meiner Schwägerin. Wenn Russen kamen, hat man sich schnell versteckt, irgendwo, dass sie einen nicht gesehen haben: auf dem Friedhof, auf dem Feld oder hinter der Scheune oder im Stall in einer Ecke.

Ich war dort ein paar Wochen und dann kam der polnische Schulze, der Soltys, der verteilte die deutschen Frauen an Polen, zur Arbeit auf den deutschen Wirtschaften, die jetzt Polen gehörten. Eine Polin kam mit einer Zuweisung vom Soltys, sie solle mich mit dem Kind holen. Ich musste da hin, sonst hätten sie mich vielleicht totgeschlagen. Dort war ich drei, vier Monate. Nichts zu essen, die hatten selbst nichts zu essen, und da ging es den ganzen Tag: Der Schwabe, der Niemze, der Hitlere, der Schwabe. Das wurde mir zu bunt, ich hab dich ins Tuch genommen und bin nach Lodz gegangen.

Jeden Tag musste ich die Milch nach Lodz rein tragen, die Kannen auf dem Puckel. Jeden Tag. Das waren zehn, zwölf Liter. Das eingenommene Geld hatte ich ihr nach Hause zu bringen. Auf der Peteka (Piotrkowska) traf ich eine deutsche Bekannte, sie wohnte auf meiner Straße. Wir erzählten uns, wie es uns geht, was wir machen, wo wir wohnen. Von ihr erfuhr ich, dass in Lodz, wo sie wohnt, noch Wohnungen frei wären. ›Kommen Sie doch zu uns, da sind noch Wohnungen frei, da können Sie doch in Lodz sein‹, meinte sie. Das hab ich dann gemacht. Ich bin mit dir zu dieser Wirtin gegangen, sie gab mir eine Stube. In diesem Haus waren lauter Deutsche. Aber das waren schlechte Wohnungen.

Von der Milchbäuerin bin ich ausgerissen, habe dich ganz einfach ins Tuch genommen und hab zu ihr gesagt: ›Ich geh mit die Usel ein bißchen spazieren, raus, nich.‹ Sie ging dann zur Kommandantur und ließ mich von der Polizei suchen, die fand mich aber nicht.

Jetzt war ich in Lodz. Ich hatte noch etwas zu einer benachbarten Polin gerettet, das hab ich dann verkauft und hatte ein paar Zloty.

Durch andere Bekannte fand ich Arbeit bei einer Schneiderin, für sie habe ich gekocht und aufgeräumt. Dort lernte ich eine deutsche Familie kennen: Mutter, Vater, drei Jungs und die Schwiegermutter war noch dabei. Wir haben uns besprochen, dass wir flüchten wollten. Mit der Bahn. Für die Fahrkarten mussten wir uns Geld besorgen. Ich hatte Geld von der Polin, sie gab mir jede Woche 200 Zloty und das Essen. Sie war gut, sehr gut gewesen.

Fast hätte ich es vergessen, zwischendurch wurde ich von der Polizei verhaftet. Sie kamen nachts und brachten mich auf die Polizeistation, aus dem Haus, in dem ich mit den Deutschen wohnte. Sie haben mich gesucht und gefunden. Eine Nacht war ich auf der Polizei, am nächsten Tag brachten sie mich ins Gefängnis. Vierzehn Tage saß ich im Gefängnis.

Ein Bekannter, der auf dem Einwohnermeldeamt arbeitete und den Gefängnisleiter kannte, bekam zu wissen, dass ich im Gefängnis sitze. Er setzte sich dafür ein – weil das gute Menschen sind – dass man mich raus ließ. Dann sind wir geflüchtet, nach Stettin. In Stettin waren wir acht Tage, haben bei einem polnischen Polizisten geschlafen. Die Familie hatte dort eine Bekannte, die war mit ihm verlobt. Die Leute fanden einen Russen mit Auto, der uns über die Grenze fahren wollte. Er verlangte, es müssten vierzig Personen zusammen kommen, damit es sich lohnt. Die vierzig Personen wurden gesucht und gefunden. Der Russe hat uns nach Pasewald gebracht, über die Grenze. Anschließend fuhren wir mit einem Güterzug nach Berlin.

In Berlin wussten wir nicht wohin. Wir fragten uns durch, bis wir ein Lager fanden. Das Lager war voll. Kein Platz zum Schlafen. Wenigstens konnten wir uns dort Suppe oder Pudding holen. Wir schliefen, wie viele Leute, in den zerbombten Häusern. Früh ist man aufgestanden und in das Lager gegangen, zum Essen holen. Acht oder vierzehn Tage waren wir dort. Man wollte uns nach Mecklenburg in die Ostzone schicken.

In Mecklenburg gäbe es Typhus, erzählten die Leute. Das Ehepaar schloss sich einem Mann an und kundschaftete aus, dass ein Zug nach Halle fährt. Also, fuhren wir lieber nach Halle, als Mutter und

Kind, da haben sie nicht kontrolliert. Die Männer waren halt so im Zug. In Halle musste der Zug stehen bleiben, der durfte nicht weiter. Dort haben sie uns ausgeladen. Und da haben wir eine Nacht übernachtet und haben bisschen Essen bekommen. Früh um fünf stiegen wir in einen Zug nach Heiligenstadt. Dort war ein Lager, ein Flüchtlingslager, und dort ging es über die Grenze zu den Engländern.

Die acht Kilometer vom Lager zur Grenze mussten wir laufen. Als wir schon dicht, nahe an der Grenze waren, sahen wir die Engländer stehen und auf unserer Seite die Russen. Die Straße ging über eine Brücke. Innerhalb von zwei Stunden gingen siebentausend Leute rüber. Die Russen zählten die Leute. Zwei Stunden war die Grenze nur auf, tagtäglich nur zwei Stunden. Ohne Papiere konnte man von der russischen in die englische Zone wechseln und umgekehrt. Täglich wurde die Grenze zwei Stunden geöffnet, damit die Leute rüber konnten.

Die Engländer winkten uns zu: ›Kommt, kommt.‹ Die alten Leute und die Mütter mit den Kindern zuerst. Da standen schon die Autos, die großen Autos, und sie haben uns aufgeladen, es ging in ein Lager. Das waren so drei Kilometer. Im Lager wurden wir registriert, entlaust und bekamen eine Schlafgelegenheit auf Stroh auf dem Dach, und zu essen haben wir bekommen, die erste Wurst, das erste Brot und die erste Butter. Endlich konnten wir uns satt essen.

Nach drei Tagen sind wir zum Bürgermeister. Er gab uns eine Bescheinigung, dass wir kein Geld haben, so dass wir mit dem Zug weiter fahren konnten. Da wurden wir zu einem langen Güterzug gebracht. Sehr viele Menschen. Langer Güterzug – einer am anderen hat gesessen. Den ganzen Nachmittag sind wir gefahren und die ganze Nacht. Am anderen Morgen waren wir in Friedland. Im Lager Friedland war schon der Flüchtlingskommissar. Die Leute warteten auf uns, sie wussten, da kommt jetzt ein Zug mit so und soviel tausend Leuten. Mit Autos haben sie uns auf die Dörfer verteilt. Wie viel Personen in ein Dorf kamen, das weiß ich nicht mehr. Ich glaube zwanzig Personen. Ich kam gerade zu zwei unverheirateten Jungfern. Die haben mir dann ein Zimmer gegeben. Ich hatte nichts zu essen.

Das Zimmer war kalt, weißt. Ein Federbett haben sie mir gegeben. Wir beide waren durchgefroren. Du hast dann gleich eingepullt.

Da war ich einen Tag. Der Bürgermeister kam und sagte: ›Das ist nichts für Sie hier mit dem Kind. Kommen Sie zum Bauer, da haben Sie es besser, da haben Sie wenigstens was zu essen.‹

Der Bauer quartierte uns alle zusammen, wie viele Personen wir waren, weiß ich nicht mehr, in einer Wohnung ein. Die Bauersleute waren sehr knickrig. Das hat da nicht gut getan, gar nicht. Die Tochter hat sich Männer gebracht und hat die ganze Nacht mit den Männern gesessen.

Der Ort hieß Ostgroßefehn am Kanal. Da ging ein Kanal durch. Das war dort, wo du in den Kanal gefallen bist. Dort war ich über Weihnachten 1945. Und kurz nach Weihnachten kam der Bürgermeister: ›Ich hab jetzt für Sie eine Wohnung, eine Stube gekriegt. Dort und dort. Kommen Sie, gehen Sie da hin.‹ Er hat mir einen Zettel gegeben und sagte: ›Melden Sie sich dort, da können Sie gleich einziehen.‹ Ich ging sofort hin.

Die alte Mutter, die Oma war sehr nett. Sie hat dich schön empfangen, dich gleich abgedrückt und abgeküsst. Sie hat uns dann auch gleich zu essen gegeben. In der Stube war ein Ofen. Ich könne mit Torf heizen und Torf holen. Ein Bett stand drin, ein Federbett und Kissen, eine Kommode, ein kleiner Tisch und zwei Stühle und Töpfe, zwei Töpfe. Sie bewirtschaftete den Hof mit ihrer Schwiegertochter, denn der Sohn war im Krieg geblieben. Sie hatten einen kleinen Jungen von ungefähr fünf Jahren. Das ging dort ganz schön, ganz gut.«

Daran konnte ich mich selbst noch erinnern, an den Ort, den Kanal, in dem ich fast ertrunken wäre. Mit einer kleinen braunen Medizinflasche in der Hand, in die Wasser hinein laufen sollte, beugte ich mich immer weiter über die Wasseroberfläche. Plötzlich verlor ich das Gleichgewicht und stürzte kopfüber in das grau glitzernde, schnell fließende Gewässer. Die Strömung riss mich in die Kanalmitte. Ein Hamsterer hatte uns Kinder beim Spielen beobachtet und sprang mir sofort hinterher. Er war ein guter Schwimmer, erreichte mich schnell und rettete mich vor dem Ertrinken. In seiner nassen Kleidung, mit Rucksack auf dem Rücken trug er mich zu meiner Mutter. Die Kinder, mit denen ich gespielt hatte, zeigten ihm den Weg und begleiteten uns. Mutter wohnte mit mir in einem kleinen möblierten Zimmer in einem großen Haus. Als die Tür mit einem lauten Knall aufgestoßen wurde, wusch Mutter gerade Wäsche in einer kleinen Schüssel.

»Ich bin so erschrocken«, schilderte Mutter ernst, »als der tropfende Mann mit dir auf dem Arm plötzlich im Zimmer stand. Er sah sich schnell um, entdeckte das Bett rechts neben der Tür und legte dich darauf. Während der Mann erzählte, was passiert war, zog ich dir, so schnell wie es mir mit meinen zitternden Händen möglich war, die Kleidung aus. Ich wickelte deinen vor Kälte starren Körper in ein Handtuch und deckte dich, mit dem uns überlassenen Federbett, bis unter die Nase zu. Obendrauf legte ich noch alle greifbaren Kleidungsstücke. Deine Haare musste ich mit einem Geschirrtuch trocken reiben. Ich hatte nur zwei Geschirrtücher und zwei Handtücher. Die feuchten Locken, du hattest damals leicht gekringelte Locken, bedeckte ich mit meinem aus Polen mitgebrachten Kopftuch. ›Bleib ganz still liegen‹, ermahnte ich dich, ›bald wird es dir warm werden.‹

Danach drückte ich deinem Retter das zweite Handtuch und die einzige Wolldecke, die ich besaß, in die Hand und bat ihn, die nassen Sachen auszuziehen. Ich wolle einstweilen bei der Bauernfamilie – oder sonst wo – etwas zum Anziehen für ihn besorgen, damit er sich nicht erkältet. Glücklicherweise traf ich die junge Bäuerin an, und diese gab mir, nach einigem Suchen, alte Männerkleidung. Sie hatte einmal ihrem verstorbenen Vater, einem großen, dicken Bauer gehört.

Als ich ins Zimmer zurückkam, saß der schon etwas ältere, hagere Mann, in die Decke eingewickelt, auf einem der beiden Holzstühle. Er fror. Ich gab ihm die Sachen und ging ins Treppenhaus. Dort war es ziemlich kalt, aber das gehörte sich so. Was blieb mir anderes übrig. Ich setzte mich auf eine Treppenstufe. Noch nie war ich in einer solchen Situation.

Was tut man da am besten?

Unbedingt, überlegte ich, mussten die beiden Durchgefrorenen etwas Warmes zum Trinken haben – da ist noch ein wenig schwarzer Tee für den Mann, fiel mir ein und ein Rest Milch für dich.

In Ostfriesland trank man gerne schwarzen Tee mit Kandiszucker und Milch. Das war für mich neu, aber der Tee schmeckte mir auch. Das Feuer musste in dem kleinen Herd angezündet werden. Zum Glück war da noch ein wenig Holz und Torf.

Als ich der Meinung war, nun lange genug gewartet zu haben, ging ich in das Zimmer zurück. Du warst, müde vom Weinen und dem ausgestandenen Schrecken, eingeschlafen.

Der Mann stand, in den viel zu großen Hosen, Hemd und Jackett, an dem wackligen Tisch. Er sah sehr komisch in den Sachen aus, und ich musste mich zusammenreißen, fast hätte ich laut gelacht. Er beugte sich über seinen Rucksack und holte ein nasses Päckchen Zigaretten nach dem anderen heraus und legte sie nebeneinander, auf die nicht ganz saubere Tischdecke. Zum Schluss noch eine Flasche Schnaps.

›Das ist ja ein Vermögen wert!‹ Entsetzt starrte ich auf die Sachen. ›Den Schaden kann ich nicht wieder gut machen. Es tut mir furchtbar leid, dass sie diesen großen Verlust erleiden. Ich habe meiner Tochter verboten, am Kanal zu spielen und glaubte, sie wäre bei den Nachbarkindern auf dem Bauernhof. Seit ein paar Monaten wohne ich hier in Ostgroßefehn. Ich bin aus Lodz ins Reich geflüchtet. Arm wie eine Kirchenmaus kam ich in Deutschland an. Die Polen und Russen haben mir alles weggenommen. Als ich in das Lager Friedland aufgenommen wurde, besaß ich nur das, was ich auf dem Leibe trug. Ich musste mit wenigen Habseligkeiten flüchten. Meinem Kind haben die Russen sogar die Schuhe von den Füßen gezogen. Usel hat darüber sehr lange geweint und jedem erzählt: ›Ruskie haben mir meine Schuhe weggenommen.‹ Bitte glauben sie mir, ich bin ihnen sehr dankbar, dass sie mein Kind gerettet haben, und ich werde beten, dass Gott sie dafür belohnt.‹

Der Mann meinte, man müsse die Zigaretten auspacken und zum Trocknen ausbreiten. Dann könnte er sie vielleicht noch als Zigaretten von minderer Qualität verkaufen. Ich gab ihm heißen Tee und hängte seine nassen Sachen über den zweiten Stuhl, so dicht wie möglich an den Ofen. Ich besaß nur zwei Stühle und musste mich zu dir auf den Bettrand setzen und den Tisch davor rücken. Erschöpft und aufgeregt saßen wir uns gegenüber.

Dein Lebensretter war ein freundlicher und gesprächiger ostfriesischer Familienvater. Er war auf der Durchreise und wollte nach Aurich zu seiner Frau und seinen Kindern. Nach dem Tee genehmigte er sich und mir – auf den Schrecken – eine Zigarette und eine halbe Tasse von dem damals auch sehr wertvollen Schnaps. Gemeinsam breiteten wir die Zigaretten zum Trocknen aus, belegten jeden geeigneten Platz im Zimmer. Viele Zigaretten zerbrachen. Ich achtete darauf, dass kein Tabakkrümel verloren ging. Dabei erzählten wir uns unsere Lebensgeschichte und Kriegserlebnisse. Ich hab den Mann nie wieder gesehen.

Schlafen durfte er dann auf dem Sofa in der guten Stube der Hausbesitzer. Als die Zigaretten und seine Kleidung getrocknet waren, machte er sich auf den Heimweg. Der Schreck, die ganze Arbeit, das war für mich als wärest du ein zweites Mal geboren worden.

Du hast den Unfall gut überstanden, nach ein paar Tagen warst du wieder munter. Eigentlich hatte ich es dort ganz schön, ganz gut, nur war es zu weit in die Stadt, nach Aurich. Das Dorf war furchtbar abgelegen. Bekannte wollten nach Bayern, da soll es besser sein. Gut, dann fahren wir nach Bayern, wir haben uns aufgemacht, sind nach Bayern. Vom Bürgermeister hab ich Geld bekommen: Fürsorge. Aber nicht viel, wenigstens musste ich nicht mehr hungern.

Zuerst wurden wir für vierzehn Tage in ein Lager in Regensburg eingewiesen; fünfundzwanzig Flüchtlinge schliefen auf Pritschen in einem Zimmer. Von da brachten sie uns nach Plattling, von Plattling sind wir verteilt worden in den Bayrischen Wald: Immer zwanzig Mann in ein Dorf. Und ich kam gerade nach dem Hirschberg, zuerst nach dem Giggenberg. Da war schon die Frau Stephan und die Frau Frantzke. Die zwei Familien. Mit mir noch ein schwangeres Fräulein, aus der Tschechei. Sie hat dann bei der Frau Doktor Endres in der Küche gearbeitet. Ihr Baby ist nach kurzer Zeit verstorben, weil sie es nicht richtig versorgen konnte. Sie ging bald weg. Nach ein paar Wochen kam Frau Drobeck mit den zwei Mädels.

Die ganze Zeit über hatte ich keinen Kontakt mit meinen Eltern. Es hat geheißen, dass nach Polen keine Post geht. Meine Mama wusste, dass ich wegfahre. Sie war in Lodz zuletzt mit mir zusammen, sie hat bei mir geschlafen. Deine Großmutter zwang man zum Putzen, sie musste renovierte Häuser putzen.«

Nicht nur Mutter, auch ich kann mich an das kleine Häuschen auf dem Giggenberg gut erinnern. Es gehörte zu einem großen Gehöft im Kreis Deggendorf in Niederbayern. Die örtliche Polizei begleitete alle Flüchtlinge – auch uns – zu den Wohnunterkünften und sorgte für Konfliktbewältigung, die Aufnahme und vorläufige Versorgung der Fremden.

Die amerikanische Besatzungszone Bayern gehörte neben Schleswig-Holstein und Niedersachsen zu den Hauptaufnahmegebieten. Von den Besatzungsmächten wurden die Flüchtlinge und Vertriebenen rechtlich mit der alteingesessenen Bevölkerung gleichgestellt. Der Alliierte Kontrollrat erließ das Gesetz Nr. 18, das Wohnungsgesetz. Es erlaubte, die »Neubürger« auch gegen den Willen der Eigentümer in Privatwohnungen einzuweisen.

Wir wohnten dort mit weiteren acht Personen: Einem pommerschen Ehepaar mit drei Kindern und einer Schlesierin mit zwei Mädchen: sieben und vier Jahre alt. Für jede Familie gab es nur eine winzige Kammer, in der gerade die Betten, ein Kleiderschrank, ein Tisch mit Stuhl und ein Ofen Platz hatten.

»Eklig war«, Mutter zog die Stirn kraus, »dass du auf einer Pritsche schlafen musstest. Das war ein zusammenklappbares Feldbett. Die Matratze war eine mit Seegras gefüllte Auflage aus Rupfen, einem sehr groben Stoff. Damit sie nicht klumpig und hart wurde, zog ich jeden Morgen das Gras auseinander. Im Sommer wurde die Auflage neu gestopft; mit frischem Seegras aus dem Wald. Ich schlief auf einem Strohsack. Meist mussten sich in dieser Zeit zwei Personen ein

Bett teilen. Mit unseren zwei Pritschen gehörten wir zu den besser versorgten »Neubürgern«.

Nicht nur Mutter vergaß diese Zeit nie, auch mir sind die niederbayerischen Erfahrungen jederzeit präsent. Viele Nächte träumte ich vom Krieg. In meine Seele brannte sich ein,»dass ich das Leben von Mutter und mir retten muss«. Ich wollte mit ihr in den Wald, eine Höhle bauen und in diesem Versteck vor Bomben und vor den Soldaten geschützt sein.

In diesem kleinen Häuschen, das wir als Hexenhäuschen verspotteten, bekam ich den ersten Kaugummi meines Lebens. Das war nicht nur für uns Kinder, sondern auch für die Erwachsenen etwas außergewöhnlich Neues. Er schmeckte wunderbar süß und nach Pfefferminz. Der Familienvater schenkte ihn mir mit der Bemerkung: »Den musst du solange kauen bis, er alle ist.« Die Versorgung mit Lebensmitteln war schlecht. Ganz Deutschland hungerte, und so kaute ich ihn mehrere Tage und in die Schatzkammer meines Gedächtnisses ein.

Das ganze Familienleben spielte sich in kleinen Zimmern ab. Die Kinder bekamen alles mit. Fühlten mit ihren Vätern und Müttern und versuchten zu helfen oder mussten helfen, während die Kinder der Einheimischen unbeschwert spielen durften.

Alle Flüchtlinge bekamen erst einmal Fürsorge; einen kleinen monatlichen Geldbetrag. Mutter gelang es nach und nach, die nötigsten Sachen zum Anziehen und für den Haushalt wieder anzuschaffen. Den ersten eigenen Topf, den sie sich damals kaufen konnte, warf sie nie weg. Er war aus Aluminium und hatte zwei schwarze Griffe. Später hörte ich eine Bekannte anerkennend zu Mutter sagen: »Ich bewundere dich. So schnell wie du, hat es niemand geschafft, Möbel und Haushaltssachen wieder anzuschaffen.«

Das Leben im Bayrischen Wald war sehr hart. Der Winter begann im November mit hohem Schnee und tiefen Temperaturen. Eisblumen an den Fenstern gab es in allen Häusern. Die Wohnstuben wurden selten geheizt, man hielt sich in der Küche auf. Meist in der Nähe des Ofens, auf dem gekocht wurde und der gleichzeitig wärmte. Herrlich duftende und schmeckende Bratäpfel gehörten zu den winterlichen, aber raren Gaumenfreuden.

Damit die Küche am nächsten Morgen schnell wieder warm wurde, legte man ein in Zeitungspapier eingewickeltes Brikett in die Glut. Es wurde morgens mit dem Schürhaken aufgestochert. Aus dieser Restglut entstand durch etwas Papier, trockenem Reisig und dünnen Holzscheiten, ein prasselndes Feuer. Auf der schnell heiß werdenden Herdplatte kochte Mutter uns morgens Milch zum Frühstück, in die wir Brot einbrockten.

In unserem Zimmer stand alles sehr eng beieinander. Die Holzscheite in einer schmalen länglichen Holzkiste neben dem »Allzweckschrank« für das Geschirr, die Lebensmittel, die Handtücher und die Kleidung.

Das Holz zog Mutter an Ketten aus dem nahen Wald. Sägen und Holzhacken war eigentlich eine Männerarbeit und für sie viel zu schwer, aber es gab keine männliche Hilfe. Alle Frauen mussten allein mit Allem fertig werden. Doch wenn es möglich war, halfen sich die Flüchtlingsfrauen gegenseitig. In dieser Zeit wurden viele lebenslange Freundschaften geschlossen. Mutter schrieb sich, bis zu deren Tod, mit Frau Drobeck und Frau Kiuntke. Letztere war die Patentante meiner Schwester Erika.

Evakuierungen der ausgebombten Städter und die Vertreibung aus den Ostgebieten hatten viele Familien getrennt. Das Rote Kreuz richtete Büros ein, die bei der Suche nach vermissten Angehörigen halfen. Bei jeder Gelegenheit sprach Mutter bei den Helfern vor. Mein Vater war unauffindbar.

Die Strapazen der Flucht und der Hunger hatten aus ihr eine kranke Frau gemacht, mit Magenproblemen und Hustenanfällen. Ihr fielen mehrere Zähne aus. Außerdem war sie schwanger. (Über den Vater ihres zweiten Kindes sprach sie nie. Fragte man sie direkt danach, dann sagte sie, dass sie vergewaltigt wurde. Bei der Behandlung ihrer Kinder machte sie keine Unterschiede. Ihr Standpunkt: diese armen Kinder können nichts dafür, sie haben sich nicht auf die Welt gebeten).

Anfang Januar, vermutete ein Lagerarzt, ist mit der Geburt des Kindes zu rechnen. Nach Weihnachten, es war bitter kalt und überall lag tiefer Schnee, stapften Mutter und ich mühsam zum nächsten Bahnhof und fuhren in die Stadt. Durch die Vermittlung des Pfarrers war ein Platz in einem Krankenhaus belegt worden. Für mich eine Betreuung in einem Waisenhaus. Aus dieser Zeit weiß ich nur noch, dass ich zum Waschen nicht in eine Schüssel gestellt, sondern in einer riesengroßen Badewanne gebadet wurde, was mir unwahrscheinlich gut gefiel.

Der Heimweg von der Bahn blieb auch unvergessen. Es war eisigkalt, und wir mussten die fünf Kilometer durch den hohen Schnee bergauf und bergab laufen. Eine junge Frau holte uns von der Bahn ab und half beim Tragen des Säuglings und des Gepäcks. Ich erinnere mich nicht mehr, was für Schuhe ich damals trug, aber ich rutschte ständig aus und kroch auf Händen und Füßen einen großen Berg hinauf.

Mutter verabscheute die Berge des Bayerischen Waldes und sehnte sich auf das flache Land ihrer Heimat zurück. Der nächste Laden war weit weg, und zur Stadt musste man mit der Bahn fahren. Jede Besorgung für den Haushalt war eine beschwerliche Angelegenheit. Irgendwann gab es dann dienstags und donnerstags Busverkehr. Die Haltestelle war an der, bestimmt drei Kilometer weit, entfernten Landstraße.

Meine fast tägliche Aufgabe war, vom nächsten Bauernhof in einer Aluminiumkanne Milch zu holen. Er war eine viertel Stunde Fußweg entfernt und lag auf einer steilen Anhöhe. Im Frühjahr war sie dicht mit Schlüsselblumen bewachsen, und an dem Bach, den ich überqueren musste, standen zahllose Stauden leuchtend gelber Dotterblumen. Die Milch stand in einer größeren Kanne in der Küche und wurde mir mit einer Schöpfkelle in mein kleines Gefäß gegossen.

Ich ging nicht gerne Milch holen, weil es in dieser Küche unerträglich stank. In dieser Zeit kam ich in mehrere Bauernküchen, zum Eier oder Kartoffeln oder Obst holen und bemerkte, dass dies unüblich war. Die Leute redeten darüber: Da muss man ja mit der Kneifzange rein! Was treiben die da bloß? Mutter überlegte, die Milch von einem anderen Hof zu kaufen, aber der war noch weiter entfernt.

Wieder einmal öffnete ich die Küchentür, nachdem ich vorher tief Luft geholt hatte, um im Raum wenig atmen zu müssen. An der gegenüber liegenden Wand stand ein schönes samtbezogenes Sofa. Davor bückte sich die Bäuerin, hielt die Sofadecke, die bis auf den Holzfußboden reichte, mit der linken Hand hoch. In der rechten hielt sie einen Besen und schob mit ihm den Kehricht unter das Sofa zu einem großen Haufen Unrat.

Frau Kapitän

Das kleine Zimmer in dem Hexenhäuschen war für uns, Mutter mit zwei kleinen Mädchen, zu klein. Eines Tages brachte uns der Bürgermeister in die Wochenendvilla eines Rechtsanwaltes. Sie war von allen strukturellen Einrichtungen am weitesten entfernt, auf einem Berg am Waldrand, mehr als 700 Meter über Normal Null. Hier bist du am Ende der Welt, stellte Mutter besorgt fest und hier kannst du nicht lange bleiben. Nur, wo sollte sie hin?

Der Jurist hatte seine Kanzlei in der Kreisstadt und kam nur am Wochenende zu seiner Freundin, die das Haus, bis zu unserem Einzug, allein bewohnte. Die Frau war die Witwe eines Kapitäns und bestand darauf, mit Frau Kapitän angesprochen zu werden.

Das Zimmer war ein paar Quadratmeter größer als das vorherige. Möbliert war es mit Ehebetten, einem Kinderbett, einem Kleiderschrank, einem Küchenschrank, einem Tisch mit drei Stühlen und einem Ofen. Die Wände waren mit Holz vertäfelt.

Nach einigen Monaten konnte sich Mutter bei ihren Vermietern, als Haushaltshilfe, zwanzig Mark im Monat zu ihrer Fürsorge hinzu verdienen.

Von der Villa hatten wir, von allen Flüchtlingen in der Gegend, den weitesten Weg zum nächsten Lebensmittelladen und ich zur Schule. Vorteilhaft war der Bauernhof nebenan. Dort konnten wir Milch kaufen. Von der unbehandelten Milch – sie wurde nach dem Melken nur durch ein Sieb gegossen – schöpften alle Haushalte die Sahne ab.

Mutter verfeinerte damit Saucen und Suppen. Butter und Eier gab es aus Kostengründen selten. Meine Pausenbrote bestrich Mutter mit der billigeren Margarine, die fast wie ranzige Butter schmeckte. Nur einmal wollte meine Banknachbarin aus Neugierde (ich hab noch nie Margarine gegessen, wie schmeckt denn das?) mit mir das Pausenbrot tauschen. Sie gab es mir nach dem zweiten Bissen schnell zurück und grapschte nach ihrem eigenen. Ich konnte das gut verstehen und nahm es ihr nicht übel.

Der nachbarliche Bauernhof gehörte auch dem Rechtsanwalt und war an ein Ehepaar aus dem Osten verpachtet. Es hatte einen Jungen namens Michel, der in meinem Alter war. Wir gingen gemeinsam zur Schule und spielten hin und wieder miteinander.

Aus dem Wald – fünfzig Meter hinter dem Haus – holte Mutter mit mir Beeren und Pilze. Ich pflückte in die Milchkanne hinein und Mutter in den Kochtopf. Außerdem zupften wir von den Tannen die Tannenspitzen ab, und daraus wurde eine Art Honig gekocht. Dazu wurden die frischen grünen Tannenspitzen von den Zweigen gepflückt; in Wasser mit Zucker zu einem Sirup ausgekocht. Der Sirup kam als Zusatz in die Trinkmilch oder als Aufstrich auf das Margarinebrot oder auf Pfannkuchen.

Das Beerensammeln fing mit den Walderdbeeren an, dann gab es Himbeeren, im August Heidelbeeren und zuletzt Brombeeren. Besonders gern aß ich Pfannkuchen mit Heidelbeeren. Sammeln mochte ich sie weniger gern, weil es an diesen Stellen auch immer viele Fliegen und Mücken gab, die einen gnadenlos stachen. Mit allen möglichen Ausreden und auch Tränen, versuchte ich mich davor zu drücken, aber Mutter bestand darauf, dass ich beim Pflücken half. Sie verkaufte die Blaubeeren an die nächstgelegene Blaubeerensammelstelle, die ein Bauer eingerichtet hatte. Diese Sammelstellen richteten Bauern in fast allen Dörfern der Umgebung ein. Nicht nur die Erwachsenen, auch die Kinder und die Jugendlichen verdienten sich mit dem Blaubeerenpflücken etwas Geld. Der Bayerische Wald war voller unterschiedlicher Pilze. Deshalb nahmen die Einheimischen nur »guede Schwammerl« mit. Später ahmten wir Zugezogenen das nach und sammelten auch nur Pfifferlinge, Steinpilze und Birkenpilze. Es gab so viele davon, dass man die anderen, weniger schmackhaften Sorten, gar nicht beachtete. Die Pilze wurden geputzt, gedämpft und in Sahnesauce zu Kartoffeln gegessen, als Wintervorrat in Scheiben geschnitten und zum Trocknen auf Schnüre gefädelt.

In einer Ecke unseres Zimmers hingen während der Pilzsaison immer Pilzschnüre von der Decke. Danach lagerten sie in einem Stoffbeutel aus geschenkten Stoffresten unter den Ehebetten. Schwammerl waren – auch für die Einheimischen – ein wichtiges Nahrungsmittel. Mutter kochte Pilzsuppe, Kartoffelknödel mit Pilzsauce oder füllte Pirogen damit. Dazu kam als Wintervorrat noch das Fallobst von den Apfel-, Birn- oder Zwetschgenbäumen, das die Bauern den Flüchtlingen umsonst überließen. Es wurde für den Winter im Backofen getrocknet. Den Ofen heizte Mutter mit Holz und Briketts.

Unsere Vermieter hatten einen großen Vorratskeller. In den Wandregalen standen dicht an dicht die Einweckgläser voller Obst, Gemüse und Fleisch. Im Souterrain häufte der Pächter für den Rechtsanwaltshaushalt einen großen Berg Äpfel an, an dem ich täglich auf meinem Schulweg vorbeiging.

Frau Kapitän war eine schöne, gepflegte Frau, die Dirndlkleider liebte. Mir gefielen sie auch, und es war mein Traum, einmal auch so schöne Dirndl zu haben. Während ich sie gerne ansah und bewunderte, war ich für sie ein Dorn im Auge, und sie ließ uns drei Eindringlingen ihren Zorn spüren. Als ich einmal früher von der Schule nach Hause kam, und Mutter nicht da war, ließ sie mich, bei mehreren Graden unter Null, nicht in das Haus. »Du wartest, bis deine Mutter kommt!«, rief sie mir durch die Tür zu. Ich drückte mich schutzsuchend in die Haustürecke, und als Mutter endlich kam, war ich so durchgefroren, dass ich davon krank wurde.

Wir sollten uns möglichst nicht bemerkbar machen. Obwohl es eine Waschküche gab, bestand sie darauf, dass Mutter unsere Wäsche im Zimmer waschen musste.

Eines Tages kam der Hausherr, statt am Freitagnachmittag, schon am Mittwoch. In unserem Zimmer kochte auf dem Ofen ein Kessel mit Wäsche, und es roch im ganzen Haus danach. »Emmi«, hörten wir es brüllen, »wieso riecht das ganze Haus nach Wäsche?« Wir hörten Emmi etwas sagen und danach wieder die männliche Stimme: »Mach der Frau doch nicht extra das Leben schwer. Die hat schon soviel durchgemacht. Wir müssen ihr und ihren Kindern helfen.«

Danach wurde es besser. Mutter half ihr dann auch, gegen Bezahlung, in der Küche und im Garten. Die drei Etagen des Hauses wurden von Fanny geputzt, einer jungen Bauerntochter von einem etwas weiter entfernten Gehöft.

Manchmal rief Frau Kapitän nach mir, und dann bekam ich in ihrer Küche ein wunderbar dünnes Brot mit Butter und Honig bestrichen. Dann und wann durfte ich auch einen Apfel von dem Apfelberg wegnehmen.

Am eindrucksvollsten war für mich ihr Weihnachtsbaum, der erste, bewusst bewunderte in meinem Leben. Er reichte bis unter die Decke und war über und über mit silbernem Lametta und weiß glänzendem Engelhaar behängt. Dazwischen viele weiße Kerzen. Alles in weiß. Es sah auf dem Grün des Baumes sehr edel und vornehm aus. Unser kleines Weihnachtsbäumchen hatte rote Kerzen. Während meine Schwester und ich schliefen, schmückte es Mutter mit bunten, selbst gebastelten Papiersternen und Kugeln und Walnüssen.

Die Rechtsanwaltsvilla war von einem großen Garten umgeben. An einem Sonnentag im Frühjahr drückte Frau Kapitän Mama eine Tüte Bohnenkerne in die Hand. Sie sollten im hintersten Gartenbereich gesteckt werden, dort wo der Stapel Bohnenstangen lag. Mutter machte mit einem angespitzten Holzstab ein Loch in die Erde, und ich kniete neben ihr und reichte ihr mehrere Bohnen, die sie im Halbkreis in die Mulde legte. Danach sah ich zu, wie sie zu den Bohnenstangen ging, nach einer griff und statt einer Bohnenstange eine sich kringelnde Ringelnatter in der Hand hielt. Beide schrieen wir gleichzeitig erschreckt auf, und Mutter schleuderte die Schlange, über den Gartenzaun, auf die Wiese.

Ständig musste man auf Schlangenbegegnungen gefasst sein: Blindschleichen, Ringelnattern und Kreuzottern kannte ich gut. Sie hingen oft über den Holzstegen der Bäche oder sonnten sich auf den zahlreich vorhandenen Steinhaufen und Holzstapeln. Vorsichtig näherten wir Kinder uns auf unserem Schulweg diesen bekannten Aufenthalten und wussten, wenn man von einer Kreuzotter gebissen wurde, dass man sofort das Gift aus der Wunde saugen und viel und gründlich ausspucken musste. Noch viele Jahre später träumte ich von meinem Schulweg durch die steile Blumenwiese und fürchtete mich vor den Schlangen.

Neben den Tieren auf den Wiesen, Fröschen, Eidechsen und Rebhühnern, sahen wir abends von unserem Stubenfenster aus, den Rehen und Hirschen beim Äsen am Waldrand zu und beobachteten die zahlreichen Hasen. Höllische Angst hatte ich vor Gänsen. Fast alle Bauern hielten eine Gänseschar in ihren Gärten am Haus. Sobald sich ein Fremder näherte, kamen sie kreischend und zischend, heftig mit den Flügeln schlagend, angewatschelt. Nachdem mich einmal ein Ganter angeflogen, umgeworfen und mit seinem Schnabel mein Gesicht und meine Haare attackiert hatte, machte ich weite Umwege um die Höfe mit Gänsen. Gerne hätte ich es so wie Mutter gemacht. Sie ließ den Ganter auf sich zukommen, packte ihn blitzschnell am Hals, drehte sich einige Male mit ihm im Kreis und schleuderte ihn dann in Richtung Herde. Nach einer solchen Aktion konnte sie den Rest des Jahres unbehelligt vorbei gehen.

Die Bauern erlaubten den Flüchtlingen, von ihren abgeernteten Getreidefeldern, die abgebrochenen und liegen gebliebenen Ähren zu sammeln. Ich musste dies barfuß machen und stach mir anfangs die Fußsohlen blutig. Mit der Zeit fand ich heraus, dass man den Fuß vorsichtig von der Seite auf die Strohhalme aufsetzen musste. Für einen großen Sack Ähren bekam man in der Mühle zwei Pfund gemahlenes Mehl.

An alle Kinder verteilten die Lehrer in der Schule täglich eine Schulspeisung. Am liebsten aß ich Gulasch mit Nudeln. Jedes Kind brachte ein Kochgeschirr und einen Löffel mit in die Schule, in das dann eine Portion hineingefüllt wurde. Selten bekamen wir Semmeln und Kakao. Das war dann für alle Kinder so ähnlich wie die Bescherung an Weihnachten.

Die Kirche half wo sie konnte. Sie sammelte Kleider- und Nahrungsspenden und gab sie an die Flüchtlinge und andere Bedürftige weiter. Zwei Seelsorger kümmerten sich um die Gemeindemitglieder: ein evangelischer Pfarrer aus dem Osten und der einheimische katholische Pastor. Dem evangelischen Pfarrer wurde gestattet, in der katholischen Kirche alle vierzehn Tage die evangelischen Flüchtlinge und Vertriebenen zum Gottesdienst zu versammeln. Nach dem Gottesdienst trafen sich die Flüchtlinge im Pfarrheim. Hier lernte man sich näher kennen, knüpfte Kontakte und redete über die neuesten, vom Pfarrer verkündeten Nachrichten, Hilfsangebote und Spenden. Dort bekam ich vor Weihnachten einen roten Wintermantel und Sandalen. Obwohl Mutter es mir verbot, rannte ich damit sofort zur Nannerl (Maria), der erwachsenen Tochter eines Nachbarhofes. Mit durchnässten und gefrorenen Strümpfen und eiskalten Füßen kam ich nach Hause zurück. Trotz Mutters Schimpfe und Ermahnungen, begeisterten mich die neuen Sandalen so, dass ich sie jedem zeigen musste und ständig anzog.

Der Pastor erteilte den evangelischen Kindern gemeinsam mit den katholischen Religionsunterricht. Ich war sehr klein und saß deshalb immer in der ersten Bank. Das brachte mir viel unangenehme Aufmerksamkeit von den Lehrern ein und zwang mich zum Aufmerken und zum Bravsein. Wer störte, bekam mit einem Lineal Schläge auf den Handrücken oder musste vor die Tür gehen, und die Eltern wurden benachrichtigt. Zu Hause gab es dann auch noch Schläge oder Stubenarrest. In der ersten Bank sitzen zu müssen, gefiel mir gar nicht und ich beneidete die Großen glühend. Unbeobachtet konnten sie in den hinteren Bänken auch einmal ein Schwätzchen halten.

Ich liebte den Religionsunterricht. Der Pastor konnte so schön und spannend von den Wundern Jesu erzählen, und er verschenkte Fleißkärtchen. Das waren golden bedruckte Heiligenbilder, die man den Erwachsenen stolz präsentieren konnte und für die man gelobt und ab und zu mit einer Süßigkeit belohnt wurde.

Besonders gern ging ich in die Kirche, die von einem Friedhof umgeben war. Manchmal traf ich den kleinen rundlichen und freundlichen alten Geistlichen an. Er nahm mich mit, und ich durfte vor dem Altar kniend mit ihm beten. Es gefiel mir gut in der Kirche, das viele Gold, die Kerzen und die schönen Farben und die Blumen. Der Altar war immer mit wunderschönen Blumen aus den Bauerngärten geschmückt.

Auch anderen Kindern gefiel die Kirche. Als der Pfarrer die Gläubigen zu einem stillen Gebet aufgefordert hatte, hörte ich ein Mädchen laut zu ihrer Mutter sagen: »Mama, das ist hier fast so schön wie im Kino!«

In der Nähe der Schule gab es einen Krämerladen. Häufig beauftragte mich Mutter, von dort Brot oder andere Lebensmittel mitzubringen. Bezahlen brauchten die Kinder nicht, es wurde angeschrieben und von den Erwachsenen bezahlt, sobald sie selbst in den Ort kamen. Für mich waren diese Einkäufe eine ständige Versuchung. Ich kaufte verbotenerweise Bonbons. Die bunten runden Pfefferminzbonbons standen in einem Glasbehälter auf der Verkaufstheke und ließen mich alle Schimpfworte und Schläge vergessen. Jedes Mal aß ich unterwegs von den Lebensmitteln, wie dem Brot oder der Hefe. Dafür bekam ich dann mit einem Gürtel Schläge. »Ekelhaft ist dieses angebissene Brot«, schrie mich Mutter einmal an. Diese Bemerkung brachte mich auf die Idee, unterwegs zu einer Bekannten zu gehen. Sie schnitt mir, auf mein Bitten, ein paar Scheiben ab, die ich auf dem weiteren Schulweg aufaß. Es war wieder verkehrt und ich bekam wieder Prügel.

Eines Tages erhielten wir aus Kanada ein großes Paket mit Kleidung und Essen in Dosen. Die Dosen waren dann viele Jahre unsere Vorratsbehälter. Für mich war ein neues hellblaues Kleid dabei, verziert mit einer Tasche mit Häschen unter einem weißen Kragen. Mutter freute sich sehr darüber und ließ uns alle drei in den neuen Sachen fotografieren. Es war eine ganze Weile mein Sonntagskleid, und viele Male musste ich darum betteln, es auch einmal in die Schule anziehen zu dürfen. Die Fotos schickte sie mit einem Dankesbrief zu dem Verwandten, einem Bruder ihrer Mutter, der aus Polen nach Kanada ausgewandert war und hin und wieder an seine Schwester in Polen schrieb.

Damals lebten wir sehr einfach: von der Hand in den Mund, sagte man. Die Flüchtlinge im Bayerischen Wald waren bedauernswerte arme Schlucker. Bezahlte Arbeit gab es lange nicht. Alle Männer waren arbeitslos. Die Frauen verdienten ab und zu bei den Einheimischen ein paar Mark als Ernte- oder Haushaltshilfen. Dann begann man, Straßen zu bauen, und viele arbeitslose männliche Flüchtlinge bekamen bezahlte Arbeit im Straßenbau.

Schule extrem

Mit Michel ging ich ab Herbst 1948 zur Schule. Sieben Kilometer zu Fuß. Im Dezember wurde ich sechs Jahre alt. Wie sich im Klassenzimmer herausstellte, war ich unter den Erstklässlern die Kleinste. Neben dem dicklichen Michel wirkte ich schwächlich, und in den Gesprächen der Erwachsenen ging es mehrmals um die Frage, ob ich überhaupt schon schulreif sei, den langen Schulweg und Unterricht schon bewältigen könne. Ich wollte auf keinen Fall mehr zu Hause bleiben, sondern gemeinsam mit dem Nachbarjungen eingeschult werden. Rektor Macht und Mutter fanden schließlich, dass »Probieren über Studieren« gehe, und so kam es, dass ich nicht nur das kleinste, sondern auch das jüngste Schulkind des Jahrganges wurde. Mein Geburtsdatum wurde an die administrativen Bedingungen angepasst. Ich war eben schon im September geboren.

In der Volksschule Grafling gab es reine Jahrgangsklassen und Klassen mit Kindern unterschiedlichen Alters in einem Klassenraum.

In letzteren Räumen musste ein Teil der Schüler immer mit Stillarbeit beschäftigt werden. Eine anstrengende Konzentrationsleistung der Lehrer und Schüler.

Schiefertafel mit angebundenem Schwamm, Griffel und Griffelkasten und das Lesebuch »Mein erstes Buch« waren unsere gesamten Lernmittel. Die Geschichte vom »Stoffelchen« machte aus mir ein höfliches und hilfsbereites Schulkind. Ich wollte kein Stoffelchen sein, das nicht grüßte, sich nicht bedankte, keinem Erwachsenen im Zug Platz machte und der Mutter nicht die Einkaufstasche tragen half.

Im ersten Schuljahr war der Rektor der Schule mein Klassenlehrer. Er wohnte mit seiner Familie im Schulgebäude. Auf den benachbarten Wiesen machten wir Purzelbäume, Spagat und probierten das Radschlagen; auf seiner Teppich-Klopfstange übten wir Aufschwung, hangelten wir und versuchten wir, ich vergeblich, einen Klimmzug. Das war unser Turnunterricht. Er ist unter »Leibesübungen« im Zeugnis dokumentiert.

Wiederkehrende Erlebnisse verliehen unserem langen Schulweg etwas Abwechslung. Zwei kleine Bauernjungen warteten auf uns vor ihrem elterlichen Hof. Sie beobachteten alle vorbei kommenden Leute durch ihre gespreizten Finger, die sie sich verschämt vor die Augen hielten. Die beiden redeten mit keinem Fremden, auch nicht mit uns.

Das Bekreuzigen vor dem Jesuskreuz war das zweitwichtigste Ereignis. Es stand an einer markanten Stelle am Bach, an dem unser Schulweg entlang führte. Nie versäumten wir, an dem Marterl stehen zu bleiben. Wir beteten kurz für unser »Seelenheil«, damit der Teufel keine Macht über uns bekommen konnte. »Der Teufel beobachtet alle Menschen, und wenn ihr das auslasst, dann gibt's ein Unglück«, bekamen wir Erstklässler von den Älteren eingeflüstert. Brav blieb auch ich einige Augenblicke stehen und bekreuzigte mich. Irgendwann stellte ich fest, dass ich evangelisch war, und wir so etwas nicht machen mussten. Das war katholisch. Ich wagte es nicht, darauf aufmerksam zu machen oder gar weiter zu gehen. Flüchtlingskinder waren »Pollacken« und nicht beliebt, merkte ich bald, und dass es opportun war, sich anzupassen.

Erkennen könne man den Teufel an seinem Pferdefuß; er habe einen ganz normalen Fuß und einen Pferdefuß, und deshalb würde er auch humpeln. Damals humpelten viele Männer, und sobald ich jemanden hinken sah, taxierte ich mit einem mulmigen Gefühl die Schuhe. Drei Jahre nach Kriegsende begegnete man immer wieder Kriegsversehrten, die lahmten oder sich sogar auf Holzkrücken fortbewegten.

In dieser radio- und fernsehlosen Zeit wurde viel erzählt, auch Gruselgeschichten. Obwohl ich mich danach fürchtete, wenn ich allein im Dunkeln war, hörte ich sie mir immer an.

Ich wollte nichts versäumen, denn sie waren interessant schaurig, und außerdem wollte ich nicht als Angsthase verspottet werden. Abwehren könne man den Teufel und alle weiteren bösen Geister mit dem Kreuz. Sofort bekreuzigen, und es konnte einem kein Leid geschehen. Kreuze mit einem Stein in die Erde geritzt, vernichteten – hundert pro – alles Böse.

Weitere jenseitige Hilfe bekam man von den allgegenwärtigen Schutzengeln. Sie waren auf den goldbunten Fleißkärtchen abgebildet, die uns unser katholischer Religionslehrer schenkte. Wer nicht schwätzte, die Gebete fließend auswendig hersagte oder die Schreibarbeiten für die Religionsstunde fein säuberlich geschrieben hatte, wurde damit belohnt. Diese wertvoll aussehenden Bildchen verhalfen einem, wie schon erwähnt, in der Klasse und zu Hause zu viel Anerkennung, und deshalb passte ich gut auf. Willig folgte ich dem Unterricht, und gehorsam und sorgfältig machte ich die Hausaufgaben.

Mit Michel gelang mir mein erstes Geschäft. Er gab mir für ein Fleißkärtchen in der großen Pause zwei Mal sein gutes Butterbrot. Die katholischen Kinder bewahrten ihre Heiligenbilder sorgfältig in ihrem Kirchengesangbuch auf.

Das größte Problem war die Lebensmittelknappheit, und ganz selten bekam man Pausenbrot mit einem Wurst- oder Käsebelag. Deshalb hatten alle Schulkinder auf dem Heimweg großen Hunger.

Zur Rübenzeit zogen wir die radieschenähnlich schmeckenden Wasserrüben aus dem Feld. Die daran haften gebliebene Erde putzten wir im Gras ab, und mit unseren Zähnen schabten wir die Schale ab und spuckten sie aus. Eine andere beliebte Zwischenmahlzeit waren die Kläräpfel. Fast in jedem Feld wuchs ein Apfelbaum. Die Bauern hatten die Apfelbäume sogar zwischen das Getreide gepflanzt. Mama schärfte mir immer ein, kein unreifes Obst zu essen, davon werde man krank. Trotzdem konnte ich nicht abwarten. Einmal musste ich mich davon fürchterlich übergeben. Mutter zerbrach sich den Kopf, welch schlimme Krankheit ich wohl habe. Verbissen verschwieg ich die »Sünde«. Schließlich hatte ich etwas Verbotenes getan, und ihre Prügel spürte ich tagelang auf der Schulbank.

Den Waldrand suchten wir nach Beeren ab, winzig kleine Erdbeeren, saure Brombeeren, Himbeeren und Heidelbeeren wurden gern gepflückt, und wir aßen auch Sauerklee oder Sauerampfer.

Die medizinische Versorgung war schlecht. Bis man einen Arzt an das Krankenbett geholt hatte, war oft keine Hilfe mehr möglich. Eine Schulkameradin starb deshalb an Blutvergiftung. Die Leni wurde in ihrem weißen Kommunionkleid in der guten Stube der Bauernfamilie aufgebahrt. Ich fand, dass sie überirdisch schön wie ein Engel aussah. Am Sarg brannten viele Kerzen, und wir Mitschüler brachten Blumen mit und legten sie auf die Spitzendecke, mit der sie zugedeckt war. Mit den vielen Dorfbewohnern, die dem Kind die letzte Ehre erwiesen und den Eltern ihr Beileid aussprachen, beteten wir für sie. Lange konnte ich ihren Tod nicht vergessen, und wenn es möglich war, ging ich zu ihrem Grab auf dem Friedhof an der Kirche.

Durch die enorme Kälte im Winter wurden die kleinen Kinder und die älteren Leute häufig krank. Schon im November begann es zu schneien. Trotz der meterhohen Schneedecke ging ich zur Schule. Pulverschnee ließ mich tief in den Schnee einsinken. Fußstapfen in hart gefrorenen Schnee zu pressen, freute mich anfangs, doch recht bald schmerzte die beißende Kälte und machte den Schulweg zu einem Martyrium. Meine Füße und Hände schwollen mit Frostbeulen an. Die Zehen platzten sogar auf, und ich kam in keinen Schuh hinein und konnte wiederholt nicht zur Schule gehen. Meine Hände und Füße waren oft so durchgefroren, dass ich vor Schmerzen weinte. Dafür schämte ich mich vor den Schulkameradinnen. Weinend klopfte ich an die Haustür von Familie Driske. Sie waren auch Flüchtlinge, hatten zwei fast erwachsene Kinder und wohnten in einem Bauernhaus. Dort durfte ich mich aufwärmen. Die Frau legte dann meine eiskalten Hände in eine Schüssel mit kaltem Wasser. Wenn mir wieder warm war, ging ich so schnell wie möglich weiter nach Hause. Von Driskes musste ich noch einmal so weit laufen.

Mutter machte sich Sorgen wegen meines Fehlens in der Schule. Der Rektor versicherte ihr aber, dass ich zwar noch klein und schmächtig wäre, aber gut lernen würde. Das Versäumte könne ich bald aufholen. In meinem ersten Zeugnis standen 16 entschuldigte Fehltage und unter »Charakterliche Würdigung; Beurteilung von Fleiß, Betragen und Aufmerksamkeit« stand nur das Wort »gut«.

Irgendwann verkehrte dienstags und donnerstags auf der Talstraße ein Omnibus, und wenn der Busfahrer gnädig gestimmt war, winkte er uns in seinen Bus hinein, und wir durften kostenlos mitfahren. Manchmal nahm uns auch ein Bauer auf seinem Pferdefuhrwerk mit.

Erna, meine dralle bayerische Banknachbarin, und auch die anderen Mitschüler mochten keine Flüchtlingskinder. Sie hänselten uns und schlugen uns in den Pausen oder auf dem Nachhauseweg. Für mich wurde es besser, als sie merkten, dass ich ihnen vorsagte oder bei den Hausaufgaben helfen konnte und sie gelegentlich abschreiben ließ. Eines Tages durfte ich Erna dann auf ihrem Bauernhof besuchen und mit ihr und ihren vielen Geschwistern spielen.

Ursula mit Hasenkleid aus Kanada.

Michel, Ursula, Erika, Helene 1949 vor dem Nachbarhof in Hirschberg

Bauernhöfe

Ernas Eltern und Mutter waren im gleichen Alter. Auf dem Hof der Hubers wohnten drei Generationen: die Eltern des Bauern, seine unverheiratete Schwester Maria mit Kropf und sein geistig behinderter Bruder. Fremden erklärte man das Verhalten des Bruders mit der kurzen Bemerkung, dass der Berti halt ein Depp sei. Ernas Schwestern und Brüder waren älter und jünger als ich. Baby Michi, längere Zeit mit Geschwüren bedeckt, lag häufig im Freien im Kinderwagen, wenn ich Erna besuchte.

Erna und ich durften den kleinen Michi manchmal im Dorf spazieren fahren, aber ja nicht aus dem Kinderwagen herausnehmen. Als er einmal lange brüllte, tat ich es doch, und dabei platzte ein Geschwür auf der Brust. Ich glaubte, etwas ganz Furchtbares gemacht zu haben und lief in panischer Angst nach Hause. Mutter erzählte ich davon nichts und traute mich auch tagelang nicht mehr auf Hubers Hof. Doch es sprach niemand darüber, und so wagte ich mich eines Tages wieder hin.

Dort war es ja auch zu schön und immer etwas los. Katzen und viele Hühner liefen überall herum. Nur das Schlafzimmer der Eltern Huber schien, tabu zu sein. Sauen und Katzen bekamen Junge, oder es schlüpften Küken, oder die Hühner hatten gerade wieder fremd gelegt, und die Eier mussten in der Umgebung gesucht werden.

In einem Sommer gab es Unmengen von Feldmäusen. Eine Katze fing ständig Mäuse und brachte sie auf den Hof. Unbefangen nahmen wir sie ihr weg, spielten mit ihnen als wären sie Puppen. In Stofffetzen eingewickelt legten wir sie in Bettchen, wie richtige Babys. Zu Mäusebettchen machten wir alte, rostige Dosen oder altes kaputtes Geschirr. Alle bekamen einen Namen und wurden getauft, wie ich es kurz vorher in der Graflinger Kirche gesehen hatte. Die Katze ist immer um uns herumgeschlichen und wollte sie fressen, aber wir haben sie weggescheucht und unsere »Kinder« verteidigt. Erst wenn sie tot waren, warfen wir sie auf den Misthaufen. Als die Bäuerin meinte: »Pfui Teifi, seids nimmer ganz g'scheit«, und mit uns schimpfte, weil wir krank werden könnten, mochten wir die Mäuse auch nicht mehr.

Unvergessen blieb mir ein Bruder, der einmal mit ausgestreckter Zunge zu uns kam. Er zeigte mit dem Zeigefinger darauf und stotterte: »Der Wurm ist mir da runtergrutscht.« Ängstlich beobachteten wir ihn einige Tage, aber er wurde nicht krank. Noch lange danach wurde er gefoppt: »Magst vielleicht eine Wurmsuppen oder einen Wurmsalat? Mir sang der Mama, dass den Salat net waschen brauch!«

Lebensmittel waren knapp und teuer. Luxus waren Fleisch, Süßigkeiten und Obst. Kaum eine Familie hatte Essen übrig. Ich war wohl immer hungrig. Mama schärfte mir ständig ein, ja nicht bei den Leuten zu betteln. Nahm sie uns zu irgendeinem Besuch mit, so sagte sie mir eindringlich, wie ich mich benehmen soll. Schlusssatz war stets: »Wenn dir jemand etwas zu essen anbietet, dann darfst du es nehmen, aber schlinge die Sachen nicht runter, und dass du mir ja nicht bettelst.« Nicht bitten und betteln zu müssen, war der Katalysator unseres Lebens.

Bei Hubers drehte ich oft die Buttertrommel. Das musste ganz lange gemacht werden und war sehr anstrengend. Ähnlich, wie Schlagsahne mit dem Schneebesen steif schlagen. Erna und ihre Geschwister drückten sich gerne vor dieser Arbeit, und wenn ich sie machte, bekam ich anschließend eine Tasse köstlich schmeckender Buttermilch, in der noch kleine Klümpchen Butter schwammen. Nie wieder fand ich später eine Buttermilch, die so gut schmeckte.

Zu den Geburtstagen gab es bei Hubers »Ausgezogene« aus Hefeteig, die in Schmalz schwimmend ausgebacken wurden. Mit ein wenig Puderzucker bestreut, waren sie bei allen Kindern das unbestrittene Lieblingsgebäck. Ihr Aussehen: fladenähnlich, in der Mitte dünn und knusprig und ein dicker, weicher, wulstiger Rand. Bei meiner Mutter hießen sie Krapfen oder Berliner; kleine runde, wenn möglich mit Marmelade gefüllte und in normalem Zucker gewälzte Bällchen.

Zur Karnevalszeit mischte man unter die Marmeladenkrapfen einige mit scharfem Senf und freute sich, wenn herzhaft hinein gebissen, danach ausgespuckt und entrüstet lautstark gegen diesen Spaß protestiert wurde.

Werktags gab es bei den Bauern selbstgebackenes Brot aus Sauerteig, mit frischer Butter bestrichen. Es schmeckte viel besser als das Brot aus dem Lebensmittelladen, das Mutter kaufen musste, und das sie mit scheußlich schmeckender Margarine bestrich und manchmal mit Marmelade oder Schmalz. Wurst oder Käse als Brotbelag gab es nur an Geburts- oder Feiertagen. Fleisch war sehr teuer und eine, dem Sonntag vorbehaltene, außergewöhnliche Delikatesse.

Einmal brachte Mutter mehrere große tote Vögel nach Hause. Ein Bekannter hatte sie in einem Netz gefangen. Erstaunt sah ich ihr beim Rupfen der Federn und kochen zu. Eher selten aßen wir Tauben und aus dem nahe gelegenen Bach Krebse. Mutter kannte die Stellen am Bachufer und teilte ihren Fang jedes Mal mit Frau Kapitän.

Die Hausfrauen verstanden es, aus wenigen Grundnahrungsmitteln wie Mehl, Kartoffeln, Milch, Fett und Eiern, schmackhafte Gerichte und Gebäck herzustellen. Mutters leckere, mit Beeren oder Pilzen gefüllte Pirogen, Mehlpfannenkuchen oder Streuselkuchen waren bei den Kindern, die ich manchmal mit nach Hause brachte, sehr beliebt. Kartoffelpuffer, mit Zucker bestreut, aß ich immer gern; weniger gern Brennsuppe aus Gries oder Haferflocken und Kartoffelsuppe mit Karotten, Kohl und Satschirken.

Dachten wir nach Jahren an diese Hungerzeit nach dem Krieg, war Mutter immer ganz stolz, dass sie beim Besorgen von Lebensmitteln so erfolgreich war, dass sie nie Brennnesselsuppe kochen musste. Dass Jahrzehnte später Brennnesselsuppe als außergewöhnlich pikant schmeckendes Schmankerl in Gaststätten angeboten wird, hätten wir uns damals nicht vorstellen können.

Durch Hubers Bruder erfuhr ich auch meinen ersten Kontakt mit der Sexualität. Oft vergaß ich beim Spielen das rechtzeitige Nachhausegehen. Ich erinnere mich gut an Frau Hubers entsetzten Ausruf: »Ja Kruzitürken, ist des Derndl immer noch do! Es is scho stockfinster!« Sie rief dann nach dem Berti, und der musste mich durch das kleine Wäldchen nach Hause begleiten. Einmal trat er hinter mich, hielt mich an den Schultern fest, wippte mit seinem Unterleib gegen meinen Rücken und fragte, ob ich das mit ihm machen wolle. Er stank immer fürchterlich, und es ekelte mich vor ihm. Ich sagte nein, entwand mich seinen Händen und lief einfach weiter.

Marianne Bauer klärte mich dann auf, dass der Berti mit mir vögeln wollte. Das machen Männer mit Frauen, und die bekommen dann Kinder. Ich solle mir nichts daraus machen. Der Berti sei halt etwas deppert, der weiß nicht was er tut.

Wegen Marianne war ich besonders gern bei Familie Bauer. Deren Hof war etwa einen halben Kilometer von der Villa entfernt. Dort gab es nur Erwachsene, den Bauern, die Bäuerin, zwei Söhne und eben das Nannerl. Marianne war mein großer Schwarm. Mit ihr durfte ich aufs Feld oder in den Stall. Mit ihr konnte ich auch über alles reden. Sie war immer freundlich und schimpfte nie. Am schönsten war es, wenn ich mit der ganzen Familie mitessen durfte. Es gab immer Essen aus einer großen Schüssel. Sie stand in der Mitte des Tischs. Jeder löffelte daraus, bis er satt war. Teller und Abwasch ersparte man sich. War man mit dem Essen fertig, so putzte man den Löffel an einem Tuch ab und legte ihn wieder in die Schublade zurück.

Ich war ein lebhaftes Kind, das sich schnell in der Enge und Spärlichkeit des Zimmers, in dem wir wohnten, langweilte. Wenn irgend möglich, besuchte ich die Bauernfamilien auf den abgelegenen benachbarten Höfen. Sie waren mein zweites zu Hause. Mutter verbot mir im Winter, wenn es früh dunkel wurde und kalt war, das Haus zu verlassen. Sobald sie abgelenkt war, rannte ich unerlaubt fort und fand freundliche Aufnahme und Zeitvertreib in der Nachbarschaft. Ständig war Mama gezwungen, mich zu suchen. Wütend schlug sie mich deshalb immer wieder. Mutter hatte es wirklich nicht leicht mit ihren zwei kleinen Mädchen. Ursula zu lebhaft, Erika häufig krank.

Nachricht aus Polen

Erste Briefe

Als bekannt wurde, dass der Postverkehr nach Polen funktionierte, schrieb Mutter an mehrere Bekannte und auch an ihre polnische Nachbarin. Sie fragte an, ob sie etwas über den Verbleib ihres Mannes, ihrer Eltern und Schwestern wüsste und teilte mit, dass sie nun in Niederbayern lebte und bat darum, ihre Adresse an Bekannte und an die Familienangehörigen weiter zu geben.

Sie wusste, dass ihre Mutter in Lodz bleiben wollte. In vielen Gesprächen und Überlegungen, Polen zu verlassen und ins Reich auszusiedeln, war sie immer dagegen gewesen. Sie fürchtete sich vor der Fremde und meinte: »Wo sollen wir denn hin? Wir kennen dort niemanden.«

Zudem war sie der festen Überzeugung, dass ihr, einer einfachen Bäuerin, niemand etwas tun würde. Sie selbst und ihre Familie hatten keinem Menschen geschadet. »Wenn wir konnten, haben wir immer geholfen. Ich habe ein gutes Gewissen und keine Angst vor Rache«, war ihre stereotype Haltung.

Fremde Deutsche flößten ihr mehr Angst ein als Polen.

Mehr als zwei Jahre waren ohne einen Kontakt zu ihren Angehörigen vergangen. So oft es ging, sprach Mutter beim Roten Kreuz vor. Eines Tages kam der lang ersehnte Brief aus der Heimat. Ihre jüngste Schwester meldete sich.

Ich hatte noch gar nicht richtig die Zimmertür geschlossen, als Mutter mich schon anstrahlte: »Stell dir vor, deine Tante aus Polen hat geschrieben. Setz dich schnell hin, ich les dir den Brief vor.«

Kochana Lenu!

Deine Nachbarin brachte vorgestern Deinen Brief zur Mama. Wir haben vor Freude geweint. Ich musste mich gleich hinsetzen und Dir antworten. Hoffentlich geht es Dir und Ursula gut. Mama und mir geht es schlecht. In Polen fehlen Lebensmittel und wir haben schlechtes Essen. An manchen Tagen essen wir gar nichts. Vater ist mit Manja und Tante Polla und Peter nach Schlesien geflüchtet. Ich habe bis heute keine Nachricht von ihnen. Wanda muss bei der Marischa arbeiten. Ich habe sie schon lange nicht mehr gesehen. Ihr Otto ist in Deutschland geblieben und sie will mit Waldemar zu ihm ziehen. Man wartet darauf, dass sich die Lage beruhigt und auf das Ende der Feindseligkeiten gegen uns Deutsche. Alle Deutschen arbeiten für Polen auf den Bauernhöfen. Es ist verboten deutsch zu sprechen. Ich habe als erstes polnisch lernen müssen, damit mich niemand als Deutsche erkennt. Ist es erlaubt, aus Deutschland nach Polen Lebensmittel zu schicken? Die Mama hustet Tag und Nacht. Sie sieht sehr schlecht aus. Das Putzen ist viel zu schwer für sie. Ich muss Schluss machen. Bleib gesund.
Viele Grüße und Küsschen für Dich und Ursula, Deine Hedwig
 Schreib bald.

Die Aufforderung »Schreib bald« nahm Mutter ernst; ein paar Tage später sah ich sie nachdenklich an unserem Küchentisch, vor einem weißen Blatt Papier sitzen.

Frau Kapitän schenkte ihr ein Kuvert und ein paar Bögen von ihrem Büttenbriefpapier.

Zuerst wollte ich warten, bis Mutter den Brief beendet hatte, doch es dauerte mir zu lange.

Spielen mit Hubers Kindern lockte mich fort vom Küchentisch. Abends bekam ich das auf beiden Seiten beschriebene Briefpapier zu sehen. Mutter las es mir vor, danach durfte ich meinen Namen darunter schreiben und Herzchen malen.

Liebe Mama, liebe Hedwig!

Über Euren Brief habe ich mich sehr gefreut. Endlich ein Lebenszeichen von zu Hause.
Es geht mir auch nicht gut.
Seit Januar habe ich eine kleine Erika. Ich bin sehr abgemagert und seit der Geburt so schwach, dass ich nicht stillen kann. Durch die Schwangerschaft und durch die schlechten Lebensmittel sind mir viele Haare ausgefallen und ich habe fünf Zähne verloren.
In Deutschland ist Hungersnot. Hier gibt es auch wenig zu essen.
Ich wohne mit den beiden Kindern in einem kleinen Zimmer. Das Haus gehört einem Rechtsanwalt und steht am Waldrand. Zum nächsten Lebensmittelladen ist es sehr weit. Bestimmt sechs Kilometer. Hier sind in jedem Haus Flüchtlinge aus dem Osten untergebracht. Wir treffen uns am Sonntag in der Kirche. Dort bekommen wir manchmal gespendete Kleidung und Lebensmittel aus Amerika. Für die Kinder und mich bekomme ich vom Bürgermeister etwas Geld, die Fürsorge. Beim Roten Kreuz frage ich immer wieder nach Reinhold. Habt Ihr etwas von ihm und von Herta und Herbert gehört und von den Eltern?
Ich wünsche Dir und Mama, dass es Euch bald besser geht. Liebe Hedwig, Schreib mir, wer von der Familie noch lebt.
Bleibt gesund und viele Grüße und Küsschen,

Deine Schwester Helene

U r s u l a

♥ ♥ ♥

Vater war aus griechischer Gefangenschaft zurückgekommen und suchte seine Familienangehörigen, berichtete Hedwig im nächsten Brief. Weil er sich vor der Rache der Polen fürchtete, schlich er sich nachts zu seiner Schwiegermutter Juliane.

Sein Stadthaus hatte er zerstört, unbewohnt und leer geräumt vorgefunden. Vergeblich fragte er bei Verwandten nach ziviler Kleidung. Er besaß nur noch seine Uniform, die er schon viel zu lange trug. Darin durfte er nicht von Polen oder Russen gesehen werden, sie hätten ihn totgeschlagen oder erschossen. Großmutter ging zu ihrer Schwiegermutter Franziska, und gemeinsam konnten sie ihn, über gute Bekannte, mit zivilen Sachen versorgen.

Der Anzug hatte etwas zu kurze Hosen und Ärmel, und Vater fühlte sich darin nicht wohl: »Wie ich bloß aussehe!«, rief er und sah entrüstet an sich herunter. Sein Aussehen war ihm immer sehr wichtig. Juliane meinte: »Sei bloß froh, dass du die Uniform los bist.«

Passende, saubere oder gar elegante Kleidung war damals eine rare Ausnahme. Zweckmäßig musste sie sein, geeignet für jede Witterung. Viele Menschen besaßen nur noch das, was sie übereinander auf dem Leibe trugen, so viel wie möglich.

Von Mutter und mir wusste Großmutter nur, dass wir mit anderen Deutschen in den Westen geflüchtet waren. »Wahrscheinlich leben die beiden nicht mehr«, meinte sie, »ich habe schon lange nichts mehr von Helene gehört.« Das hätte sie lieber nicht gesagt, wie sich wenige Jahre später heraus stellte.

Bevor Vater Großmutter aufsuchte, hatte er schon seine Tochter aus erster Ehe bei gemeinsamen Bekannten gefunden. Dort erfuhr er auch, dass seine Eltern nicht mehr lebten. Sie wurden von Polen erschossen.

Herta war schon ein hübsches junges Mädchen. Sie wollte Lodz nicht verlassen und auf ihren Vater warten, der bestimmt aus Griechenland zurückkommen würde. Daran konnte Herbert nicht glauben. Er schloss sich Freunden an, die vorhatten, sich nach Deutschland durchzuschlagen. Er war, mit unbekanntem Ziel, auf der Flucht vor den Repressalien der Polen.

Schwester Hedwig schrieb selten; zu Weihnachten oder wenn sich etwas Wichtiges ereignete wie ein Todesfall, eine Hochzeit, eine Geburt oder ein Umzug.

Unzählige Male sah Mutter enttäuscht dem Briefträger hinterher, wenn er wieder keine Post brachte. Als sie die Hoffnung schon fast aufgegeben hatte, jemals wieder etwas von ihrem Ehemann zu hören, erhielt sie die Mitteilung, dass Vater noch lebte. Hedwig schrieb:

Kochana Helu!

Letzte Woche bin ich wieder zur Herta gelaufen und habe mich nach ihrem Vater erkundigt. Sie war nicht da. Ich habe bei einer Nachbarin nachgefragt und erfahren, dass Herta Post von ihrem Vater aus Rosenheim bekomme. Die Adresse wusste sie nicht. Mir hat Herta immer gesagt, dass sie von ihrem Vater nichts weiß. Er sei verschollen. Wahrscheinlich irgendwo umgekommen. Sie hat gelogen. Herta hat einen Kavalier und will bald heiraten. Herbert ist auch geflüchtet. Niemand weiß etwas von ihm.

Während Mutter den Brief las, musste sie sofort denken: Er versteckt sich. Wieder sprach sie beim Roten Kreuz vor. Dort fand sich Vaters Anschrift auch nicht, und Mutter überlegte mit ihren Bekannten und mit ihrem juristisch versierten Vermieter, wie sie Reinhold finden könne.

Am besten bei der Polizei, riet der Anwalt. Bestimmt gäbe es eine Wache in der Nähe des Rosenheimer Bahnhofes. Den Beamten sei es möglich, sich beim Einwohnermeldeamt zu informieren.

»Bekommen wir jetzt auch einen Papa?«, wollten meine Schwester und ich von Mutter wissen, aber diese war sehr schweigsam geworden, schüttelte nur den Kopf. Wir hätten gerne – wie die meisten Kinder um uns herum – auch einen Vater gehabt.

Ich bekam nur mit, dass sie sich häufiger mit Frau Kapitän unterhielt. Diese war plötzlich auch viel freundlicher zu mir. Ich durfte nun ins Haus und bei ihr warten, wenn Mutter nicht da war. Früher hatte sie mich, selbst bei größtem Frost, vor der Haustür sitzen lassen. War sie gerade beim Essen, so bekam ich auch etwas ab. Am meisten liebte ich ihre dünnen Honigbrote.

Tagtäglich dachte Mutter an Reinhold. Sie schrieb ihrer Schwester, sie sollte Herta nach der Adresse fragen. Zunächst beschloss sie abzuwarten, und nicht nach Rosenheim zu fahren. So eine Bahnfahrt war sehr teuer. Womöglich vergebens. Wo sollte sie ihre beiden kleinen Kinder lassen?

Das Leben mit ihrem, einem Mann, war im Vergleich zu dem Leben, das sie jetzt allein bewältigen musste, sehr viel leichter gewesen. Dieses Leben wünschte sie sich zurück.

Dabei hatte sie Reinhold nicht heiraten wollen; sie war in den gleichaltrigen Sohn eines Nachbarn verliebt. Ihr Vater machte sie miteinander bekannt.

Flüchtlinge in Grafling (Niederbayern) 1949

Eheleben in Litzmannstadt

Mutter erzählte mir: Eines Tages brachte ihr Vater den jungen Witwer aus der Stadt mit; er sah Mutter, und sie gefiel ihm sofort. Seine Frau war vor Monaten verstorben, und er wollte sich wieder verheiraten, weil er nicht gern allein lebte, außerdem brauchten seine Kinder eine Mutter. Herta und Herbert waren zwölf Jahre alte Zwillinge. Schon vor dem Tod seiner Frau begannen sich seine Eltern, um die beiden zu kümmern. Seine Familie kam aus Schwaben nach Polen.

Reinhold kam immer wieder zu Besuch. Er war Mutter nicht unsympathisch. Es war immer lustig mit ihm und seinem Gesang zum Akkordeon, auf dem er sehr gut spielte, ohne Noten mit umfangreichem Repertoire. Jedem war er gleich sympathisch. Du bekommst einen gut aussehenden Mann, sagte die Familie, und er hat eine gesicherte Existenz, einen ordentlich bezahlten Posten, und ihm gehört ein Bauernhof, den er verpachtet hat. Eines Tages kam Großvater nach Hause und erzählte Mutter, dass Reinhold sie heiraten wolle. Mutter sagte, dass sie ihn gern leiden mag, aber dass sie für eine Ehe noch nicht alt genug sei. Großvater schrie: »Was, du willst nicht! Du wirst es bei ihm gut haben. Er ist ein solider Mann. Er wohnt in Lodz. Wie lange willst du mir noch auf der Tasche liegen! Ich habe bald das Geld zusammen und will anbauen. Da will er mir helfen. Wenn du die Kinder versorgst, tust du ein gutes Werk.«

Mutter protestierte: »Vater, du weißt, dass ich Schneiderin werden möchte. Ich brauche einen Beruf. Ich will etwas können. Vielleicht finden wir ja doch noch hier in der Nähe eine gute Schneiderin. Die Stelle bei der Frau Linke war wirklich weit weg, und ich verstand ja auch, dass du dir Sorgen um mich machtest und mich nach Hause geholt hast.« »Das ist nicht nötig und es kostet mich viel Geld. Die Zeiten sind so unsicher. Man weiß nicht, was aus uns wird. Die Nazis regieren. Wer sich nicht auf ihre Seite stellt, muss um sein Leben fürchten. Den Robert Geyer haben sie erschossen, weil er sich nicht in die Volksliste eintragen wollte. Sein ganzes Geld hat ihm nichts genützt. Es gibt Berufsverbote. Dem Schuster haben sie den Laden dicht gemacht. Die armen Polen wehren sich, wo sie nur können. Es gibt dauernd Erschießungen. Man ist sich seines Lebens nicht mehr sicher. Du hast nur Flausen im Kopf. Bei Reinhold wirst du es gut haben und bist versorgt.« »Ich bin viel zu jung für so große Kinder. Ich kann das nicht«, wehrte sich Mutter weiter, während Großvaters Gesicht puterrot anlief. Plötzlich holte er aus und schlug sie rechts und links ins Gesicht. Mutter taumelte und fiel auf den Holzfußboden. »Du heiratest ihn und fertig. Kinder haben ihren Eltern zu gehorchen«, schrie Großvater weiter. Wütend verließ er die Küche. Die Papiere für das Aufgebot wurden besorgt. Die Nazis verlangten Nachweise der deutschen Abstammung bis zu den Urgroßeltern.

Mutter bekam über Nacht ein Geschwür in der Leiste. Alle Tees, Bäder und auch Umschläge halfen nicht. Es wurde immer größer, und Großvater brachte sie auf seinem neuen Pferdefuhrwerk in das Krankenhaus (in meinem dreizehnten Lebensjahr bekam ich mit denselben Komplikationen das gleiche Geschwür an derselben Stelle).

Mein Großvater war sehr stolz auf seinen gummibereiften Kastenwagen. In der ganzen Gegend war er der Einzige, der sich so etwas Teures und Komfortables leisten konnte.

Auf der Rückfahrt vom Krankenhaus trafen sich Josef und Reinhold auf der Straße und sprachen auch über Mutter, dass sie im Krankenhaus ist und operiert wird. Es war ein kleiner Eingriff, nach ein paar Tagen entließ man Mutter mit einer kleinen, gut verheilten Narbe. Selbstverständlich besuchten sie ihre Eltern; ihre große Schwester kam, sogar ihre Schulfreundinnen sahen nach ihr, brachten Blumen, Obst und Süßigkeiten. Reinhold ließ sich nicht blicken.

Zum Standesamt konnte Mutter schon wieder zu Fuß gehen. Sie kam etwas vor der festgelegten Zeit an und wartete fast eine Stunde auf ihren Bräutigam. Er kam nicht. Der Standesbeamte blieb freundlich, meinte, dass vielleicht etwas passiert sei. Schließlich machte er sie, mit einem verlegenen Lächeln, darauf aufmerksam, dass er die

Amtsstube pünktlich zum Ende der Öffnungszeit schließen werde.
Mutter ging nach Hause. Sie schämte sich, fühlte sich gedemütigt und war wütend. Seit ihrem Krankenhausaufenthalt hatte sie von Reinhold nichts mehr gehört. Sie dachte über sein Verhalten nach und kam zu dem Schluss, dass er kein bisschen fürsorglich war. Er war unzuverlässig. Sie war ihm gleichgültig.

Auch an den Standesbeamten hatte er keinen Gedanken verschwendet. Sein Wegbleiben war rücksichtslos und respektlos. Gleichzeitig ärgerte sie sich auch über sich selbst. Sie hatte eigentlich nach ihrem Krankenhausaufenthalt mit ihm reden wollen. Der weite Weg in die Stadt hatte sie abgehalten. Möglicherweise wäre ihr dann die Blamage vor dem Standesbeamten erspart geblieben. Der Mann wohnte im Nachbardorf und würde das bestimmt herum erzählen, die Leute würden über sie reden und lachen. Nach diesem Affront würde nun auch ihr Vater einsehen, dass es richtig war, weiter nach einer Schneiderinnenstelle zu suchen.

Eigentlich müsste sie Reinhold dankbar sein, dass er sie sitzen ließ, überlegte sie. Gleich morgen würde sie nach Lodz zu ihrer Großmutter und zu Tante Polla gehen und mit ihnen über Alles reden. Vielleicht wussten sie Rat. Durch ihren gut gehenden Blumenladen war Tante Polla mit vielen Geschäftsleuten und hochgestellten Leuten bekannt. Bestimmt könnte sie bei der Suche nach einer Schneiderinnenstelle helfen. Ihr wurde klar, dass sie nicht nur abwarten konnte, sondern dass sie sich selbst um ihre Zukunft kümmern musste.

»Ich bin ein Spielball für die anderen, doch damit ist jetzt Schluss«, sagte sie immer wieder laut vor sich hin. Das lass ich mir nicht gefallen, nahm sie sich vor und ahnte nicht, dass alles ganz anders, noch weitaus schlimmer kommen würde.

»Komisch«, dachte sie, »dass ich gar nicht weinen muss«, und fand nun, nach all den gedanklichen Erörterungen, als sie vor der Haustür stand, dass sie das Schicksal vor einer großen Bürde bewahrt hatte.

Durch die Gutgläubigkeit und Kameraderie ihres Vaters war sie in diese unwürdige Situation gebracht worden. Die vielen lobenden Worte über Reinhold waren falsch. Wie ein Kreisel drehten sich die

Worte in ihren Gedanken: Er ist respektlos und rücksichtslos. Es ist nicht meine Schande, es ist Vaters.

Bis auf Morras, den Hund, war niemand zu Hause, stellte Mutter erleichtert fest. Sie zog schnell ihr ältestes Kleid an und ging zum Unkrautjäten in den Garten. Am Abendbrottisch erfuhr der Hausherr zuletzt das unerfreuliche Ereignis. Er stellte nur fest, dass etwas schief gegangen sei, und dass er von Reinhold einen guten Eindruck gehabt hätte. Gedankenverloren und schweigsam verzehrte er sein Essen. Alle sprachen nur das Notwendigste; den ganzen Abend herrschte eine gedrückte Stimmung.

Als Mutter mit einem Gute-Nacht-Wunsch zu Bett gehen wollte, teilte sie ihr Vater noch zu einer Gartenarbeit für den nächsten Tag ein. Sie nickte nur mit dem Kopf, wagte nicht zu widersprechen und verließ schnell die Wohnküche.

Schon als Mutter aufstand, goss es in Strömen. Da jagt man nicht einmal einen Hund auf die Straße, befand sie und säuberte den Stall. Der Regen wollte nicht enden. Trotzdem erledigte ihr Vater mit seinem Gehilfen die anfallenden Fuhrgeschäfte. Er verließ wie immer sehr früh das Haus und kam spät abends zurück.

Eine ereignislose Woche war vergangen, als die Familie – Vater, Mutter, Knecht und drei Mädchen – beim Abendessen saß, sagte Großvater: »Ich habe Reinhold getroffen.«

Alle sahen gespannt zu ihm hin und Mutter fragte: »Wo hast du ihn getroffen?« Es war ihr wichtig zu erfahren, ob es zufällig war, oder ob ihr Vater das Treffen herbeigeführt hatte.

»Reinhold war auf dem Weg zu Leo. Erst wollte ich an ihm vorbeifahren, aber dann dachte ich, es wäre vielleicht besser, wenn ich ihn ausfrage.« »Für mich ist der gestorben. Ich will nichts mehr von ihm wissen«, fiel Mutter ihm ins Wort. Großvater beachtete sie nicht. »Wir haben lange miteinander geredet und ich kann ihn jetzt verstehen. Ihm macht der Tod seiner Frau zu schaffen. Er hat viel mitgemacht und hat jetzt furchtbare Angst vor Krankheiten und dem Sterben. Er sagte, er habe sich geschworen, wenn er je wieder heiraten würde, dann müsste es eine kerngesunde Frau sein. Ich habe ihm Vorwürfe gemacht und ihm zu verstehen gegeben, dass ich es ihm sehr übel nehme, dass er einfach weggeblieben ist. Du hattest ein harmloses Drüsengeschwür, erklärte ich ihm, dass es eine kleine Operation war, und du sonst gesund bist. Er hat sich entschuldigt. Man konnte ihm ansehen, dass es ihm peinlich war, und es ihm leid tut. Reinhold ist kein schlechter Kerl. Er hat mir aufgetragen, euch alle zu grüßen. Ich bin ihm nicht mehr böse. Am Ende unserer Unterhaltung waren wir wieder gute Freunde, ich habe ihn eingeladen. Er wird am Sonntag kommen.«

Reinhold kam tatsächlich. Er machte eine kleine Fahrradtour mit seinen Kindern und ließ sich von den Eltern zum Vespern einladen. Sonntags gab es immer Kuchen. Die Kinder wirkten schüchtern und blieben still bei den Erwachsenen sitzen. Sie aßen mehrere Stücke von dem einfachen Streuselkuchen. Ganz offensichtlich waren sie hungrig. Die große Emaillekanne Milch wurde leer. Reinhold erklärte allen sein schwieriges Familienleben nach dem Tod seiner Frau. Als er mit Mutter allein war, nutzte er die Situation sofort. Er setzte sich ganz dicht neben sie und bat sehr charmant um Verzeihung. Es wurde ein neuer Termin festgelegt. Mutter bestand darauf, von Reinhold zu Hause abgeholt zu werden. Diesmal gingen sie gemeinsam zum Standesamt.

Wie damals üblich, richteten Mutters Eltern die kleine Hochzeitsfeier im engsten Familienkreis aus. Es sollte nur eine standesamtliche Hochzeit sein, und Mutter ließ sich bei einer Schneiderin in der Stadt eine Kostümjacke nähen. Den Rock nähte sie auf der Nähmaschine einer Nachbarin selbst. Das konnte sie schon gut. Aus ihrer kurzen Lehrzeit hatte sie einen Schnitt für einen langen Rock von ihrer Lehrherrin geschenkt bekommen. Von Tante Polla kam der Hochzeitsstrauß.

Aus Lodz wurde am 11. April 1940 Litzmannstadt. Karl Litzmann, noch als Achtzigjähriger NSDAP-Mitglied geworden, stoppte 1914, in der Nähe von Lodz, den russischen Marsch nach Posen und Berlin. Dafür ehrten ihn die Nazis mit der Umbenennung von Lodz in Litzmannstadt und dokumentierten damit ihre militärische und administrative Stärke und Präsenz.

Mutter heiratete im Februar 1941 in Litzmannstadt. Zunächst wohnten sie bei einem Bruder Reinholds. Danach zog das junge Ehepaar in ein Haus, das nur ein paar Straßen entfernt war. Es hatte zur Straße hin einen kleinen Vorgarten und einen größeren hinter dem Haus.

Das neue Domizil hatte vier Räume und bot Platz für vier Personen. Reinhold hatte aus seiner ersten Ehe ein Schlafzimmer, das ihr nicht gefiel. Sie seifte das Holz gründlich ab und nahm sich vor, später neue und schönere Betten und einen Schrank mit Spiegeltüren zu kaufen. Das Herrenzimmer wurde von Reinhold neu eingerichtet. Mit ihrem Pferdefuhrwerk brachten seine Eltern alle Möbel, Geschirr und Kleidung in das Einfamilienhaus nach Litzmannstadt. Ein langes Wort, an das man sich nur langsam gewöhnte. Reinhold hatte sein Land und das Bauernhaus an eine polnische Familie verpachtet.

Erleichtert bemerkte Mutter, dass ihr Witwer ein umgänglicher humorvoller Ehemann und Vater war. Gelegentlich ging er mit Kollegen oder Bekannten »einen trinken«. Er war der Meinung, dass dies ein »richtiger Kerl« machte, und das wollte er sein. Als das Haus möbliert war, holte Mutter mit ihrem neuen Fahrrad die Zwillinge von ihren Schwiegereltern ab. Das Rad war ein Geschenk Reinholds, über das sie sich sehr freute. Herta und Herbert sollten in eine städtische deutsche Schule gehen. Es wurde erzählt, dass die Kinder in den ländlichen Schulen wenig lernten. Reinhold wollte, dass seine Zwillinge regelmäßig zur Schule gingen. Seine Eltern versorgten, als seine Frau wegen ihrer Erkrankung den Haushalt nicht mehr bewältigte, die beiden. Die Zwillinge waren gern bei ihren Großeltern, weil sich auch die älteren Geschwister Reinholds, die nicht weit entfernt wohnten, fürsorglich der beiden annahmen, und in den Cousinen und Cousins hatten sie beliebte Spielkameraden.

Er war gerne mit ihnen zusammen. Sie sangen gemeinsam, er brachte ihnen bei, auf seinem Akkordeon zu spielen. Liebend gern und stundenlang spielte er mit ihnen Karten, oder sie machten Fahrrad-Ausflüge zu den Verwandten oder Bekannten.

Um ihre Hausaufgaben mochte er sich nicht kümmern. Die Kinder hatten auch kaum welche auf, bemerkte Mutter. Verwundert fragte sie die beiden hin und wieder und erhielt die in ruppigem Ton vorgebrachte Antwort, dass sie Hausaufgaben machen würden, wenn sie welche aufhätten.

Mutter ging gern in die Schule. Dann brauchte sie nicht auf dem elterlichen Hof arbeiten. Schreiben und Lesen gefielen ihr gut, und besonders gern mochte sie den Religionsunterricht mit den Geschichten aus der Bibel.

Oft genug durfte sie gar nicht in die Schule gehen. Ihr Vater war der Meinung, dass sich seine Kinder besser auf dem Hof nützlich machen sollten. Das Vieh hüten, Garten- und Stallarbeit waren immerwährende Obliegenheiten. Pflichtgemäß halfen alle bei der Ernte oder beim Verkauf auf dem Markt. Es gab immer etwas zu tun. Nicht nur Mutter, alle Bauernkinder halfen ihren Eltern. Die größeren Kinder mussten kochen und backen; werktags Brot und für den Sonntag Kuchen.

Auf dem Markt fühlte Mutter sich lebendig. Gerne beschäftigte sie sich mit dem Vorbereiten der Marktbesuche, und sie verkaufte mit Freude Gemüse, Eier, Geflügel, Butter oder Blumen. Die Gespräche mit den Stammkundinnen waren eine willkommene Abwechslung vom Einerlei auf dem Hof.

Zur Straße hin gab es viele Fliederbüsche und in der Grundstücksmitte die große Kastanie mit einem Tisch und einer Bank davor. Ein paar Schritte entfernt waren die Kriechkeiten. Das war ein tiefer, überdachter Graben, in dem Vorräte aufbewahrt wurden. Manchmal versteckte sie sich dort. Wenn Mutter oder Vater sie nicht finden konnten, dann wurden ihre Schwestern zur Arbeit eingeteilt. Fragten die Eltern nach, wo sie gewesen sei, sie hätten nach ihr gerufen, dann fiel ihr immer eine passende Ausrede ein. In ihrem vierundzwanzigsten Lebensjahr versteckte sie sich dort vor den plündernden und vergewaltigenden Russen und Polen.

»Unter der Kastanie war mein Lieblingsplatz«, hörte ich x-mal von Mutter. Nach der Schule oder nach getaner Arbeit setzte sie sich gern dorthin und gönnte sich etwas Ruhe. Den Schulweg liebte sie besonders. Es gab immer Interessantes, mit den Mitschülern aus den benachbarten Höfen zu erzählen. Häufig rannte man übermütig um die

Wette, spielte Verstecken oder tauschte Pausenbrot oder Obst miteinander und verabredete sich.

Das mit dem beliebten Religionsunterricht konnte ich gar nicht glauben. Sobald sie am Sonntagmorgen beim Frühstück von »früher« vor dem Krieg erzählte, bezweifelte nicht nur ich, sondern die ganze Familie, ihren Glaubenseifer. Sie ging selten in die Kirche. Ihre religiöse Pflicht erschöpfte sich, indem sie uns Kinder, hauptsächlich mich als Älteste, auf den Kindergottesdienst aufmerksam machte.

Jeden Sonntagmorgen bekam ich zu hören, dass mich der Pfarrer bestimmt einmal nicht konfirmieren würde, wenn ich nie in die Kirche ginge. Meist vergeblich. Konfirmiert werden wollte ich – wegen des schönen Kleides, der Geschenke und der Feier – schon werden. Trotzdem blieb ich zu Hause und hörte ihren Erzählungen zu: über unsere Familie und über das Leben in Polen.

«Ach Mama, erzähl doch noch einmal, wie das damals mit dem Brief aus der Schule war.« Sie erzählte gern von früher. Mit diesem kleinen Trick lenkte ich sie oft von den Kirchgangsermahnungen ab.

Lieber hörte ich ihr zu. Die Predigten des Pfarrers langweilten mich sehr, sie dauerten ewig. Frühstückserzählungen waren spannender. Und während Mutter sich eine Zigarette anzündete, nachdenklich dem Rauch nachsah, dachte sie zurück. An die ersten Zwistigkeiten. Eilig machte ich mich auf die Suche nach dem Aschenbecher und stellte ihn ihr auf die Ecke des Radiotischchens.

»Eines Tages kam mit der Post ein Brief von der Schule. Als ich den Absender las, hätte ich ihn am liebsten sofort geöffnet. ›Das gehört sich nicht‹, wusste ich natürlich und legte den Brief, wie jede andere Post, auf den Tisch ins Herrenzimmer.

Reinhold kam gewöhnlich nach dem Dienst sofort nach Hause und zog als erstes seine Knickerbocker und ein älteres Hemd an. Danach wurde gemeinsam ein warmes Essen in der Wohnküche eingenommen. Dein Vater wünschte, dass ich gut kochte und pünktlich damit fertig war. Am liebsten aß er Stampfkartoffel oder Knödel mit Gulasch, viel Soße und dazu Gurkensalat in saurer Sahne mit Schnittlauch. Nach dem Abendessen ruhte er sich gerne in dem Lieblingssessel der Familie aus. Er rauchte eine Zigarette, kümmerte sich dann – wenn vorhanden – um die Post und sah dabei gern durch das Fenster in den Garten. Es war ein kurzes Schreiben, eher ein Zettel. Der Lehrer beschwerte sich über die ständig fehlenden Hausaufgaben der Zwillinge. Besonders bei Herbert fehlten sie meist, und er teilte den Eltern mit, dass er schon mehrmals um einen Besuch gebeten habe. In diesem Brief forderte er den Erziehungsberechtigten auf, zu einem Gespräch in die Schule zu kommen. Ich spülte schon das Geschirr, als Reinhold nach Herbert brüllte. Die Zwillinge waren nach dem Essen in den Garten gegangen. Sie hielten sich gern auf den zwei einfachen Schaukeln auf. Reinhold hatte aus einer Bohle zwei kleine Brettchen gesägt, sie mit jeweils zwei Löchern versehen und daran zwei Seilenden geknüpft. Die ziemlich dicken Taue brachte er an stabilen Ästen an. Die Zwillinge konnten so gleichzeitig hin und her schwingen, brauchten sich nicht um die Schaukel streiten.

Herbert kam langsam ins Haus zurück. Sein Vater packte ihn am Haarschopf und las vor, was auf dem Zettel stand. Während er las, ging er zum Küchenstuhl und zerrte den sich wehrenden Jungen auf seine Knie. Mit der flachen Hand schlug er weit ausholend mit wutverzerrtem Gesicht auf den kleinen Körper ein, das nannte er den ›Hintern versohlen‹. Den Hintern versohlt zu bekommen, hat noch niemandem geschadet. Es war eine allgemein anerkannte und weit verbreitete Form von Strafe. Herbert brüllte und heulte: ›Aua, aua, au, lass mich los.‹ Immer abwechselnd. Ich konnte das Geschrei und das Klatschen nicht lange ertragen und befürchtete, der Junge könnte verletzt werden. Wortlos ging ich zu den beiden und hielt Reinhold den Arm fest. Nun verlangte er von den Zwillingen, dass sie ab sofort, die Hausaufgaben gleich nach dem Mittagessen machten. Sollten sie je wieder eine Nachricht an ihn nicht weitergeben, dann würde er sie beide bestrafen und, ›darauf könnt ihr euch verlassen‹, viel härter als jetzt.

Am nächsten Tag ging er in die Schule. Während des Abendessens wurde es noch einmal bekräftigt: Nach dem Mittagessen sind sofort die Hausaufgaben zu machen. Dabei könnte die Mutter, neben der

Beaufsichtigung, auch helfen, hatte der Lehrer gesagt, und es gäbe mit wenigen Ausnahmen täglich Hausaufgaben. Er würde sie den Kindern in das Heft diktieren. Auch dabei würden sie schließlich das Schreiben üben.

Für mich begann ein täglicher Kampf mit den beiden. Mal klappte es mit Herta nicht und mal mit Herbert. Besonders der Junge wollte alles lieber machen als schreiben, lesen und rechnen. Sobald ich die beiden allein ließ, war sofort Pause.

Garten- und Hausarbeiten waren auch zu erledigen, und deshalb konnte ich nicht täglich bis zu zwei Stunden, neben den beiden im Wohnzimmer sitzen und sie beaufsichtigen. Wegen der Hausaufgaben gab es täglich Ärger.

Einmal fand ich Herbert, völlig mit Dreck bespritzt, in einer Pfütze vor dem Haus herumstapfend. Er wollte sich dann so schmutzig an den Tisch setzen und partout nicht einsehen, dass die Möbel geschont werden müssen. Es entstand ein hässliches Zanken mit lautem Weinen und Geschrei, weil er sich nicht waschen und nicht umziehen wollte. Er tat nur, was ihm selbst gerade passte und war davon überzeugt, dass er nur auf seinen Vater oder seine Großeltern zu hören brauchte. ›Du bist nicht meine Mutter und hast mir gar nichts zu sagen‹, schrie er unbeherrscht. In dieser denkwürdigen Situation gelang es mir, mit viel gutem Zureden und beharrlichem Helfen, beim Waschen und Aus- und anziehen, dass er endlich wieder vor seinen Aufgaben saß. Lesen fiel ihm besonders schwer. Es dauerte lange, bis er aus den Buchstaben ein Wort zusammengefügt hatte und es richtig aussprach. Ich wollte gern, dass er flüssig lesen konnte und sagte ihm eindringlich, dass er das Lesestück mehrmals laut vorlesen müsste. Doch nach der zweiten Wiederholung weigerte er sich meist und lief davon. Hielt ich ihn – weil ich das schon kommen sah – am Arm fest, so riss er sich mit wildem Um-sich-Schlagen los. Einmal beschimpfte er mich als ›dumme Sau‹, und danach habe ich beschlossen, mich für sein Weiterkommen nicht aufzuopfern. Ich dachte mir, wenn er so frech ist, dann soll er meinetwegen eine schlechte Note bekommen. Vielleicht wird er danach vernünftig.

Reinhold nahm sich vor, mit ihm die Hausaufgaben zu machen, und wenn er nicht so spät nach der Arbeit nach Hause kam, dann lernte er noch etwas mit seinem Sohn. Selten mit Herta. Das Mädchen hatte Ehrgeiz und mochte sich nicht vor der Klasse blamieren. Mit Herta kam ich besser zurecht. Sie spielte gern mit ihrer Puppe und wollte mir immer beim Kochen und Backen helfen. Am liebsten rührte sie in den Schüsseln und Töpfen herum. Ihre Lieblingsspeise war Milchreis mit Zimt und Zucker und dazu Kompott. Das habe ich nicht vergessen.

Die Sonntage waren Ausflugstage. Wenn das Wetter danach war, besuchten wir die Eltern oder sonstige Verwandte. Reinhold holte nach dem Frühstück die Fahrräder, sah nach, ob noch alles funktionierte. Nie vergaß er, die Reifen aufzupumpen. Derweil packte ich für unterwegs etwas zum Essen ein. Viele Brote mit Butter oder Griebenschmalz oder Kartoffelsalat. Dazu Wurst und was gerade im Garten herangereift war: Tomaten, Mohrrüben, Gurken, Kopfsalat oder Erbsenschoten, Beeren und Obst. Auf den Komposthaufen wurden von allen Leuten Kürbisse angepflanzt und süßsauer gekocht.

Milchkannen und eine große Einkaufstasche kamen immer mit. Meistens fuhren wir auf das Land zu den bäuerlichen Verwandten, weil ihre Höfe sauber und gut geführt waren. Dann nahmen wir die gefüllten Milchkannen wieder mit zurück und die Tasche voll Gemüse, Obst und frische Eier. Nach zwei Tagen konnte man den Rahm von der Milch abschöpfen und davon Schlagsahne machen, in die Saucen einrühren und den Nachtisch verfeinern.

Nie zuvor bin ich soviel mit dem Fahrrad gefahren, wie mit Reinhold. Auf dem Lodzer Flachland machte Fahrrad fahren großen Spaß.«

Weiter ließ Mutter wissen: »Das erste Ehejahr war voller Schwierigkeiten. Das ungewohnte tägliche Kochen und die Wäsche sauber halten, gingen mir erst langsam von der Hand. So ein Vormittag war schnell vorbei. Kaum waren die Kinder mit ihren Schulranzen aus dem Haus, standen sie auch schon wieder vor der Tür und erwarteten ein gutes Mittagessen.

Ich glaubte, Zwillinge hätten viele Gemeinsamkeiten. Herta und Herbert waren nicht so. Sie lernten unterschiedlich gut, hatten nicht dieselben Lieblingsspeisen und wollten auch nicht dieselben Spiele machen. Sie waren auch ungleich kritisch. Herbert mäkelte ungeniert herum und verglich mich bei jeder Gelegenheit mit seiner verstorbenen Mutter oder seiner Großmutter. Er wünschte sich auch ständig etwas. ›Nie machst du arme Ritter. Bei Großmutter schmeckt das Essen besser‹, schrie er mich eines Tages an. Ich habe mir das so gut gemerkt, weil ich diesen Namen für eine Mahlzeit noch nie gehört hatte. Es stellte sich heraus, dass es in Milch und Ei eingeweichte Brotschnitten waren, die meine Schwiegermutter noch in Semmelbrösel wälzte und mit Schmalz in der Bratpfanne wie Schnitzel briet. Darüber wurde Zucker gestreut, und es gab dazu Kompott.

Herbert reagierte häufig cholerisch und rannte dann, ohne etwas zu sagen, zu seinen Großeltern. Dort beklagte er sich über mich. Bei meinen Schwiegereltern kam dann immer an, dass ich ihn schlecht behandle, vollkommen grundlos bestraft hatte oder ihm bisher gewohnte Dinge nicht erlaubte. Alle paar Tage gab es solche Vorwürfe. Die Kinder waren sehr anstrengend.

Allein das Besorgen der Lebensmittel und das Kochen kostete viel Zeit. Von meiner Mutter und meiner Großmutter und von Nachbarinnen erhielt ich Kochrezepte. Beim ersten Mal Knödel kochen hatte ich statt 10 Klößen eine scheußlich schmeckende Suppe. In Windeseile schälte ich Kartoffeln und kochte Salzkartoffeln. Gott sei Dank wurden sie gerade gar, als dein Vater zur Tür herein kam. Er verließ immer pünktlich seinen Dienst. Der Tisch musste gedeckt sein, wenn er zur Tür herein kam. Sofort verlangte er nach einer warmen Mahlzeit. Wenn etwas nicht so klappte, wie er es sich vorgestellt hatte, dann wurde er ärgerlich. Ich bekam dann zu hören, dass ich eine schlechte Hausfrau sei. Stundenlang erzählte er mir dann, wie seine Mutter und seine erste Frau alles gut gekonnt haben. Herbert und Herta kamen meist später zum Mittagessen als ihr Vater. Zwei Stunden und länger war ich nur mit dieser Mahlzeit beschäftigt. Von meinen Eltern kauften wir zwei Mal im Jahr ein halbes Schwein. Wir machten selbst daraus Grützwurst, kalte Fisse (Sülze) und räucherten Schinken. Meist kochte ich bis zu zwanzig Einweckgläser mit Fleisch ein. Aus diesem vorgegarten Fleisch konnte ich schnell Gulasch oder einen Braten machen. In meinem Elternhaus war es Brauch, jede Suppe oder Erbsen-, Bohnen- oder sonstige Eintöpfe mit Satschirken und Fleischstücken anzureichern; das war schmackhaft und billig.«

Grützwurst

Wunschgemäß schilderte Mutter: »Großen Krach gab es beim Grützwurst machen. Es war kurz vor Weihnachten. Meine Eltern schlachteten immer im Frühsommer und im Dezember zwei Schweine; hauptsächlich für den Eigenbedarf der Familie. Vater brachte mir das Fleisch, schon etwas zerteilt, in zwei großen Einweckkesseln mit seinem Gummiräderwagen. Anschließend fuhr er zu seinen Kunden. Den Kindern war oft langweilig, und so habe ich mir vorgestellt, dass es ihnen gefallen würde, das Fleisch klein zu schneiden und alle Beimengungen vorzubereiten.

Reinhold, Herbert und Herta saßen um den Küchentisch herum. Ich hatte alle Zutaten darauf ausgebreitet. In einem großen Topf die eineinhalb Kilo weiße Buchweizengrütze. Sie wurde von mir in ein Leinsäckchen gefüllt und in der würzigen Schweinskopfbrühe gegart. Das war das Geheimrezept meiner Mutter. Ihre Grützwurst war bei den Verwandten und Bekannten sehr begehrt.

Es gab verschiedene Grützesorten, aber wir zu Hause nahmen immer die am besten schmeckende weiße Buchweizengrütze. Auf einem weißen Laken lagen der Schweinefuß, der war wichtig zum Andicken, und der gekochte halbe Schweinekopf, den ich mit einem Teelöffel Pfefferkörnern, Lorbeerblättern und Salz weich gekocht hatte. Das Fleisch vom Schweinekopf musste von den Knochen abgepult und durch den Fleischwolf gedreht werden. Dazu legte ich für jeden ein Brettchen und ein Messer bereit.

Meine Mutter dünstete für den Wursttteig ungefähr ein Kilo Leber kurz an, sie durfte nicht hart werden. In kleine Würfel geschnitten kam sie in den mit Blut versetzten Teig, der noch mit Pfeffer und Salz abgeschmeckt wurde und dann in die gut ausgewaschenen Dickdarmteile kam.

Herbert setzte sich erst nach mehrmaligem Auffordern an den Tisch. Er beschäftigte sich in der Küchenecke mit irgendetwas auf dem Fußboden. Ich hatte nicht darauf geachtet. Als er auf dem Stuhl saß, schob ich ihm und Herta die Hälfte der Leber über den Tisch zu und sagte: ›Das könnt ihr in kleine Würfel schneiden.‹ ›Nein‹, schrie er, ›das braucht man nicht. Oma dreht sie immer durch den Fleischwolf.‹ ›Ich habe das so von meiner Mutter gelernt. Die macht das, weil die Wurst mit den kleinen Leberstückchen appetitlicher aussieht. Das Auge isst mit. Wenn das Essen gut aussieht, dann schmeckt es besser‹, erklärte ich ihm. ›Das mach ich nicht.‹ Er stand von seinem Stuhl auf und ging zu seinem Vater: ›Papusch, sag du, dass ich das nicht machen muss.‹ ›Wir machen alle mit‹, meinte Reinhold, noch verständnisvoll seinen Sohn anlächelnd, ›jeder macht das, was er kann. Ich werde das Fleisch von dem großen Schweinskopf runter schneiden; Hella putzt die Därme aus.‹

Herbert ging zurück auf seinen Stuhl. Er nahm das Messer zur Hand und setzt es auf der Leber auf und schob es hin und her: ›Das geht überhaupt nicht. Ich kann das nicht.‹ Ich stand vor der großen Wasserschüssel und ließ den Darm in das warme Wasser zurückfallen und ging an den Tisch. Herta hatte bisher untätig zugeschaut und so nahm ich an, dass ich es beiden am besten einmal vormachte.

›Die Leber ist für euch vielleicht zu groß. Ich schneide sie in große Brocken und daraus schneidet ihr zuerst Streifen und dann so kleine Bröckchen.‹ Danach schob ich den Kindern ihr Brettchen zu und ging, nichts Schlimmes ahnend, wieder zu meiner Arbeit zurück. Herta ergriff wortlos das Messer und begann zu schneiden. Herbert saß weiter untätig dabei.

›Na los, mach schon‹, hörte ich Reinhold zu seinem Sohn sagen, ›sonst verpass ich dir eine Ohrfeige.‹ ›Nein ich kann das nicht‹, trotzte Herbert unbeeindruckt, und dann hörte ich deinen Vater vom Stuhl aufstehen. Das brachte Herbert zur Besinnung, er griff sich das Messer. Es dauerte nicht lange, als mich ein lautes ›Aua‹ des Jungen erschreckte und ein ›moj Boze‹ von Reinhold zusammen zucken ließ. Ich drehte mich um und sah, wie Herbert mit erhobenem Zeigefinger vom Stuhl hochsprang. Er hatte sich in den Finger geschnitten, blutete und heulte laut.

Nie wieder habe ich jemanden so laut weinen und schreien gehört wie Herbert. Es ging einem durch Mark und Bein, war so unerträglich, dass sich jeder ihm zuwandte, um ihn von seinem Gebrüll abzubringen. Mit dieser Schreierei setzte er immer seinen Willen durch. Nachdem ich das einige Male miterlebt hatte, nahm ich mir vor, ihm das abzugewöhnen.

Statt meine Arbeit fertig zu machen, suchte ich nach einem Verband und verarztete ihn. Danach ging er ins Bett. Herta schnitt ihr Leberstück klein. Das Wasser war so kalt geworden, dass ich es neu erwärmen musste. Grützwurst machen ist viel Arbeit. Die gefüllten Därme müssen noch in Salzwasser gekocht werden. Danach alle Geräte abspülen und den schweren Kessel sauber machen, das mochte ich überhaupt nicht. Immer wieder muss man heißes Wasser auf dem Ofen kochen. Meist wurde es Mitternacht, bis alles wieder gereinigt und die Küche gelüftet und aufgeräumt war.

Nachdem die Kinder im Bett lagen, machte Reinhold mir Vorwürfe. Er war der Meinung, dass ich von dem armen Jungen zu viel verlangt hatte. ›Ich verbiete dir, den Kindern Messer zu geben, wenn ich nicht da bin‹, sagte er und fasste mich dabei hart zudrückend am Handgelenk. Nun sei der Junge verletzt und bekäme vielleicht eine Blutvergiftung, könne sterben, und ich sei mit meiner blöden Wurstmacherei daran schuld. Ohne ein freundliches Wort drehte er mir im Bett den Rücken zu. Ich war so müde, dass ich trotzdem sofort einschlief.«

Franziska und Apolonia

»Neben den unerfreulichen Veränderungen in der Stadt, gab es auch erfreuliche. Großmutter Franziska, die Mutter meines Vaters, wohnte in der Nähe«, entsann sich Mutter lächelnd: »Mit ihr verstand ich mich gut. Als wir noch in Michalow wohnten, kam sie häufig zu Besuch. Hinter ihren langen schwarzen Röcken versteckten wir Kinder uns, wenn Vater oder Mutter uns wegen einer Unart verpleudern wollten.

›Kleine Kinder schlägt man nicht‹, war ihre kategorische Redensart und unsere Eltern wagten es nicht, ihr zu nahe zu treten. Wir kamen mit einer Schimpfkanonade davon.

Großmutter war oft bei ihrer Tochter Apolonia. Nur ein paar Straßen weiter, zehn Minuten Fußweg, und ich war in einer vertrauten Umgebung. Mit dem Fahrrad war es sogar nur ein Katzensprung. Apolonia war älter als ich, achtundzwanzig, ich zwanzig. Großmutter hatte Polla – wie sie alle nannten – nach Warschau zur Lehre in einen Blumenladen geschickt, und als sie zurück nach Lodz kam, machte sie sich selbständig. Sie eröffnete ihren eigenen Laden. Dazu pachtete und kaufte sie Land und hatte bald eine gut gehende Gärtnerei. Weil ihre Blumengestecke immer sehr schön gerieten, fand sie viele Abnehmer. Die Fotografen der Stadt waren ihre zuverlässigsten Kunden. Ein Foto ohne Blumen gab es fast nicht.

Polla arbeitete nicht nur unermüdlich, sie war auch sehr geschäftstüchtig. Wenn man nicht aufpasste, dann half man, nicht ganz freiwillig bei den niederen Arbeiten, wie putzen oder Kränze binden. Zum Verkaufen war auch ständig etwas. Es gab immer Eiliges zu tun und vor dem Verwelken zu retten, wie zum Beispiel die teuren Rosen, die sie nach Geschäftsschluss in ein Wasserbad legte, damit sie länger frisch blieben.

Apolonia war eine schöne Frau. Sie hatte dicke blonde Haare, die sie zu einem Zopf flocht. Damals waren weiße glänzende Schleifen modern. Man band sie um die Zöpfe, oder sie zierten einen Knoten am Hinterkopf. An besonderen Tagen, oder wenn sie ausging, steckte sie sich, mit vielen Haarnadeln, eine imposante Hochfrisur zusammen. Damals waren junge Frauen meist schlank, nur Polla war etwas mollig, hatte dabei aber eine gute Figur, schöne Beine, die mit hochhackigen Schuhen sehr attraktiv wirkten. Nie war sie ohne einen männlichen Verehrer.

Auffallend war ihre Vorliebe für Spiegel. Damals mussten wir uns mit einem kleinen in der Küche begnügen. Pollas ging bis zum Boden. Später baute sie ein Haus mit einer Spiegeltür, die das Wohnzimmer vom Büro trennte. Das war kein Büro, wie man es heute kennt, sondern ein Raum mit einem Esstisch, ein paar Stühlen, einem kleinen abschließbaren Vertiko und einem Sofa. Von der Büroseite konnte man hindurch sehen und die Leute in der Wohnstube beobachten und hören. Noch nie hatte ich solch einen Spiegel gesehen und auf meine Fragen, wo man so etwas kaufen kann, was er gekostet hat, und wozu sie so eine Spiegeltür braucht, erhielt ich die knappe Antwort: ›Ich bin eben eitel.‹

Hinter dem Wohnhaus hatte sie drei Gewächshäuser. Darin züchtete sie Blumen zum Verkauf und fertigte sie Kränze und Blumengebinde für alle Festlichkeiten an.

Mir fiel die Hausarbeit und der Umgang mit den beiden Kindern und das Eheleben nicht leicht. Als ich heiratete, war ich neunzehn Jahre alt und vollkommen unwissend. Unseren Eltern, oder den Erwachsenen überhaupt, war es peinlich, über intime Dinge zu reden. Als mir Großmutter sagte, dass ich jederzeit zu ihr und Polla kommen kann, wenn ich einen Rat brauche, war ich darüber sehr froh, denn zu meiner Mutter nach Jozefow war es weiter als zur Großmutter und zur Tante.

Ich war erst ein paar Monate verheiratet, als ich diese gesundheitliche Veränderung bemerkte, starken Ausfluss und Brennen beim Urinieren. Meine Periode war schon länger vorbei, damit konnte es nicht zusammenhängen. Die beiden wussten dagegen kein Hausmittel und rieten mir, sofort zum Arzt zu gehen. Dort stellte sich heraus, dass ich eine Geschlechtskrankheit hatte: Gonorrhoe. Sie werde beim Geschlechtsverkehr durch Gonokokken übertragen. Mein Partner hätte mich angesteckt, und er müsse sich auch ärztlich behandeln lassen. Wenn die Krankheit unbehandelt bliebe, könne dies zu schwerwiegenden gesundheitlichen Folgen und Spätfolgen kommen.

Das Gespräch mit Reinhold war mir furchtbar unangenehm. Er tat vollkommen ahnungslos; er könne mit so einer Krankheit nicht in Kontakt gekommen sein. Der Doktor hatte mir die Symptome aufgeschrieben und meinte, falls mein Mann noch keine Krankheitsanzeichen bemerkt habe, solle er besonders morgens auf ungewöhnliche Absonderungen achten. Nach ein paar Tagen ging Reinhold dann auch zur Behandlung. Mich machte der Arzt darauf aufmerksam, dass sich die Frau, bei der sich mein Mann ansteckte, auch behandeln lassen müsse. Mir und meinem Mann empfehle er, in den nächsten Wochen auf Intimitäten zu verzichten.

Ich schämte mich entsetzlich vor dem Arzt und war wütend, dass mich Reinhold in diese Situation gebracht hatte. Hartnäckig bestand ich darauf zu erfahren, mit wem er geschlafen habe. Erst als ich immer wieder sämtlich mir bekannte und in Frage kommenden Frauen aufzählte und drohte, sie zu fragen, gab er zu, dass er sich mit einer Jüdin aus dem Getto eingelassen habe. Sie wollte verbotene Sachen einschmuggeln. Dabei habe er sie erwischt, und sie bot ihm ›das Schäferstündchen‹ an, wenn er sie ungeschoren davon kommen lasse.

Nun sei die Krankheit ausgeheilt, meinte der Mediziner beim letzten Besuch, und jetzt könne ich schnell schwanger werden. Tatsächlich dauerte es nur drei Monate, und ich war ›guter Hoffnung‹. Mutter zu werden, war in der damaligen Zeit verehrungswürdig. Und so war es auch bei mir. Alle freuten sich, verwöhnten mich mit gutem Essen und gestrickten und selbst genähten Sachen für mein erstes Kind. Vater freute sich sehr auf seinen ersten Enkel und war stolz, mit seinen 45 Jahren der jüngste Großvater weit und breit zu sein.

Zur Entbindung ging ich ins Krankenhaus. Dort glaubte ich, am besten versorgt zu werden. Am fünften Dezember 1942 legte der Arzt mir mein erstes Kind in die Arme. Du warst ein kleines zartes Wesen und hattest nicht genügend Kraft zum Saugen. Was die Ärzte und die Hebamme versäumten, oder was man damals noch nicht wusste, weiß ich nicht. Nach ein paar Tagen entzündete sich meine rechte Brust. Eine Folge des eingetretenen Milchstaus. Ich konnte dich nicht stillen. Schließlich musste sie mir aboperiert werden. Meine Eltern holten dich nach Jozefow. Mit der Flasche bekamst du verdünnte Milch von unseren Kühen. Die ersten Wochen wurdest du von meiner Familie versorgt.«

Während Mutter im Krankenhaus um ihre Gesundheit kämpfte, wurden immer mehr Länder zu Kriegsschauplätzen. Italien überfällt Griechenland. Deutschland beschließt zu helfen und beginnt am 6. April 1941 Krieg mit Griechenland. Schon am 27. April marschierten deutsche Soldaten in Athen ein.

Vollkommen überraschend bekam Vater einen Einberufungsbescheid. Er wurde nach Griechenland abkommandiert. Hin und wieder schrieb er, und einmal schickte er eine ganze Kiste Orangen. Die meisten waren zerquetscht oder verfault, aber einige doch genießbar und die große Sensation in der Familie.

Gern sprach Mutter über seinen letzten Heimaturlaub. Reinhold brachte für jeden ein Geschenk aus Griechenland mit. Mutter bekam eine Handtasche, die sie später unter tragischen Umständen verlieren sollte. Sie war aus Leder, und die Verarbeitung sah sehr edel aus. Niemand aus ihrem Bekanntenkreis besaß so eine schöne Handtasche. Mutter freute sich sehr über sein Kommen; dass er noch lebte, war das allergrößte Geschenk. Durch die Kriegsbedrohung wurde jedes Menschenleben kostbarer. Schon bald nach dem Einmarsch der deutschen Landsleute waren ihre zuerst gehegten Hoffnungen auf ein besseres Leben zerronnen. Unmenschliche Brutalität nahm ständig zu. Eltern und Ehefrauen bangten um das Leben der Soldaten. Täglich bestimmte das Kriegsgeschehen Gedanken und Handeln. Nach den ersten Niederlagen, der ständig fortschreitenden Verknappung der Waren, ersehnte man das Kriegsende, fügte sich innerlich widerstrebend den abverlangten Verzichten und Pflichten: Sammeln von Geld, Kleidung und regelmäßiges Verschicken von Briefen und Paketen an die Front.

Nur ich sah den Unbekannten in Uniform erschrocken an. Als er mich auf den Arm nahm, weinte und strampelte ich so heftig, dass er mich auf den Boden stellen musste. Das hingehaltene Päckchen wollte ich nicht nehmen, hielt mich weinend, Hilfe heischend, an Mutters Kleid fest. Auch die Hand des Fremden mochte ich – trotz längerem Zureden von beiden Eltern – nicht ergreifen.

Mutter ließ mich während Vaters Abwesenheit im Ehebett schlafen, und ich wehrte mich laut schreiend, als sie mich in mein Kinderbett legte, verlangte ausdauernd, dass der fremde Mann aus meinem Bett gehen solle. Kaum hatte ich mich an ihn und die Veränderungen gewöhnt, waren die zwei Wochen Urlaub vorbei. Ich durfte mit zum Bahnhof und sah das erste Mal einen Zug.

Ein paar Wochen später erhielt Mutter die Nachricht, dass Vater verwundet sei. Er liege in einem Lazarett in Garmisch-Partenkirchen. Später kam ein weiterer Brief: Reinhold ginge es sehr schlecht. Er habe einen Streifschuss am Kopf. Mutter brachte mich bei ihren Eltern unter und fuhr mit dem Zug nach Bayern. Beklommen, von Reisefieber gepeinigt, machte sie sich ganz allein auf diese große Reise. Ihre erste, auch noch gleich ins Ausland, doch entgegen ihren Befürchtungen, langte sie unproblematisch an ihrem Zielbahnhof an. Couragiert fragte sie sich zum Lazarett durch. Auf dem Flur des großen Gebäudes sprach sie eine Frau an: »Was suchen Sie hier. Sie können hier nicht mit dieser Riesentasche herumlaufen!« Mutter: »Ich möchte meinen Mann besuchen. Man hat mir geschrieben, dass er hier im Lazarett liegt.«

Nachdem sie die Tasche auf den gekachelten Boden abgestellt hatte, suchte sie in ihrer Handtasche nach dem Brief. Ohne abzuwarten fragte die Frau nach dem Namen des Verwundeten. »Zimmermann, Reinhold Zimmermann«, gab Mutter Auskunft. Die Frau meinte, dass das wohl nicht sein könne. In allen Gesprächen habe er sich als verwitwet ausgegeben. Wenige Patienten wären verwitwet, deshalb sei ihr das sofort aufgefallen.

Mama reichte ihr den Brief. Nachdem die junge Frau die wenigen Zeilen gelesen hatte, wies sie ihr den Weg zu dem Krankenzimmer.

Ihre Tasche könne sie im Hausmeisterraum neben dem Eingang abstellen.

In dem großen Raum stand ein Bett neben dem anderen. Mutter suchte nach einem Mann mit einem dicken Kopfverband. Ein Mann pfiff anerkennend, als er sie sah; verständlich, denn sie war eine gut aussehende Frau von dreiundzwanzig Jahren, mit langen dunklen Haaren und großen grauen Augen. Ein anderer rief: »Komm zu mir, schöne Frau.« Das aufkommende beklemmende Gefühl ignorierend, lächelte sie, aber am liebsten hätte sie den Saal sofort verlassen.

Langsam ging sie an den Betten entlang. Endlich entdeckte sie Vater im vorletzten Bett an der rechten Zimmerseite. Er lag mit geschlossenen Augen auf einem Feldbett. Ein schmuddeliger und blutverschmierter Verband war um seinen Kopf gewickelt und reichte bis zu den Augenbrauen. Er war sehr blass, und seine Wangen waren ganz tief eingefallen. Die Wangenknochen zeichneten sich unter der Haut ab. Mutter berührte seine rechte Hand und rief leise seinen Namen. Die Hand fühlte sich kalt an. Sie drückte sie zuerst leicht und dann immer fester. Vater rührte sich nicht. Oh ... Reinhold ist tot.

Sie erschrak und fühlte einen stechenden Schmerz in ihrem ganzen Körper und ein Zittern in ihren Knien. Der Gedanke »gleich falle ich um« zuckte durch ihren Kopf, und sie fühlte, sie müsse sich schnell hinsetzen. Plötzlich war ihr Denken so benommen wie kurz nach dem Aufwachen aus einem langen Alptraum. Mutter ließ sich auf die Feldbettkante fallen und fühlte hart den Oberschenkel Vaters durch die gräulich-braune Militärdecke. Mit beiden Händen umfasste sie seine rechte Hand. In diesem Moment schlug Vater die Augen auf. »Hella, du?«, flüsterte er, und Mutter beugte sich über ihn und küsste ihn vorsichtig auf die Wange. Unerwartet empfand sie eine, so noch nie erlebte, tiefe Zuneigung. Plötzlich vergaß sie die zwei gravierenden Brüche in ihrer Beziehung. Erschüttert sah sie, dass aus ihrem großen starken Herrenmenschen, ein hinfälliger Kranker geworden war, der sie mit fiebrigen Augen ansah.

Von Mitleid und Rücksichtnahme auf die Mitpatienten gedämpfter Stimme erkundigte sie sich: »Wie geht es dir Reinhold? Ich habe den

Brief von deinem Kameraden bekommen, und Vater und Mutter wollten, dass ich dich besuche.«

»Es geht mir sehr schlecht. Ich habe starke Schmerzen und fühle mich sehr schwach. Gut dass du da bist. Wo sind die Kinder?«

»Die Eltern und meine Schwestern kümmern sich um Usel. Herta und Herbert wollten zu deinen Eltern. Was sagt denn der Arzt zu deiner Verwundung?«

»Ich hätte Glück gehabt. Es sei ein Streifschuss. Wenn die Wunde gut verheile, könne ich in etwa zehn Tagen das Lazarett verlassen.«

»Hoffentlich bist du jetzt wehruntauglich?« »Ich weiß es nicht. Was ist heute für ein Tag?«

»Niedziela. Ich habe extra bis Sonntag gewartet, weil man da ja nichts erledigen kann. Trotz Sonntag war der Zug proppenvoll, nur für kurze Zeit konnte ich einen Sitzplatz ergattern. Brauchst du etwas?« »Ja. Ich kann kaum sprechen. Besorge mir etwas besseres Essen und ein Mittel gegen die Schmerzen. Frische Wäsche brauche ich auch.«

»Länger als drei Tage kann ich nicht bleiben. Weißt du, wo ich übernachten könnte?«

»Nein. Frag doch mal die Schwestern. Vielleicht kennen die jemanden, der Zimmer vermietet. Ich kann nicht. Ich bin zu schwach. Kann mich kaum auf den Beinen halten.« Reinhold fand die Hand seiner Frau und tätschelte sie unbeholfen. Peinlich berührt fragte sie, bemüht weitere Zärtlichkeiten vor den anderen Kranken zu vermeiden: »Wo sind denn deine Sachen?«

»Unter dem Bett, glaub ich. Schau mal nach.« Sie fand seine Uniform, Unterwäsche, Socken, Brieftasche mit Ausweispapieren und einigen Scheinen Reichsmark und sein Portmonee mit wenigen Münzen. Es war später Nachmittag und höchste Zeit, sich um eine Unterkunft zu kümmern. Mit »sobald ich kann, komme ich morgen wieder«, einem Wangenkuss und Händedruck verabschiedete sich Mutter.

In höchster Eile holte sie ihre Tasche und flüchtete ins Freie, brauchte frische Luft. Vor der Eingangstür zum Lazarett stand eine Bank. Wortlos setzte sie sich zu dem älteren Paar.

Bei dem Gedanken, womöglich kein Zimmer zu finden, überwand sie ihre plötzliche Schüchternheit. Sie hatte Glück mit ihrer Frage, ob sie jemanden kennen würden, der in der Nähe für ein paar Nächte ein Zimmer vermietet. In vier Tagen würde man sie zu Hause in Lodz erwarten. Die beiden nannten die Adresse von Bekannten und begleiteten sie sogar ein Stück, damit sie sich nicht verlaufe und meinten freundlich, dass sie bestimmt sehr müde sei, nach der langen Bahnfahrt.

Wie sollte sie hier in der Fremde an warmes Essen kommen? Reinhold sah sehr schlecht aus und musste dringend gute Krankenkost bekommen. Jetzt war sie froh, dass ihr die Eltern für die Reise und zum Tauschen Speck, Wurst, Schinken und ein ganzes Brot hartnäckig aufgedrängt hatten. Sie hasste diese Herumschlepperei der Lebensmittel. Verärgert beobachtete sie, dass sie vieles nur durch Tauschgeschäfte bekam. Geld und Marken wurden immer unbedeutender. Dabei konnte sie froh sein, dass ihre Eltern Bauern waren, die mehr Lebensmittel produzierten als sie selbst verbrauchten. Sie wollte die Esswaren erst nicht mitnehmen, denn die große Tasche wurde sehr schwer. Vielleicht zerriss sie sogar. Widerwillig packte sie die Päckchen erst ein, als feststand, dass Vaters Gehilfe sie an den Zug bringen würde.

Belohnt wurde sie für ihre Mühe, als die Zimmervermieterin hocherfreut den Speck und Schinken annahm, für Reinhold und sie selbst kochte und die Wäsche wusch und bügelte. Deshalb konnte Mutter mittags und abends warmes Essen in das Lazarett bringen. Die übrige Zeit verging sehr schnell mit den Besorgungen für den Verletzten und seine Bettnachbarn; dazu noch das Warten auf den Arzt und die zwei Gespräche.

Voraussichtlich müsse Reinhold zurück an die Front. Seine Verletzung sei nicht so gravierend, und die Wunde heile gut. Bei der robusten Konstitution des Patienten seien Komplikationen nicht zu erwarten.

Am Mittwochabend traf Mutter Reinhold auf dem Bett sitzend an. Er rauchte eine selbst gedrehte Zigarette, die er von seinem Bettnachbarn geschenkt bekommen hatte. Dann geht es ihm ja wieder gut, dachte Mutter erleichtert.

Dass er wieder an die Front musste, machte sie wütend. Täglich spürte sie mehr die Kriegsfolgen; die Versorgung der drei Kinder wurde immer zeitaufwendiger. Seine Kopfverwundung stellte sich nicht als so katastrophal dar, wie sie die ersten zwei Tage befürchtete: Da kann ich mit guten Nachrichten nach Hause fahren und seine Kinder und Eltern beruhigen. Warum hat er keine Verwundung, die ihn frontuntauglich macht, waren ihre ständig wiederkehrenden heimlichen Überlegungen. Und fatalistisch: jeder hat ein Päckchen zu tragen.

Obwohl es sich für eine deutsche Frau nicht gehörte, rauchte sie auch gern eine gute Zigarette, selbstgedrehte mochte sie damals noch nicht.

Mit den hoffnungsfrohen Worten, bestimmt sind uns ein paar gemeinsame Tage Heimaturlaub vergönnt, gingen sie auseinander.

Auf die Heimfahrt im Zug freute sie sich. Etwas Ablenkung von ihren Sorgen durch freundliche interessante Mitreisende würde ihr gut tun. Schließlich fand sie einen freien Platz in einem Abteil, in dem zwei elegant gekleidete Frauen saßen. Sie parlierten fast flüsternd miteinander und erwiderten ihr »Guten Tag« nicht. Mutter packte ihre Strickarbeit aus und verstaute die sehr viel leichter gewordene Tasche über ihrem Sitzplatz. Während sie an den Fäustlingen weiter strickte, wartete sie auf eine Gesprächspause oder eine Gelegenheit mit den beiden Damen ins Gespräch zu kommen.

Aufmerksam registrierte sie auf dieser Bahnreise, dass es in jedem Gespräch, das sie mithören konnte, um Krieg ging: um den Sieg, um Gefallene, Lebensmittelbesorgungen, um Marken und um Befehle. Dauernd ging es um Befehle. Sie hasste das Wort »Befehle« und vermisste die Zeit vor der Besetzung durch die Deutschen, in der es nur um den Erwerb von Vermögen ging. Jeder wollte Geld verdienen zum Hausbau, zum Zukauf von Vieh oder zum Kauf von Land.

Bald mussten die beiden das anstrengende Flüstern aufgeben und so bekam sie mit, dass der Bruder Anton gefallen ist, und Samuel aus Frankreich regelmäßig schreibt und um Päckchen bittet. Es ist nicht leicht, die Wünsche zu erfüllen.

Bei uns ist es genau so. Im letzten Brief, den ich von Onkel Leo an Großmutter las, bestätigte er den Erhalt von Zigaretten, Schokolade und Plätzchen. Großmutter schickt ihm immer Haferflockenplätzchen. Sie sind nahrhaft, und er kann sie lange in seiner Brotdose aufbewahren. Im nächsten Paket soll sie ihm Räucherfleisch, Zigaretten und Schokolade schicken und Socken. Seine Socken hätten schon viele dünne Stellen.

Großmutter und Apolonia verwalteten Leos Vermögen und waren von ihm beauftragt worden, seine Interessen wahrzunehmen. Er hatte eine Freundin und wollte nicht heiraten. In einem alten abgenutzten Brokatkissen, das sie im Schlafzimmer aufbewahrte, sammelte Großmutter wichtige und erhaltenswerte Dinge und auch die Briefe ihrer beiden Söhne, die an der Front kämpften. Von all diesen Briefen blieb einer erhalten, aber davon soll später die Rede sein. Unerfüllt blieb Mutters Wunsch nach einer Unterhaltung; bald stiegen die Frauen aus.

Ohne besondere Genugtuung darüber zu empfinden, gelang es ihr, die Fäustlinge fertig zu stricken. Bahn fahren und der Lazarettbesuch wurden ein einschneidendes Erlebnis.

In diesen Tagen verlor sie ihre Angst vor dem Fremden. Es gefiel ihr gut in Deutschland, und sie war sich sicher, dass sie sich überall auf der Welt zurechtfinden könne.

Wohl drei Wochen später kam ein kurzer Brief von Reinhold. Er teilte mit, dass er nach ärztlichem Befund gesund sei und wieder in seiner Kompanie Dienst mache. Mutter blieben ihre Gefühle und die Tage nach dieser Nachricht unauslöschlich im Gedächtnis: »Mein Beten war vergebens. Das war mein erster, wütender Gedanke. Später quälten mich Zukunftsängste. Sobald ich allein war, drehten sich, wie ein Brummkreisel in meinem Kopf, die immer gleichen Fragen: »Überlebt mein Mann den Krieg; wann ist dieser Krieg endlich vorbei; kann Deutschland diesen Krieg noch gewinnen? Wenn nicht, wie werden sich die Russen und Polen rächen?«

»Schlaflos wälzte ich mich in meinem Bett herum. Das war der Grund, dass ich früh aufstand und im Garten oder in der Küche ganz leise arbeitete, damit die Schläfer nicht wach wurden. Hella ist ja so fleißig, sagten alle und ich ließ sie in dem Glauben; wollte niemanden beunruhigen. Jeder hatte ja sein Päckchen zu tragen.

Vielleicht kann mir eine Wahrsagerin helfen, dachte ich immer wieder. Deshalb blieb ich interessiert stehen, als ich glaube eine Zigeunerin auf mich zukam. Ich kam von einer Freundin und war auf dem Heimweg. ›Darf ich dir deine Zukunft voraus sagen?‹, fragte sie mich auf Polnisch und fasste mit beiden Händen nach meiner rechten Hand.

›Hast schöne Hände Pani. Bist gut Pani. Wieder gesund. Warst lange krank‹, redete sie darauf los und drehte meine Handinnenfläche nach oben. ›Hast lange Lebenslinie. Hier.‹ Dabei legte sie den Zeigefinger ihrer rechten Hand zuerst auf meinen Daumenberg, ließ ihn dann zwischen meinen Daumen und Zeigefinger gleiten und fuhr bis zur Handwurzel. Das machte sie zwei Mal. Was sie sagte stimmte. Ich hatte ja die Brustoperation. Gebannt hörte ich zu.

›Deine Schicksalslinie ist hier. Die kleinen Linien bedeuten Veränderung. Du bist stark Pani. Suchst gutes Leben. Machst große Reise.‹

›Mein Mann ist Soldat in Griechenland. Ich mache mir große Sorgen, dass er dort umkommt. Vor lauter Grübeln kann ich nachts nicht mehr schlafen. Wird er zurückkommen?‹, wollte ich wissen.

Die Zigeunerin sah an mir vorbei und schwieg lange. Mir wurde es unheimlich und ich forderte sie auf, etwas zu sagen. Endlich antwortete sie: ›Er kommt zurück Pani. Aber nicht schnell. Musst warten. Viele Jahre.‹ Mit ein paar Mark bedankte ich mich bei ihr und schlief schon in der darauf folgenden Nacht wieder durch.«

Familienherkunft

»Unsere Vorfahren kamen von Mamas Seite aus Schwaben, von Vaters Seite aus Österreich nach Polen«, erzählte Mutter jedem, der es wissen wollte. In der Familie wurde viel davon gesprochen, wie viel besser man früher lebte. Neue Besucher interessierte das auch, sobald sie bemerkten, dass wir, genau wie sie, Flüchtlinge waren. Mutter wusste es nicht und sagte stereotyp, dass es sogar aus Wien sein könne. Über den Ort Rumbach sprachen die Verwandten hin und wieder.

»Mein Urgroßvater war Weber und ließ sich anwerben, die Textilindustrie in Lodz aufzubauen. In Polen gab es diese Fachkräfte nicht. Man versprach ihnen, von Seiten des Staates, weit reichende Hilfe: Zuteilung von Land und langfristige Kredite zum Bauen. Mein Großvater wurde Geschäftsführer und Meister in einer der großen Fabriken in Lodz. Die Familie hatte aber auch ihre eigene Weberei. Sie webte Cord und Plüsch. Damit erzielten sie besten Verdienst. Das erzählte Großmutter Franziska Richter, eine geborene Seidel, die im Betrieb ihrer Eltern weben lernte. Ihre Mutter hieß Karoline.

Aus diesem Betrieb besaß Großmutter bis zum Ende des Zweiten Weltkrieges zwei Webstühle und hat daran fast täglich gewebt. Ihre Stoffe, Decken und Kissen verkaufte sie an Bauern.

Während des Ersten Weltkrieges verschleppten die deutschen Besatzer Großvater August Richter und meinen Vater zur Zwangsarbeit ins Ruhrgebiet. Nach dem Krieg kamen beide zurück. Sie waren schwer krank. Großvater starb 1920 an den Strapazen. Er wurde nur 49 Jahre alt.

Großmutter musste die Plüschweberei während seiner Abwesenheit aus Geldmangel verkaufen. Damit verlor die Familie ihre Haupteinnahmequelle.

Ganz ähnlich erging es vielen Betrieben in der Stadt. Die Frauen waren mit ihren vielen Kindern, ohne männliche Hilfe, total überfordert. Großmutter gebar elf Kinder, zehn Jungen und ein Mädchen. Der älteste Sohn, nach seinem Vater August benannt, starb nach einem Unfall beim Bäume fällen. Fünf Kinder verloren ihr Leben durch die spanische Grippe. Eine ansteckende Krankheit. Eine Besucherin aus Spanien schleppte sie ein und infizierte alle Kontaktpersonen. In der ersten Woche nach ihrer Ankunft verstarben drei Kinder, zwei in der zweiten Woche. Vier Jungen und das Mädchen erreichten das Erwachsenenalter.

Plüschdecke nach Franziskas Art

Die deutschen Besatzer requirierten, was sich transportieren ließ, und so war Ende 1918 Lodz in einem katastrophalen wirtschaftlichen Zustand.

Als mein Vater aus Essen zurückkam, war er in dem Alter, wo man sich eine eigene Existenz aufbauen will. Er wollte heiraten, wie alle jungen Leute um ihn herum. Großmutter machte ihn mit einer Witwe mit Kind bekannt, die sie bei ihren Verkaufstouren kennen gelernt hatte. Sie war sympathisch, sauber und fleißig, und ihre Landwirtschaft war gut geführt. Großmutter wurde von ihr immer wieder zur Rast in ihr Haus eingeladen, deshalb kannte sie das kleine blondlockige Mädchen.

Mit dieser jungen Witwe würde ihr Sohn Josef gut zusammen passen, fand sie. Dass oder gerade weil ›Julchen‹ sechs Jahre älter war. Die beiden heirateten am 13. November 1920. August erlebte die Hochzeit seines Sohnes mit Juliane noch. Er starb vier Wochen danach. Kurz vor seinem Tod, vielleicht sogar als Hochzeitsgeschenk, gab er seinem ältesten Sohn Josef sein Gebetbuch. Daraus betete Vater manchmal mit uns Kindern: an jedem Weihnachtsfest mit der ganzen Familie und manchmal vor dem Schlafen gehen.

Richters waren gläubige Katholiken, und bevor unser Urahn das Büchlein seinem nachgeborenen Sohn zum Abschied schenkte, ließ er es von einem Priester segnen. Es sollte ihn auf dem langen Weg nach Polen beschützen und ihm in dem fremden Land Glück bringen. Seither wird es an das älteste Kind weitergegeben.

Tante Polla und Vater haben den Ort einmal besucht und waren in der Rumbacher Kirche. Der Pfarrer erfüllte ihre Bitte und überließ ihnen das Kirchenbuch. Darin fanden sie die Geburts-, Tauf-, Hochzeits- und Sterbeeinträge der Richters, unserer Vorfahren.

In den zwanzig Jahren Frieden haben meine Eltern die Landwirtschaft in Michalow verkauft und einen Bauernhof in Jozefow erworben. Michalow lag landschaftlich idyllisch an einem Fluß. Dadurch konnten sie, ab Frühsommer, Räume an Feriengäste aus Lodz vermieten, was ein willkommener Zuverdienst für die junge Familie war.

Von Jozefow aus betrieb Vater ein Fuhrgeschäft. Alle vier Jahre bekamen sie ein Kind. Als Hitler Polen besetzte, war meine ältere Halbschwester verheiratet, ich war 18 Jahre alt, Maria 14 und Hedwig 10 Jahre.«

Mich interessierte, wie Mutter das Zusammenleben mit Polen und Juden wahrnahm. Den abfälligen Spruch von der polnischen Wirtschaft hörte ich immer wieder. Wann ich herausfand, dass damit Unordnung und geistige Trägheit gemeint war, weiß ich nicht mehr.

Mutter erlebte, dass sich Deutsche und Polen recht unterschiedlich verstanden. Es gab Dörfer mit ausschließlich deutschen Bewohnern. Mutter wurde in einem Ort geboren, in dem auch Polen Höfe bewirtschafteten. Ihren Eltern war wichtig, mit allen in guter Nachbarschaft zu leben. So war ihre Patentante eine Polin, mit der man sich gut verstand und befreundet war.

Die deutschen Bauern sorgten mit dem rechtzeitigen Ausbringen von Mist auf ihre Felder für gute Ernten. Großmutter und Mutter setzten immer in den Einweckgläsern Eierschalen mit kaltem Wasser an. Der Sud düngte die Tomaten sehr gut. Im Garten mischten wir immer Kompost unter die Erde. Auf den Feldern der Polen wuchs mehr Schmiedel, und deshalb fielen die Ernten der Deutschen besser aus. Das erregte den Neid vieler polnischer Bauern. Erstaunlicherweise brachte es sie aber nicht dazu, ihre Äcker und Gärten mit demselben Fleiß zu bearbeiten.

Unsere Familie fühlte sich mehr mit Polen verbunden als mit Deutschland, denn mittlerweile lebte schon die fünfte Generation in Polen. Nach der Besetzung Polens durch die Deutschen ab Sommer 1915 bis zum Winter erlebte man in Lodz wirtschaftlichen Niedergang. 1904 gab es 546 Fabriken, die 70 000 Arbeiter beschäftigten. Organisatorisch gehörte die Stadt nicht mehr zum russisch verwalteten Kongresspolen, sondern zum deutschen Generalgouvernement Warschau. Die Deutschen requirierten Maschinen, Rohstoffe und Lebensmittel. Seit 1865 gab es einen Bahnanschluss in Lodz-Koluszki an die Strecken Warschau-Wien und Sankt Petersburg. Nach Westen war sie in ständigem Einsatz für Waren- und Maschinentransporte; die deutschen Besatzer plünderten Betriebe und Privatpersonen skrupellos aus.

Durch den Krieg geriet Deutschland in eine immer schwierigere ökonomische Lage. Abhilfe sollte mit arbeitstauglichen Polen geschaffen werden, die zur Zwangsarbeit nach Deutschland verschleppt wurden.

In dieser Situation war es von Vorteil, dass sich alle Familienmitglieder regelmäßig trafen. Karoline hatte diese Idee, als ihre drei Töchter Irma, Olga und Franziska verheiratet waren, ihren eigenen Hausstand hatten. Wenigstens einmal im Monat wollte man zusammen kommen. Reihum organisierten die Töchter mit ihren Ehemännern die Zusammenkünfte. Man sprach über alle anstehenden Probleme und half sich gegenseitig, so gut es ging. Mit den ständig wiederkehrenden Versorgungsengpässen wollte man sich nicht abfinden. Die Familie plante, dass zukünftig möglichst in jedem Beruf ein Familienmitglied tätig wurde. Besonders schwierig, weil unkalkulierbar, war die Versorgung mit Lebensmitteln. Man beschloss, dass die Familie eine gut ausgestattete Landwirtschaft erwerben muss. Außerdem beauftragte man Olga, alle Familienmitglieder einmal im Jahr zu besuchen.

»Wir freuten uns immer über Tante Olgas Besuch. Sie brachte uns kleine Geschenke mit und gab uns auch etwas Geld. Das war in der damaligen Zeit für uns Kinder eine Sensation, viel besser als Weihnachten und Geburtstag zusammen«, schmunzelte Mutter, wenn sie daran zurück dachte.

Überliefert ist, dass, in einer dieser Versammlungen die Familie beschloss, sich zu Polen zu bekennen, weil sie nun schon lange in diesem Land lebte. Die Menschen und alle staatlichen Einrichtungen waren vertraut und standen der Familie mittlerweile näher als Deutschland und die deutschen Landsleute. Es hatte fatale Folgen.

August und Josef Richter wurden von den deutschen Besatzern wie Polen behandelt. Obwohl sie in deutscher Sprache ihre Haltung begründeten, fanden sie kein Verständnis bei ihren Landsleuten. Sie wurden von den deutschen Besatzern zur Zwangsarbeit in ein Kohlebergwerk in das Ruhrgebiet verschleppt. Auf einem Güterzug verfrachtete man sie nach Essen und übergab sie der Zechenleitung der Zeche Friedrich Ernestine Stoppenberg. Lungenkrank und vollkommen erschöpft kamen sie zurück. August Richter konnte sich nicht mehr erholen. Er starb Anfang Dezember 1920.

Machtmissbrauch ist überall möglich, hatte die Familie erlebt. Dass sie von ihren deutschen Landsleuten dermaßen missachtet und ausgenutzt wurden, hatten sie nicht für möglich gehalten und enttäuschte sie sehr; sie lernten, dass es auf den Charakter der Menschen ankommt, nicht auf die Volkszugehörigkeit.

Mutter hatte sich gemerkt: »Besuchten uns vor dem Zweiten Weltkrieg Leute aus der Stadt, so berichteten sie, dass sich junge Polen zu Gruppen zusammenschlossen und Zusammenkünfte der Deutschen gewaltsam störten. Es gab Überfälle auf deutsche Geschäfte und Bauernhöfe, und wenn man sich laut in deutscher Sprache unterhielt, wurde man angepöbelt. Wir waren zu allen Leuten freundlich zurückhaltend und unseren Nachbarn gegenüber hilfsbereit, egal ob sie Polen oder Deutsche waren. Außerdem gab es auch unter den Deutschen Kriminelle.

Der erste Mann meiner Mama war auch an Überfällen beteiligt. Ihn verrieten seine Schuhe, und er wurde von seinen Opfern erschlagen. Während dieser Bluttat saß meine arme Mama eingesperrt in ihrem eigenen Keller.

Ein anderes Beispiel ist, dass Mamas Bruder, Onkel Heinrich, Vater zum Kauf des Bauernhofes in seiner Nähe überredete: Da hätte er es näher nach Lodz, könne mehr Ackerland kaufen und mehr Vieh halten und seinen Hof erweitern. Damals war es schwer Ackerland zu bekommen. Heinrich ging nachts zu der Bäuerin, bot der Frau einen höheren Preis und kaufte die, zum Anwesen gehörenden, Wiesen und Felder dem Vater vor der Nase weg. Damit brachte er meine Eltern in schwere Existenznöte. Nun hatten sie zur Viehhaltung noch weniger Land als zuvor in Michalow. Darüber gab es großen Streit, und die Familien redeten nicht mehr miteinander. Vater beriet sich dann mit seinen Angehörigen und investierte das Geld in ein Fuhrgeschäft. Tante Polla vermittelte ihm Stefan als Hilfskraft. Hätte er einen Sohn gehabt, so wäre die Arbeit innerhalb der Familie zu schaffen gewesen.

Über Pollas und Leos Läden hatte man einen großen Bekanntenkreis, in dem es selbstverständlich war, sich gegenseitig zu helfen.

Stefan war Pole und von der polnischen Armee desertiert. Bekannte besorgten ihm falsche Papiere. Bei einem Deutschen auf dem Land war er vor Verfolgungen sicher.

Es war bei uns üblich, abwechselnd Polnisch oder Deutsch zu sprechen, je nachdem, mit welchen Leuten man gerade zusammen war.

Da meine Eltern nur Mädchen hatten, war der Junge für Vater der vermisste Sohn. Die beiden kamen gut miteinander aus. Nachdem es einige Überfälle auf Nachbarhöfe gab, kaufte Vater eines Tages einen großen Hund. Mit polizeilichem Schutz der polnischen Ordnungshüter konnte man nicht rechnen; ein Deutscher noch weniger. Mit allerhand Aufwand richteten die beiden Männer ihn als Wachhund ab. Wochenlang bewachten sie Nacht für Nacht das Haus und die Nebengebäude. Als der Hund zuverlässig anschlug, wenn sich Fremde dem Grundstück näherten, wagten sie es, wieder im Haus zu schlafen. Die stattliche Hundehütte wurde so postiert, dass sie von den Besuchern schon von weitem zu sehen war. Unerwünschte schreckte das ab. Es war so, dass sich die Polizei viel Zeit ließ, bis sie endlich kam, oder sie kümmerte sich überhaupt nicht darum, wenn Deutsche betroffen waren. Lief aber ein Hund von einem »Schwabke« frei herum, dann kamen sie sofort, spielten sich als tadellose Perfektionisten auf und drohten mit empfindlichen Strafen.

In der Schule gab es mehr Probleme mit den polnischen Kindern. Sie kamen häufig unsauber zum Unterricht, fehlten unentschuldigt, und mit ihren Hausaufgaben klappte es auch weniger gut.

In unserem Haus mussten jeden Samstag alle Fußböden geschrubbt werden. Mutter und ich ekelten uns bis zum Erbrechen vor Schmutz und Gestank. Mit Schürzen schonten wir unsere Kleider, sodass wir immer sauber und adrett aussahen in unseren Schulkleidern mit weißem Kragen. Alle vierzehn Tage war große Wäsche. Geschirr, Töpfe und Milchkannen wurden täglich gesäubert.

Richters waren sehr ehrgeizig. Vater sparte auf ein größeres Haus und verweigerte uns das kleinste Vergnügen, sobald es Geld kostete. Ich wollte so gern einmal auf dem Jahrmarkt Karussell fahren und bettelte und weinte stundenlang. Vergebens. Unsere Mutter musste auch jeden Zloty umdrehen. Unter den Deutschen war es dann die Reichsmark. Es drehte sich alles um das zu schaffende Vermögen. Mama durfte für den Haushalt und unsere Kleidung nur das Milchgeld ausgeben und das Geld von den Marktverkäufen.

Wie es sich traf, hatte man Bekanntschaften. Für uns zählte nur, wie sympathisch man sich war. Außerdem hatte man Kunden und war Kunde beim Bäcker, beim Schuster, der Schneiderin und in den Geschäften in der Stadt.

Großonkel Schacks, der Mann von Großmutter Franziskas Schwester, war am Gericht - wahrscheinlich Richter. Ich weiß es nicht mehr so genau. Er war ein Schwiegersohn von Karoline Zimmermann. Sie war eine »von« aus Österreich. Während ihres Besuchs bei Verwandten, verliebte sie sich in Florian Seidel, blieb in Polen und heiratete ihn.

Von meinem Urgroßvater Seidel wurde erzählt, dass er Meister in einer der Textilfabriken war. Karoline und Florian bekamen drei Töchter. Irma heiratete den Juristen Schacks, Olga einen polnischen Offizier und Franziska den Lohnwebmeister August Richter. Durch Onkel Schacks und Tante Polla mit ihrem Blumenladen kannte die Familie viele einflussreiche Leute. Man traf sich immer wieder zu den Festtagen, in der Kirche und bei gemeinsamen Bekannten.

Meine Familiengeschichte begann mich erst zu interessieren, als ich heiraten sollte. Die Nazis verlangten Dokumente und Nachweise über die deutsche Volkszugehörigkeit über drei Generationen. Ein Deutscher durfte nur eine Frau deutscher Herkunft heiraten. Glücklicherweise hatte Großmutter wichtige Dokumente ihres verstorbenen Mannes aufbewahrt. Ehrfürchtig nahm ich seine Ausweise in die Hand. Zwanzig Jahre war er nun schon tot. Mein erster Gedanke war, wie mögen seine Hände ausgesehen haben, die diese Papiere hielten, die mich nie an die Hand nehmen konnten? Tatkräftig zupackende und flinke Hände waren es, nach allem was über ihn erzählt wurde. Vielleicht sahen sie so aus wie die Hände meines Vaters mit einem stark nach außen gebogenen Mittelfinger?

Dankbar und voller Wehmut erinnerten sich seine Kinder an ihn, und Großmutter kämpfte immer gegen ihre aufsteigenden Tränen, wenn sie von ihm sprach. Er sah wie ein Gespenst aus, als er aus Deutschland zurückkam. Sein zerschundener Körper erholte sich nicht mehr, und er musste viel zu früh sterben.

Durch diese Schriftstücke erfuhr ich zum ersten Mal, schwarz auf weiß, dass mein Großvater August Richter in Zdunska Wola geboren wurde. Sein Vater hieß Franz Richter, der Pauline Klinger ehelichte. Vielleicht hatte er mit dem Weberaufstand vom 20. April 1861 zu tun, den es in Lodz gab. Lauter deutsche Namen. Die Deutschen heirateten meist untereinander. In Zdunska Wola ließen sich, wie damals in Lodz und in den angrenzenden Dörfern, Weber und andere Handwerker nieder: aus Schwaben, der Eifel, aus Sachsen und dem Rheinland und noch aus anderen Ländern Mitteleuropas. Für Polen waren alle »Schwabkes«.

Großmutter gab mir vier Dokumente: sein für Weber obligatorisches Arbeits- und Auflagenbuch, das am 4. September 1887 ausgestellt wurde und dreisprachig war: russisch, polnisch und deutsch, weil Lodz und Umland ab 1815 zu Kongresspolen gehörte und dem russischen Zar unterstand. Sein auch dreisprachiges MITGLIEDS-BILETT des professionellen Vereins der Lohnwebmeister der Stadt ZGIERZ von 1913. Großvater Augusts Pass von 1910, nur in Russisch und in kyrillischer Schrift und eine Gültigkeitsverlängerung aus dem Jahr 1919 in polnischer Sprache und mit lateinischen Buchstaben. Unter russischer Verwaltung wurden die Angaben durchnummeriert. Neben dem Namen des Passinhabers August Richter wird der Vatersname Franz Richter niedergeschrieben. Unter zweitens steht als Beruf (unleserlich) und drittens das Geburtsjahr und Datum und bei viertens ein Zeuge (unleserlich) und unter fünftens steht der ständige Aufenthaltsort (unleserlich).

Dann folgte die Frage: besteht eine Ehe und die Antwort: verheiratet. Wehrdienst (unleserlich) und achtens Aufführung der Dokumente auf deren Grundlage der Pass erstellt ist: Aufenthaltsbestätigung des Ortes. Bei neuntens sollte die Unterschrift stehen. Aber dort steht

Analphabet und so mussten bei zehntens die Angaben (Größe: mittel; Haarfarbe dunkel (schwarz); besondere Merkmale: keine) folgen. Zum Schluss die Namen der Personen, die neun und zehn bestätigen.

Der Pass hat vierundzwanzig Seiten und auf der letzten Seite stehen von Hand geschriebene Zahlen: 1925; 54; 71. Wer schrieb diese Zahlen in den Pass und was mögen sie bedeuten?

1925 – 54 – 71

Was ich bisher nur vom »Hörensagen« wusste, las ich nun von diesem Dokument ab; von seiner in Essen (Rheinland) ausgestellten Arbeiter-Legimitationskarte vom 06. Februar 1918 von der Zeche Friedr. Ernestine-Stoppenberg. Dort mussten er und mein Vater, nach der Besetzung Polens durch die Deutschen, als Zwangsarbeiter arbeiten, obwohl sie Deutsche waren.

Ausgestellt hat die Arbeiter-Legimitationskarte die Polizeiverwaltung Essen. Sie war bei polizeilichen An- und Abmeldungen und beim Wechsel der Arbeitsstelle vorzulegen.

285 Tage wurden sie unter Androhung der Todesstrafe zur damals schwersten Arbeit unter Tage, in einem Bergwerk, gezwungen. Liegend oder in gebückter Haltung mussten sie in stickiger Hitze mit nacktem Oberkörper die Kohle aus den Stollen hämmern. Jeden Tag befürchteten sie, durch herunter stürzendes Gestein erschlagen zu werden.

Als Großvater, laut Arbeiter-Legimitationskarte, am 15.11.18 aus dem »Arbeitsverhältnis« erlöst (das Arbeitsverhältnis ist ordnungsgemäß gelöst am 15.11.18; steht in dem Dokument) wurde, war er sterbenskrank: Unterernährt, Magen- und Lungenkrank. Desgleichen sein Sohn Josef.

Zwischendurch, so berichteten die beiden Männer wiederholt, hätten sie sich selbst eine Arbeit auf einem Bauernhof besorgt, weil sie dem lebensgefährlichen Kohleabbau entkommen wollten.

Sie wurden von der Polizei aufgefunden. Zwei Beamte führten sie mit vorgehaltenem Gewehr zur Zeche zurück. Die flehentlichen Bitten des Bauern, der dringend Helfer auf seinem Hof gebraucht hätte, wurden höhnisch abgetan.«

Leben im Zweiten Weltkrieg

Ende September 1939 war ganz Polen von den Deutschen besetzt. Ihre Bürokraten bemühten sich, wie es hieß, um eine beschleunigte und zuverlässige Erfassung der Deutschen in Polen, den »Volksdeutschen« in die Deutsche Volksliste (DVL). Ab November 1939 verwalteten »Reichsdeutsche« Polen. Das waren die »besseren Deutschen«. Erfreut stellte sich die deutsche Bevölkerung in Polen zur Mitarbeit am Aufbau des Landes bereit: die jungen Mädchen für die Ämter, die jungen Männer freiwillig für den Heeresdienst. Die Bevölkerung wurde vier Gruppen zugeordnet. Das ganze Verfahren lief unter der Bezeichnung »Eindeutschungspolitik«.

»Ich gehörte zur Gruppe zwei, den Volksdeutschen. Das waren die Deutschen, die sich nachweislich ihr Deutschtum bewahrt hatten«, entsann sich Mutter: »Davor kamen noch die Deutschen der Listengruppe eins, die sich um das Deutschtum in Polen in Organisationen verdient gemacht hatten. Man musste die Aufnahme in die Volksliste beantragen. Da ich unpolitisch war, bekam ich den blauen Ausweis und damit die deutsche Staatsangehörigkeit. Schließlich heiratete ich standesamtlich am ersten Februartag 1941.

Reinhold war nicht gerne Landwirt, und als er mitbekam, dass man durch seine deutsche Herkunft Chancen habe, bei der Polizei angestellt zu werden, bewarb er sich und bekam eine Stelle. Nach dem Tod seiner Frau war das Leben für ihn und die Kinder leichter mit einem geregelten Einkommen vom Staat.

Im Februar 1940 errichtete man das Getto Litzmannstadt. Als ich Reinhold kennen lernte, war er einer der Bewacher des Gettos. Es war bekannt als ein großes Arbeitslager, in dem Juden Kleidung, Uniformen, Schuhe und anderes herstellten. Ich erinnere mich nicht mehr genau, es war wohl abends um zehn Uhr, danach wurde es geschlos-

Die Richterkinder

Franziska Richter gebar elf Kinder. Zehn Jungen und als zehntes Kind ein Mädchen. Vier Jungen (August, Josef, Mieczyslaw und Leo) sowie die lang ersehnte Tochter Apolonia überlebten das Kleinkindalter. (Wie schon erwähnt, starben fünf Kinder innerhalb von zwei Wochen an der spanischen Grippe).

August, der Erstgeborene, wurde nach dem Vater benannt. Er erlernte, wie alle Richterkinder, das Spinnen und das Weber- und Färberhandwerk. Durch ihren ständigen Aufenthalt im elterlichen Betrieb und Haushalt und durch Mithelfen bei Routinearbeiten, wie das Einrichten der Webstühle mit Kettfäden.»Mein Vater beklagte, dass er schon als kleines Kind täglich in der Weberei sein musste«, hörte ich Mutter viele Male sagen, wenn sie über »zu Hause« sprach. Es gab keine exakte Trennung zwischen Familien- und Arbeitsleben oder zwischen Betrieb und Wohnung. Je nach Auftragslage stapelten sich die Stoffe in allen Ecken; schonend mit ihrer Abseite nach oben. Das immerwährende Klacken der Webstühle gehörte zu ihrem Leben.

August war 21 Jahre alt, als der Erste Weltkrieg begann. Er war Soldat und überlebte seinen Einsatz. Nicht lange nach seiner Heimkehr verunglückte er beim Bäume fällen und starb an diesen Verletzungen.

Ein Junge wurde auf den Namen Mieczyslaw getauft. Sein Rufname war das einfacher und schneller auszusprechende polnische Mietek. Er wurde Brunnenbauer und Droschkenbesitzer, beförderte zahlungskräftige Personen. Nach seiner Heirat mit Daniela Lewandowska bekam er zwei Mädchen: Christine und Sophia. Während sein Bruder Josef zu alt, krank und damit untauglich war, musste er zum Militär. Mit einer Kugel im Bein wurde er in die Heimat entlassen. Franziska »operierte« ihn, entfernte die Kugel und pflegte ihn. Nicht lange danach brachte ihn eine Blinddarmentzündung dann doch noch ins Krankenhaus. Zur weiteren Genesung entließen ihn die Ärzte nach Hause. Unwissenheit, eine tragisch mangelhafte Rekonvaleszenz kostete ihn das Leben. Franziska kochte Knödel, die er bestimmt liebend gerne aß. Heildiät wäre nach diesem Eingriff notwendig gewesen, dann hätte er nicht so jung sterben müssen.

Die Familie litt unter der Unzuverlässigkeit und Abhängigkeit von fremden Leuten. Man wollte Selbstversorger sein und darauf achten, dass es in der Familie neben den Webern möglichst alle wichtigen Berufe gab. Josef heiratete deshalb in einen Bauernhof ein, Mietek war Brunnenbauer und Droschkenfahrer, Olgas Mann war Offizier in der polnischen Armee, durch Irma kam ein Jurist dazu, Polla ergänzte als Gärtnerin mit Gewächshäusern und Laden die Berufspalette der Familie Richter in Lodz. Man wähnte sich auf dem richtigen Weg.

Leo Richter

Leo war ein wissbegieriger, zupackender Junge mit einem auffallend guten Gedächtnis. Er ging zur Schule und erlernte mehrere Sprachen. Die Jungen, mit denen er sich traf, kamen auch aus jüdischen Familien. Leo interessierte sich für Gewebe, wollte die Tradition der Weber fortführen. Sein Vater August erwarb, als Webmeister von der Weberzunft, das Recht zur Plüschweberei. Neben Baumwolle verarbeitete man auch Seide. Leo liebte schöne Stoffe, entwarf und webte mit einer bewundernswerten Kunstfertigkeit neuartige Muster und Gewebe. Heute würde er Textildesigner sein. Gut bezahlte Aufträge in der Textilbranche brachten ihm ein kleines Vermögen ein. Dazu profitierte Leo von der stetig zunehmenden Nachfrage nach Stoffen, basierend auch auf dem Bevölkerungswachstum.

Die Betriebe in Lodz verkauften ihre Stoffe nach Russland und weltweit. Gleichzeitig beuteten die Textilmagnaten, in ihren großen Fabriken, lohnabhängige Arbeiter gnadenlos aus. Die Stadt hatte den Ruf einer ausplündernden Kapitalistenmetropole.

Leo heiratete nicht. Ein Freund mit einem ausgeprägten Sendungsbewusstsein begeisterte ihn für kommunistische Ideen. Sie wollten bessere Arbeits- und Lebensbedingungen für die Textilarbeiter erreichen und schlossen sich der Kommunistischen Partei an. Nach einigen erfolgreichen Arbeitsjahren erkrankte Leo und gab die Arbeit mit Stoffen auf, richtete sich einen Blumenladen ein.

Warum genau Leo Florist wurde, den Verkauf von Pflanzen dem Berufsleben mit Stoffen vorzog, ist nicht überliefert. Seine Schwester Polla half ihm bei dieser Umstellung. Unter ihrer Obhut baute er ein Gewächshaus und richtete sich ein Blumengeschäft ein.

1939 war Leo Eigentümer eines gut gehenden Betriebes. Er beschäftigte in seinem Laden zwei Verkäuferinnen, hatte eine polnische Freundin (Luzia) und kümmerte sich um seine verwitwete Mutter Franziska, die 68 Jahre alt war. Es gab keine staatliche Altersversorgung, die Familie bedeutete noch etwas; man half sich gegenseitig.

Franziska wohnte in seinem Haus am Stadtrand und kümmerte sich, gemeinsam mit Luzia, um den Haushalt. Nach der Hausarbeit webte sie auf ihren zwei Webstühlen und vom Verkauf ihrer Stoffe, Decken und Kissen konnte sie ihr einfaches Leben bestreiten. Außerdem häkelte sie gern: kleine und große Decken, die sie zu den Geburtstagen und Hochzeiten verschenkte. Ihre Kinder und Enkel und Bekannte waren dankbare Abnehmer. Näharbeiten fielen auch ständig an, wie das Ausbessern kaputter Kleidung.

Besonders an Sonn- und Feiertagen besuchte sich die Familie gegenseitig. Leo hatte keine eigenen Kinder. Jedes Familientreffen nutzte er zum Spielen und zu Gesprächen mit den Kindern aus der Verwandtschaft. Für sie machte er Zukunftspläne. So wie er selbst, sollte der Nachwuchs einen respektablen Beruf erlernen und die entsprechende Schulbildung erhalten. Es gab zwar schon die Schulpflicht, aber die Ausbildung an den Gymnasien war Privatsache und musste bezahlt werden. Das war für kinderreiche Familien eine unüberwindbare Hürde.

1929 bat ihn sein Bruder Josef, die Patenschaft für seine jüngste Tochter Hedwig zu übernehmen. Leo nahm diese Aufgabe gern an und war ein aufmerksamer Patenonkel. Für sein Patenkind schwebte ihm eine honorige Zukunft vor. Sobald sie alt genug sei, wolle er dafür sorgen. Dies erzählte und versprach er bei jedem Besuch: »Er zog mich auf seinen Schoß und erklärte mir, wie lange ich noch warten müsse, aber wenn ich alt genug sei, dann werde er dafür sorgen, dass aus mir ein ›kluges Fräulein‹ wird«, erinnert sich Hedwig bis heute.

Es kam ganz anders und zwar so dramatisch anders, wie es sich zur damaligen Zeit niemand in der Familie und in ganz Polen vorstellen konnte.

Krieg. Lodz wurde von Deutschen besetzt. Die Arbeiter und Bauern machten sich anfangs die wenigsten Sorgen. Ganz gleich wer regierte, ihre Arbeit blieb dieselbe, egal ob sie in den Fabriken oder auf dem Land schufteten.

Man kannte sich als Weber, Bäcker, Schuster, Krämer, als Arzt oder Lehrer und als Deutsche, Polen und Juden. Nun verlangten die Deutschen nach ihren neuen Rassegesetzen die Eintragung in Volkslisten. Es herrschte neues Recht: Kriegsrecht und Besatzungsrecht. Wer sich den deutschen Soldaten oder Bürokraten widersetzte, lebte gefährlich, riskierte Konzentrationslager und umgebracht zu werden. Egal, ob man arm oder reich war. Es galt die Parole: wer nicht für uns ist, ist gegen uns.

Nachdem sich herumgesprochen hatte, wer schon zur Abschreckung erschossen worden war, nahm man die Volkslisteneintragung ernst. Zumal man nach der Eintragung mit dem erhaltenen Ausweis bestimmte Zugangsberechtigungen erwarb. Viele Dinge bekam man nur mit Ausweis. Später nur bei Vorzeigen des Ausweises Marken für Lebensmittel und Gebrauchsgegenstände.

Mit den Deutschen begann die Kriegswirtschaft, eine Verteilungswirtschaft nach Kalorien: 2500 für Arier; 200 Kalorien pro Kopf und Tag für die nichtdeutsche Bevölkerung.

1939 hatte Lodz mehr als eine halbe Million Einwohner; davon waren etwa 60 000 deutscher Herkunft, die sich untereinander durch vielerlei Kontakte, wie zum Beispiel in den Kirchen und Schulen, kannten.

Leo Richters Berufstätigkeit brachte es mit sich, dass er viel mit Juden zu tun hatte und häufig mit ihnen auch privat gesehen wurde. Deshalb unterstellten ihm einige Lodzer Deutsche, dass er Jude sei. Er bemerkte es erst, als er sich in die Volksliste eintragen wollte. Sein dunkles Haar, seine längere Nase konnten als mögliche jüdische Rassemerkmale interpretiert werden. Man verweigerte ihm den Ausweis, zwang ihn, seine Hose auszuziehen und zu zeigen, dass er nicht beschnitten war.

Der genaue Zeitpunkt seiner Einberufung zum Militär ist nicht mehr eruierbar. Er gab sein Geschäft auf und übertrug seiner Mutter und Schwester Apolonia die Verwaltung und Betreuung seines Besitzes. Franziska schickte ihm davon regelmäßig Pakete an die Front. Das belegt ein nicht mehr gut lesbarer, erhalten gebliebener Brief. Vermutlich ein Jahr später wurde er so schwer verwundet, dass er in das Lazarett nach Ebersbach bei Dresden transportiert wurde. Ein zerschossenes Bein machte ihn kriegsuntauglich.

Leo ereilte dasselbe Schicksal wie seinen Bruder Mieczyslaw: Beinverletzung. Nur ihn traf es härter, er konnte nicht nach Hause entlassen werden, wurde in ein Lazarett eingeliefert. Von dort schrieb er seiner Familie, bat darum, von Josef und seiner Schwester besucht zu werden.

Die Geschwister besuchten ihn. Den zweiten Besuch machte Apolonia allein. Sie erzählte, dass Leo über die schlechte ärztliche Behandlung geklagt hatte. Er war überzeugt, dass er hier sterben müsse, weil er Kommunist war. Mit einer rechtzeitigen Amputation hätte er den Krieg als Kriegsversehrter überleben können. Nie wieder würde er sich politisch betätigen und rate allen Familienangehörigen, sich aus der Politik herauszuhalten. Er schrieb ein Testament zu Apolonias Gunsten und weihte sie in seine geheimen Gold- und Schmuckverstecke ein.

Wenig später verstarb er. Seine Leiche wurde nach Lodz überführt und auf dem 1896 angelegten alten Friedhof begraben. Nach dem Krieg zerstörten Polen, in ihrem Zorn über die erlittenen Kriegsschäden, viele deutsche Gräber. Darunter war auch sein Grab.

Brief Leos von der Front:

Liebe Mutter
Den Brief vom 19. diesen Monat habe ich erhalten wo Sie mir von der Genie alles schrieben.
Es ist gut so wie sie es gemacht haben bin damit zufrieden. Den (unleserlich) habe ich bereits schon erhalten wofür ich sehr danke. Ja sogar noch ein fünftel darüber in der Luzia Ihren Brief habe ich erhalten. Liebe Mutter die peckchen mit der schokolade alle einigat gross. Jedes Peckchen hat immer iber 900 gramm, fast ein Kilo gewogen. In jedes wahr
(unleserlich) grose tafel schekolade drin.
Liebe Mutter habe erhalten letztens ein Paket mit schechtken Loyd und eins mit über 100 Salem Zigaretten, es langt mir die wochen ein peckchen mit Zigaretten, was anbelangt der zulassungsmarken die tun sie vorläufig gut aufbewahren. Vielleicht werde ich sie noch einmal dringender gebrauchen.
Ich war ein paar Tage krank und habe auf dem Revier gelegen aber fon morgen bin ich wieder gesund und geh zu Kompanie.
Hier arbeiten die Leute noch feste auf den Feldern. Die Rieben Kraut und Zwiebln und das ganze gemise ist noch im felde. Es ist auch hier noch ziemlich warm nur es regnet dauernt, kein tak mit Sonne. Sonst nichts neues.
Hertzlichen Kuss an Dier
Liebe Mutter
Dein Sohn Leo
Fihle Grüsse an Poleia, Josef

und (unleserlich)

Den 26./ X 42

Leo Richter mit zwei Mitarbeiterinnen, 1941

Josef Richter

Josef Richter ging mit dem Jahrgang. Er ist im Januar 1900 geboren. Als er aus Essen zurück kam, war er achtzehn Jahre alt. Sein Körper war gezeichnet von der Zwangsarbeit in der Kohlegrube.

Der elterliche Weberbetrieb existierte nicht mehr. Sein Vater war krank, und seine Mutter verdiente mit dem Verkauf der wenigen Waren, die sie herstellte, nur ein paar Zloty. So schnell wie möglich musste er Geld verdienen und selbst für seinen Lebensunterhalt sorgen.

Wie gerne hätte er wieder das Klacken des Tritts gehört und die Kettfäden für Plüsch oder Kord gespannt, mit der Rauherkratze die Stoffschlingen aufgekratzt. Nach dem Kratzen fühlten sich die Stoffe so schön weich an und wärmten besser. Dass er als Jugendlicher so unzufrieden war, tat ihm nun furchtbar leid, und er bedauerte seine Jammerei, die sich die armen Eltern anhören mussten. Dabei liebte er schöne Stoffe. Plüsch, dieser feine samtige Stoff, fühlte sich so wohltuend an und verkaufte sich so gut. Alles war weg. Verkauft oder gestohlen von den Deutschen; den eigenen Landsleuten.

Mutter Franziska erzählte ihm von Juliane und meinte, dass sie gut zu ihm passen würde. Ihre kleine Wanda sei ein liebes Mädchen, und ihr Bauernhof sei gut geführt und könne eine Familie ernähren. Die ganze Verwandtschaft wäre froh, wenn ein Bauernhof zur Versorgung der Familie dazu gehören würde. Zur Existenzsicherung ist eigenes Land und Vieh unentbehrlich, habe sie in den letzten Jahren bitter erfahren. Auch wenn er nichts von der Landwirtschaft verstünde, sei das nicht weiter schlimm. Für junge Bauern gäbe es Kurse.

Auf einer ihrer Verkaufstouren nahm sie ihren Sohn mit und machte die beiden jungen Leute miteinander bekannt. Juliane gefiel Josef, und Josef gefiel Juliane. Dass Josef katholisch war und Juliane evangelisch, war nicht so wichtig. Für sie gab es nur einen Gott, dem man mehr gehorchen musste als den Menschen. Eigenwillig sagte sich Josef, das Gebot heiße: liebe deinen Nächsten, von dem Menschen gemachten evangelisch oder katholisch stehe in der Bibel nichts. Sie beschlossen, katholisch zu heiraten. Im November 1920 heirateten sie, und Ende August 1921 wurde Helene Marianne geboren, die erste von drei Töchtern.

Da sie nur Mädchen bekamen, die eine engere Bindung zur Mutter hatten als zum Vater, ergab es sich, dass sie öfter den Gottesdienst in der evangelischen Kirche aufsuchten, dazu bürgerte sich ein, dass Deutsche evangelisch sind und Polen katholisch. Schließlich ging die älteste Tochter Helene zur Konfirmation. Damit hatte man beide Glaubensrichtungen akzeptiert.

Josef besuchte den landwirtschaftlichen Kurs und führte den Hof nach den Empfehlungen der Fachleute. Durch seine Anbaumethoden, seinen Fleiß und seine Umsicht brachte er größere Ernten ein als seine bäuerlichen Nachbarn. Von Trunksüchtigen hielt er sich fern. Zu besonderen Anlässen trank er gern mit, aber nur soviel wie er vertrug.

Mit seiner Idee, im Sommer in das landschaftlich sehr schön an einem Bach gelegene Gehöft Feriengäste aus Lodz aufzunehmen, steigerte er die Einkünfte. Hinzu kam, dass die eigenen Kinder mit den Ferienkindern und deren Eltern eine schöne Abwechslung vom ländlichen Alltag hatten.

Juliane war auf dem Land, in Michalow, aufgewachsen und lernte alle Arbeiten auf dem Bauernhof ihrer Eltern. Josef war ein Stadtmensch, und die Landwirtschaft war ihm fremd. Zu Beginn seines bäuerlichen Lebens litt er sehr unter den körperlich schweren Tätigkeiten. Manches machte er anders als Juliane gewohnt war, und manches machte er auch falsch. Zwischen beiden kam es zu Streitereien. Einmal ergab sich beim Mittagessen eine Meinungsverschiedenheit. Sie erzürnte Josef so, dass er in einem Wutausbruch nach Julianes Teller Nudelsuppe griff und ihn ihr über den Kopf stülpte. Für die Kinder war der Anblick der Mutter mit den Nudeln im Haar und der vom Gesicht herunter triefenden Brühe ein unvergesslich schockierendes Erlebnis.

Zwölf Jahre war das Ehepaar Josef und Juliane Richter in Michalow. Die kleine Wanda war zu einem hübschen Mädchen herangewachsen, hatte einen Kavalier und wollte heiraten. Dazu wollte sie ihr Erbteil ausbezahlt haben. Josef konnte die fällige Summe nicht aufbringen, und so beschloss man, das Gehöft zu verkaufen und von dem Erlös ein Anwesen in der Nähe von Lodz zu erwerben. Josef wollte es nicht so weit in die Stadt haben.

Bestimmt recherchierten alle Familienangehörigen nach einem passenden Objekt. Als Schwager Heinrich, Julianes Bruder, mit der Nachricht kam, dass nicht weit von seinem Hof eine polnische Bäuerin verkaufen würde, freute sich das Ehepaar Josef Richter. Heinrich wusste zu berichten, dass das Haus nicht sehr groß sei, aber es gehöre ziemlich viel Land zu dem Hof. Damit sei der Käufer wirtschaftlich gut aufgestellt.

Ja, Jozefow wäre eine gute Sache. Man würde nicht mehr so weit zur Stadt haben, und ein weiterer Vorteil wäre, dass man sich gegenseitig helfen könne, da die Höfe nur ein paar Schritte voneinander entfernt wären. Das Haus sei zwar kleiner, aber das könne man nach ein paar Jahren anbauen. Den Kindern gefiel das größere Haus am Bach mit seiner breiten Veranda besser. Aber sein Verkauf musste sein. Die Nachteile wollte man bald zu Vorteilen machen, doch dann brachte Heinrich Rode Josef in höchste Bedrängnis. Skrupellos ignorierte er die Absprachen mit seiner Schwester und dem Schwager und kaufte heimlich einen Teil des dazu gehörenden Landes. Spät abends suchte er die Besitzerin auf und bot ihr mehr Geld an, als mit Josef abgesprochen war. Das verbliebene Land reichte für einen rentablen Hof nicht mehr aus. Es kam zu einem dauerhaften Zerwürfnis zwischen den Familien. Sie redeten nicht mehr miteinander.

Josef beriet sich mit seiner Familie und kaufte von dem verbliebenen Geld einen Kastenwagen mit Gummirädern, gründete einen Fuhrbetrieb und stellte einen jungen Polen ein, der ihm bei allen anfallenden Arbeiten half. Stephan bekam damit die Chance, als Desserteur der polnischen Armee unentdeckt zu bleiben.

Der Bauernhof wurde ungewollt zum Nebenerwerb. Juliane und die Töchter besorgten die Viehwirtschaft und den Obst- und Gemüsegarten: Hüteten die Kühe und Gänse, kümmerten sich um die

Hühner, den Hund, machten die Gartenarbeit, brachten die Milch zur Sammelstelle auf den Gutshof. Eier, Butter, Sahne, Quark und Käse und was gerade geerntet wurde, verkauften sie auf dem Markt in Zgierz.

Josef sparte hart für ein neues Haus. Julianes Einkünfte aus den Marktverkäufen waren für Lebensmittel und Bekleidung bestimmt.

Als die Deutschen Lodz besetzten, wohnte die Familie sieben Jahre in Jozefow; Josef war neununddreißig Jahre alt. Seine Haltung den Besatzern gegenüber war abwartend. Zusammenarbeit mit den Fremden suchte er nicht, und er trat nicht in die nationalsozialistische Partei ein. Sprach ihn jemand deswegen an, so verstand er es immer wieder, sich mit entsprechenden Ausflüchten zu entziehen. Der menschenverachtende Umgang mit den Juden und Polen war ihm zuwider. Im Gegensatz dazu glaubte sein Schwiegersohn Reinhold den Versprechungen der Nationalsozialisten.

Den Titel Führer und den Hitlergruß fand Reinhold anfangs auch komisch und lächerlich. Ihm wurde erklärt, dass sich der Gruß auf altgermanische Vorformen zurückführen lässt und in nationalsozialistischen Kreisen seit 1925 üblich ist, und ein Führer eben jemand ist, der führt, und das tut Hitler nun mal. Er gewöhnte sich daran. Automatisch hob er den Arm, sobald er jemandem begegnete.

Zwischen beiden Männern entstanden heftige Diskussionen. Einmal hätten sie sich fast geschlagen, als seine Schwester Polla gezwungen wurde, ihren Laden aufzugeben. »Die Deutschen sind Mörder und Diebe. Das sind keine Menschen, die sind holota, banda. Wir rackern uns ab und diese Schweine kassieren. Jetzt zum zweiten Mal. Vor zwanzig Jahren ist uns das schon passiert. Militärisches Gesindel. Es ist eine Schande, wie die mit den Menschen umgehen. Peinigen einen bis aufs Blut. Sklaventreiber sind das. Als Deutscher kann man bald nicht mehr unter die Menschen gehen. Dieser Hitlergruß ist zum Kotzen. In meinem Haus will ich davon nichts hören und sehen. Mach dass du raus kommst«, brüllte er Reinhold an, als er vom Stall in die Küche kam und seinen Schwiegersohn dort sitzen sah. Außer sich vor Wut und Empörung über das Berufsverbot für seine Schwester, packte er den Mann seiner ältesten Tochter am Uniformkragen. Er wollte ihn vom Stuhl hoch ziehen. Reinhold wehrte sich mit einem Griff an den Hemdkragen und stieß Josef an die Tischkante. Juliane und die Mädchen trennten die beiden. Josef solle sich beruhigen. Die deutschen Gesetze habe Reinhold nicht gemacht. In diesen schweren Zeiten müsse die Familie zusammenhalten.

Reinhold verteidigte seinen Eintritt in die SS. Nach dem Tod seiner Frau habe er für seine zwei Kinder sorgen müssen. Die Aussicht auf ein regelmäßiges Einkommen habe ihn zur Schutzpolizei gelockt. Anfangs habe er nicht gewusst, was da auf ihn zukomme. Dann gab es kein Zurück, weil er sich zu sehr mit den Nationalsozialisten eingelassen habe. Die Politik lasse ihn nicht mehr los, aber er sei kein scharfer Hund. Polla hätte besser für die 100% Volksliste unterschreiben sollen statt nur 25%. Die Ladenschließung sei die Konsequenz ihrer Weigerung.

Ein paar Wochen nach diesem Vorfall warnte Josef ein Bekannter rechtzeitig. Gleich käme ein Parteifunktionär und wolle ihn zum Parteieintritt zwingen. Glücklicherweise gab es einen Hohlraum über der Eingangstür des Hauses. Dort versteckte er sich mit dem Gebetbuch seines Urgroßvaters in der Hand, das er sich schnell vorher aus der Schublade gegriffen hatte. Er küsste das Büchlein und betete auswendig: »Durch die Kraft des heiligen Evangeliums sollen zerstöret und vertrieben werden alle Ungewitter, Gespenst und teuflische Nachstellungen. Amen.« Er schrieb sich die vier Buchstaben I.N.R.I. auf die Stirn und betete weiter: »Jesus von Nazareth, König der Juden, dieser siegreiche Titul Jesu Christi des Gekreuzigten, sey zwischen mir und allen meinen sicht- und unsichtbaren Feinden, dass sie mir nicht nahen, noch schaden können, weder am Leib noch Seele, Amen.« Er wusste, dass unter diesem Gebet stand »Diese Worte sind sehr kräftig gegen alle Gespenster, Zauberey und Gefährlichkeit, so man sie bei sich trägt und in der Noth mit rechtem Vertrauen spricht.«

Sein Versteck war dunkel, und er konnte keinen Spalt entdecken, durch den er auf den Hof hätte sehen können. Er hörte seinen Namen mehrmals rufen und jemanden um das Haus gehen und die Stalltür öffnen. Als sich die Schritte entfernten, blieb er noch lange in seinem Versteck. Wahrscheinlich beschäftigten die kriegsbedingten anderen Organisationsaufgaben die Parteigänger so sehr, dass sie es aufgaben, Josef Richter zum Parteimitglied zu machen. Zudem war er klug genug, mit niemandem, außerhalb der Familie, über seinen erfolgreichen Widerstand zu reden.

Bestimmt waren es mehrere Gründe, die ihn davon abhielten, rechtzeitig vor dem Einmarsch der Russen zu fliehen. Da waren seine schlechten Erfahrungen mit Deutschen während seiner Zwangsarbeit im Ersten Weltkrieg in der Kohlengrube in Essen. Dann seine Frau mit ihrer Angst vor der Fremde. Sie war überzeugt, dass sie in Lodz eher als Landarbeiterin, oder so, überleben könnte, weil sie niemandem etwas getan habe. Das hatte Josef auch. Er half jedem ohne Ansehen der Volkszugehörigkeit oder des Standes, wenn es die Situation erforderte. Die Pflege menschlicher Zusammengehörigkeit bestimmte sein Denken und Handeln. Es fiel ihm schwer, sich von den Sachen zu trennen, für die er zwanzig Jahre gearbeitet und gespart hatte. Wie alle Leute, erhoffte er das Kriegsende und ein normales Leben, so wie es vor 1939 war. Vor dem Einmarsch der Deutschen. Dass er zweimal verhaftet werden würde, dass ihn Stephan und die Arbeiter seiner Schwester vor der Erschießung retten mussten, hielt er nicht für möglich. Der Übermut seines Bruders Leo, der eine hübsche Polin hofierte, brachte ihn in höchste Lebensgefahr.

Leo ging an einem Samstag zum Tanzen auf einen polnischen Hof, forderte dort eine junge Frau wiederholt zum Tanzen auf, was die Eifersucht eines polnischen Mitverehrers provozierte. Der registrierte nur, dass ihm ein Richter Konkurrenz gemacht hatte. Als Milizionär kam er in Begleitung eines russischen Soldaten und einigen anderen Männern auf den Hof mit der Absicht, Josef deshalb zu erschießen. Stephan gelang es, den Offizier zu überzeugen, dass es sich um einen Irrtum handele. Die Männer ließen sich zunächst von ihrem Racheakt abbringen. Stephan holte Pollas ehemalige Landarbeiter zu Hilfe, die jetzt ebenfalls zur bewaffneten Miliz gehörten. Sie erreichten, dass der russische Offizier Josef eine Bescheinigung geben wollte, dass er sein Anwesen behalten könne. Der Hof war total ausgeplündert. Es gab nur noch das leere Gebäude; Josefs ganzer Besitz bestand nur noch aus der Kleidung, die er trug. Neu anzufangen, erschien ihm aussichtslos. Russen und fremde Polen ließen wahllos ihre Wut an allen Deutschen aus, hatte er schmerzhaft erfahren. Jederzeit konnte er wieder mit Waffengewalt abgeholt werden. Weitere Torturen würde er nicht überleben. Er traf sich mit seiner Schwester Polla, die auch den Raum Lodz verlassen wollte, bis sich die Lage beruhigt hätte. Polla besorgte für sich und ihn polnische Papiere. Ein polnischer Bekannter sammelte im Krankenhaus Pässe von Verstorbenen und verkaufte sie. Geld hatte man genug, es fehlten die Waren, für die man es hätte ausgeben können. Am Tag ihrer Flucht war von seinen drei Töchtern nur noch die zwanzigjährige Maria im Haus. Sie wollte mitkommen. Von Juliane und Hedwig hatten sie schon lange nichts mehr gehört.

Familie Josef Richter 1927; von links nach rechts: Wanda, sitzend Juliane und Maria, Josef, Helene

Josef Richter war jetzt Jozef Radomski und seine Schwester Pani Graleska. Sie fuhren mit dem Zug nach Schlesien zu einem Gärtnerkollegen. In Grünberg – polnisch Zielona Góra – fanden sie eine vorläufige Bleibe. Hilfsbereit halfen sie bei der Lebensmittelorganisation und Verteilung, wobei den Russen Josefs deutsche und polnische Sprachkenntnisse auffielen.

Froh über seine Unterstützung, übertrugen sie ihm administrative Aufgaben. Bei dieser Tätigkeit lernte er eine deutsche Bäuerin kennen, deren Mann gefallen war. Ihr Sohn und die Tochter waren für die Arbeit auf einem Bauernhof noch zu klein. Josef zweigte für sie, immer etwas mehr, von den Nahrungsmitteln ab und bot ihr seine Hilfe an. Er blieb zwanzig Jahre. Zu den zwei Kindern aus der ersten Ehe kam noch eine gemeinsame Tochter. Heiraten konnten sie nicht.

Auch Apolonia spielte ihre Rolle als zupackend hilfsbereite Pani Graleska überzeugend: sie wurde als »wichtigste Person« des Ortes geehrt. Im Gegensatz zu ihrem Bruder Josef wollte sie wieder zurück nach Lodz.

Apolonia Richter

Großmutter Franziska wünschte sich nach der Geburt der Jungen August und Josef ein Mädchen. Deshalb war sie nicht böse, als sich kurz nach der Niederkunft herausstellte, dass sie wieder schwanger war. Eine längere Erholungsphase wäre ihr lieber und für sie besser gewesen. Das dritte Kind war wieder ein Junge, und diese Enttäuschung erlebte sie neun Mal. Ihr zehntes Kind war endlich ein Mädchen: Apolonia. Der Name kommt aus dem Griechischen, vom Gott Apoll abgeleitet, dem Gott des Lichtes, der Künste und Weissagung. Für ihre Eltern war sie die lang ersehnte Lichtgestalt, was sie mit diesem Namen dokumentieren wollten. Franziska gebar ihr erstes Kind vermutlich mit zweiundzwanzig und ihr letztes Kind – noch einen Jungen – mit zweiundvierzig Jahren. Elf Geburten in achtzehn Jahren.

Zehn Tage nach Apolonias neuntem Geburtstag starb ihr Vater. Er war zwei Jahre schwer krank, und seine Pflege bestimmte den Alltag aller Familienangehörigen. Zu ihrem siebten Geburtstag kam er nach langen zehn Monaten aus Deutschland zurück.

Ihre Mutter hatte in dieser Zeit die Weberei verkauft. Franziska behielt nur zwei Webstühle. Sie war 46 Jahre alt, hatte zwei über zwanzigjährige Söhne, einen 18-jährigen und die einzige, noch sehr betreuungsbedürftige Tochter Apolonia von sieben Jahren. Die beiden Webstühle mussten so genutzt werden, dass sie vom Verkauf der Ware einigermaßen leben konnte.

Franziska schickte Polla mit vierzehn Jahren nach Warschau in eine Gärtnerlehre. Pollscha, wie ihre Freundinnen sie nannten, machte sich selbständig. Sie eröffnete einen Laden, baute Gewächshäuser und hatte bald ein gut gehendes Geschäft. Durch ihre außerordentliche floristische Begabung verstand sie es, ansprechende Blumensträuße, Gestecke und Kränze herzustellen. Bei ihr wurde bevorzugt gekauft. Zu besonderen Anlässen beschenkte sie die Familienmitglieder mit Blumen. Fotografisch festgehalten ist ein Strauß aus Flieder mit Tulpen zur Konfirmation ihrer Nichte Helene. Durch den Laden hatte sie ein geregeltes Einkommen und einen großen Bekanntenkreis.

Als im Spätherbst 1939 die Deutschen in Polen und in Lodz in die Amtsstuben einzogen, und die Stadt nach deutschem Obrigkeitsdenken und Rassegesetzen verwaltet wurde, war sie eine achtundzwanzigjährige Geschäftsfrau mit vielfältigen Kontakten. 1943 zwangen die Nazis sie zur Aufgabe ihres Ladens. Berufsverbot, weil sie sich nicht als 100-prozentig deutschstämmig in die Volksliste eintragen wollte. Damit hätte sie denselben Status gehabt wie die Reichsdeutschen. Mit diesen Leuten wollte sie sich nicht auf eine Stufe stellen.

Sie kaufte einen Bauernhof. Landwirtschaft war für sie fremd, und so blieb ihr nichts anderes übrig, als mehrere Arbeiter einzustellen, die etwas davon verstanden. Tröstlich in dieser Situation war, dass sie damit Polen aus ihrem Bekanntenkreis vor Aussiedlung und vor der Zwangsarbeit im Generalgouvernement bewahren konnte. Couragiert beschäftigte sie so viele Leute wie möglich; elf Polen ließ sie für ihren Betrieb registrieren, die froh waren, dass sie in ihrer Heimat bleiben konnten.

Zu den Brüdern Jurek und Mieczyslaw Jakubowski und den Geschwistern Natalia und Zygmund Sikorski bestand noch lange Kontakt. Bis auf Josef waren ihre Brüder zum Kriegsdienst eingezogen worden. Von ihrem unverheirateten Bruder Leo erhielten sie und ihre Mutter regelmäßig Post von seinem Fronteinsatz. Anfang 1944 schrieb er aus einem Lazarett bei Dresden. Dort lag er mit einem zerschossenen Bein. Josef und Apolonia besuchten ihn und fuhren, da der Ort nicht mehr so weit entfernt war, weiter nach Rumbach. Sie suchten den Pfarrer auf. Der Geistliche gewährte ihnen Einblick in das Kirchenbuch, und dort konnten sie die standesamtlichen Einträge ihrer Urahnen sehen.

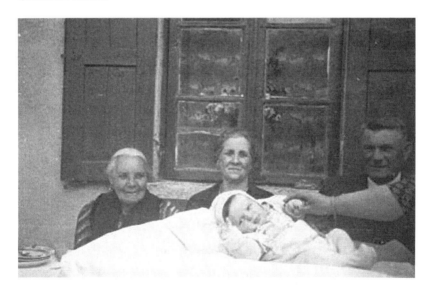

von links nach rechts: Franziska Richter, eine Bekannte, Wladislaw Miller, Baby Peter Miller, 1943

Leos Bein war schwer beschädigt und hätte sofort amputiert werden müssen. Er befürchtete zu sterben und bat erneut, von ihr und seinem Bruder Josef im Lazarett besucht zu werden, weil er beabsichtige, ihnen ein Testament zu übergeben. Apolonia fuhr allein. Ihr mittlerweile einjähriger Junge blieb unter der Obhut ihrer Mutter in Lodz. Sie kam mit einem Testament zurück, das sie zur Alleinerbin machte. Das vergrabene Gold im Gewächshaus am Brunnen, holte sie, als Leos polnische Freundin nicht zu Hause war.

Renten für Alte oder arbeitsunfähige Menschen gab es in Polen nicht. Die Familien mussten füreinander da sein, Kinder hatten für ihre alten Eltern zu sorgen. Deshalb lebte Franziska mit ihren erwachsenen Kindern zusammen. Als ihre Söhne zum Militär eingezogen wurden, wohnte sie schon länger mit Leos polnischer Freundin Luzia in seinem Haus am Stadtrand.

Bei Franziska traf sich die ganze Familie, weil man auf dem Weg zur Stadt daran vorbei kam. Ihre Enkelinnen Maria und Hedwig brachten ihr regelmäßig Milch, Eier und Gemüse.

Nach dem Einmarsch der Russen und deren Zusammenarbeit mit den polnischen Milizen tat sich Luzia mit einem russischen Offizier zusammen. Der vierundsiebzigjährigen alten Frau wies man die kleine Kammer unter dem Dach zu. In dieses schlecht isolierte Räumchen passte gerade ein Bett, ein Tisch und ein Schrank. Im Sommer war es dort sehr heiß und im Winter grimmig kalt: Landklima.

Franziska hörte von ihren Kindern und Enkeln lange Zeit nichts mehr, sie waren in »alle Welt« zerstreut. Nur Apolonia schrieb, sie korrespondierte auch regelmäßig mit ihren polnischen Freundinnen und Bekannten. Als diese ihr versicherten, dass ihre Rückkehr möglich sei, setzte sie sich in den Zug. Ihre Landwirtschaft gehörte nun Polen. Mit dem geretteten Geld und Gold und einem Kredit erwarb sie neues Land und begann mit dem Wiederaufbau einer Gärtnerei.

Genau wie Polen und Juden gehörte sie zu den Opfern der Nazis. Das hatten ihre Freundinnen und Freunde miterlebt und wussten auch, dass sie vielen Leuten geholfen hatte. Bestimmt würden die das nicht vergessen haben. Deshalb glaubte sie, erwarten zu können, dass ihr gerechterweise umgekehrt auch geholfen wird. Aber wie es meist ist: von den Leuten, für die man besonders viel getan hat, bekommt man am wenigsten zurück. Schweigend nahm sie manche Brüskierung hin und arbeitete zäh an einer Rehabilitierung.

Während Josef eine neue Frau fand und nicht zurück wollte, kehrten seine Schwester und seine Töchter Maria und Hedwig nach Lodz zurück, zurück zu ihren Müttern. Sie fanden dort ihre Lebenspartner und kümmerten sich gemeinsam um Franziska und Juliane.

Hedwig war Julianes jüngstes Kind. Gesundheitlich war sie ein Sorgenkind, das körperlich anstrengender Arbeit nicht gewachsen war. Ohne Vorwarnung konnte sie plötzlich ohnmächtig werden. Nesthäkchen Hedl war nicht ganz achtzehn Jahre, als sie die Gärtnerei in Schweidnitz verließ, in die sie, zur Rettung vor Racheakten der Russen und Polen, von ihrer Tante vermittelt wurde. Sie fand ihre Mutter als Magd bei einem polnischen Bauern. Ein winziges Zimmer war jetzt ihr Zuhause. Zu essen bekamen sie nur Kartoffeln. Das verbissene Ressentiment und die essentielle Not machte beide Frauen krank.

Mit bald sechzig Jahren hatte Juliane den Status einer bettelnden Zwangsarbeiterin. Mutter und Tochter ertrugen gemeinsam die bitteren Konsequenzen aus der unheilvollen Hitlerära. Beide sprachen nicht gut Polnisch. Stoisch hofften sie auf eine Verbesserung ihrer Lebensumstände durch einen wirtschaftlichen Aufschwung in Polen und eine allgemeine Amnestie.

Es war Tradition, dass sich die Familienmitglieder gegenseitig unterstützten. Kinder nahmen ihre hilfsbedürftigen Eltern in ihren Haushalt auf. Juliane blieb mit ihrer jüngsten Tochter, auch nach deren Heirat, zusammen. Ihr Schwiegersohn war einverstanden. Maria engagierte sich finanziell, sie gab ihrer Schwester dafür einen festen Betrag von ihrem Verdienst aus dem Kino.

Im Mai 1953 heiratete Hedwig den wenig älteren Nachbarjungen Zenon (Rufname Zenek). Da war es Apolonia schon möglich, geschmackvollen Blumenschmuck zu schenken und zur Beerdigung ihrer Mutter, die tragischerweise am Tag der Hochzeit ihrer Enkelin Hedwig starb, für Sträuße und Kränze zu sorgen.

Das Unglück einer ihrer Freundinnen griff in Pollas Leben ein. Die junge Ehefrau hatte einen Verkehrsunfall, sie wurde von zwei Autos zerquetscht. Auf dem Sterbebett versprach Polla ihr, dass sie ihren Ehemann heiratet. Wladyslaw Miller war ein zupackender Mann, kümmerte sich um alles. Er adoptierte Pollas Sohn Peter. Ganz im Gegensatz zu dessen leiblichem Vater, einem polnischen Gärtnerkollegen, nahm er sich des Jungen fürsorglich an.

Mit ihrer verbindlichen Art und umsichtigen Tatkraft ermöglichte Apolonia ihrem Sohn eine Ausbildung zum Gärtneringenieur. Wenn es gar nicht anders ging, dann erkaufte sie sich das Wohlwollen der Polen mit Geld.

Subtile Suche

In der Bundesrepublik Deutschland fragte Mutter weiter, bei jeder Gelegenheit, beim Suchdienst nach ihrem Mann. Sobald sie Geld und Zeit hatte, schrieb sie ihrer jüngsten Schwester und bat sie, bei der Suche mitzuhelfen.

Hedwig gab nicht auf. Immer wieder machte sie sich auf den langen Weg zu Herta und erkundigte sich nach der Adresse. Sie habe nichts von ihrem Vater gehört, sagte das Mädchen jedes Mal.

Der Ortsname half nur bedingt weiter. Mutter wollte sich aus dem isolierten, beschwerlichen Leben, in der kleinen Stube, so schnell wie möglich befreien. Sie bat die Patentante ihrer Zweitgeborenen um zwei oder drei Tage Kinderbetreuung. Die aus Schlesien stammende Tante war hilfsbereit. Sie und auch Frau Kapitän überlegten erneut, wie man jemanden in einer fremden Stadt finden könne. Eine Polizeidienststelle aufzusuchen, sei wohl leicht, weil sie jeder Passant kennt, und die Beamten bekämen bestimmt jegliche Auskunft vom Einwohnermeldeamt.

Die nächste Bahnstation war in Grafling. Dort hielten nur die Personenzüge, während die Schnellzüge bis nach Gotteszell durchfuhren. Mutter wollte am frühen Nachmittag in Rosenheim ankommen, und der Bahnbeamte suchte ihr eine Verbindung mit Umsteigen in Plattling heraus. Wie geplant, fragte sie sich zur Polizei durch. Ein Wachtmeister fand nach einigen Befragungen heraus, dass Reinhold in der Stadt wohne. Es sei gar nicht weit entfernt, in der Münchner Straße. Dort sei er mit Ehefrau und Kind bei der Frau Niedermeyer in einem möblierten Zimmer untergebracht. »Wissens des genau, dass des ihr Mann ist?«, zweifelte der Wachtmeister, und Mutter zeigte ihm ihre Papiere und nannte Geburtsdatum und den Geburtsort Lodz. Der Beamte verglich ihre Angaben mit den Daten, die dem Einwohnermeldeamt vorlagen. Nachdem sie übereinstimmten, war der Mann überzeugt. Zwei Polizisten hatten in der Wohnung die Ehefrau angetroffen und erfahren, dass Reinhold Zimmermann auf einer Baustelle arbeite. Dort holten sie ihn ab und brachten ihn auf das Revier. Unterdessen gab eine Schreibkraft Mutter die Anschrift einer nahe gelegenen Gaststätte, die auch Zimmer vermietete.

»Hella, du? Ich dachte, du bist tot. Ich war bei deiner Mutter. Sie hat nichts mehr von dir gehört, und sie meinte, dass du bestimmt tot wärest. Warum hast du Lodz verlassen und nicht auf mich gewartet?«, waren Reinholds erste Worte. Ein Gendarm fertigte ein Protokoll an und erklärte, es handele sich um einen Fall von Bigamie, und Vater müsse mit einer Anklage und einer Verurteilung rechnen. Gemeinsam verließen sie das Polizeirevier. Auf der Straße schrie Reinhold Mutter wütend an: »Wie kannst du mich von der Polizei abholen lassen?«

In den Wochen nach ihrer Rückkehr aus Rosenheim schnappte ich die Worte Scheidung und Bigamie auf und fragte, was das bedeutet. Kleine Kinder sollen nicht lauschen. Das seien Sachen, die ich noch nicht verstehe. Wenn Mutter in die Kreisstadt fuhr, ging sie auch in die Kanzlei zu ihrem Rechtsanwalt.

Nach vielen Monaten hielt sie, als ich von der Schule nach Hause kam, einen Brief in der Hand und meinte, dass diese Post auch für mich sei. Mein Vater habe geschrieben.

»Weißt du, er lebt weit weg von hier in einer Stadt. Sie ist so groß wie unsere Kreisstadt. Dort hat er eine neue Frau und einen kleinen Jungen. Er möchte, dass du zu ihm kommst und bei ihm lebst. Er und Else würden sich sehr freuen, wenn du damit einverstanden wärest. Du hättest auch einen kleinen Bruder zum Spielen. Und er schreibt, dass du dort sehr nah an der Schule wohnen würdest. Das Stadtleben wäre für dich besser als hier das Landleben im Bayerischen Wald.«

Einen Bruder zu haben, gefiel mir sehr, und ich wollte mit meinem Vater in einer Stadt leben. Bei ihm würde ich es gut haben. Wie sehr beneidete ich die Kinder, die in Schulnähe wohnten. Sie konnten länger schlafen. Ich durfte seinen Brief beantworten und schrieb damit meinen ersten Brief. Vater war ein fremder Mann. Ich kannte von ihm nur ein etwas verschwommenes Foto, das Mutter mit den wenigen anderen, die sie aus Polen mitgebracht hatte, ab und zu ansah.

An diesem schicksalhaften Tag empfing mich Frau Kapitän am Hauseingang und meinte, ich solle gleich nach oben gehen, wir hätten Besuch. Es war Vater. Er saß am Tisch und redete laut auf Mutter ein, die am Ofen stand. Ich gab ihm die Hand, er streichelte meinen Kopf und gab mir eine Tafel Schokolade.

Von Schokolade konnte ich nie genug bekommen; wir bekamen selten diese teure Süßigkeit. Begeistert packte ich sie gleich aus und lutschte langsam und voller Hingabe einen Riegel. Sein Geschenk gefiel mir ausnehmend gut, und ich mochte auch ihn. Meiner kleinen Schwester war Vater auch sympathisch. Sie wollte, als wir am nächsten Tag das Haus verließen und zum Bahnhof gingen, unbedingt mit nach Rosenheim.

Drei Jahre Rosenheim

Die Bahnfahrt, im Januar 1951 in einem Personenzug mit Abteil, war ein aufregend schönes, aber trotzdem ein etwas zu langes Erlebnis. An der Endstation erwartete uns niemand, und wir gingen fünfzehn Minuten zu Fuß zum Haus, in dem Vater mit seiner Frau und seinem dreijährigen Sohn lebte.

»In meiner Wohnung ist die Welt nicht mit Brettern zugenagelt, wie bei deiner Mutter«, freute sich Vater, während wir der Münchner Straße zustrebten. Sie war auch ein einziges Zimmer, aber etwas größer als das von Mutter. Die Wände waren hier nicht mit Holz getäfelt. Dazu gehörte ein kleiner Vorratsraum in einem separaten Gebäude im Hinterhof. Darin lagerten Kohle, Holz, Kartoffeln und ein Holzfass mit Sauerkraut.

Als erstes sah ich Else. Sie trug ein langärmliges Wollkleid mit einem Pepitamuster, saß auf einem Stuhl an einem der beiden Fenster und las in einem Romanheft. Ich ging auf sie zu und streckte ihr meine Hand zur Begrüßung entgegen. Sie ignorierte sie, stand abrupt auf, legte das Heft auf den Stuhl und verließ den Raum, ohne ein Wort zu sagen. Mein Vater kümmerte sich um mich und unser Gepäck.

Else sprach die ersten Wochen überhaupt nicht mit mir und Vater, sie war beleidigt. Mit Sprachlosigkeit bestrafte sie Vater und mich, was häufig der Fall war. Aus für mich unersichtlichen Gründen verstummte sie schnell. Nach und nach bekam ich zu wissen, dass sie mich nicht aufnehmen wollte, sondern für die Unterhaltszahlung war. Es gab zwischen ihr und Vater darüber heftigsten Streit. Vater hatte in seinem Brief gelogen.

Das Brüderchen war ein niedliches Kerlchen und etwa gleich alt wie meine Schwester. Er interessierte sich für meine Puppe, die ich von Mutter vor kurzem zu Weihnachten bekam, drückte ihr gleich die Schlafaugen in den Kopf. Rosi gefiel mir nicht mehr.

Else war sehr streng und schlug mich beim geringsten Anlass. Ich wurde anders behandelt als mein Stiefbruder. Meine Kleidung war unpassend, und wenn mein Bruder ein Wienerwürstchen aß, bekam ich ein Margarinebrot. Auch Elses Verwandtschaft lehnte mich ab. Selbst ihr Vater, der bei seiner Tochter Irma und ihren drei Kindern in einem gemeinsamen Haushalt lebte, war unfreundlich zu mir. Er gab zum Beispiel allen Enkeln Taschengeld und anderes, nur ich wurde nie bedacht.

Zu viert wohnten wir in diesem etwa dreißig Quadratmeter großen Raum. Er hatte zwei längliche Fenster mit breiten Fensterbrettern zur Münchner Straße, der Hauptverkehrs- und Geschäftsstraße. Zwei weitere Räume und die Küche bewohnte die allein stehende Hauptmieterin der Wohnung. Der vierte Raum war an eine Einzelperson vermietet. Auf dem Flur gab es einen Wasserhahn, darunter ein Becken, und eine Treppe tiefer war ein Plumpsklo, das von allen Bewohnern der Etage benutzt wurde.

Unter uns wohnte ein Ehepaar mit der fünfjährigen Heidi und einem weißen Spitz. Im Erdgeschoss gab es ein Juweliergeschäft, dessen glitzernde Waren im schön dekorierten Schaufenster mich magisch anzogen. Einmal möchte ich auch solch wertvolle Schmuckstücke kaufen können, dachte ich bei ihrem Anblick. Es gab echten Goldschmuck und unechten goldfarbenen Schmuck aus Doublee. Er war billiger und wurde deshalb auch gekauft. Mit der Zeit verfärbte er sich, bis hin zu einem hässlichen schwarz.

Gegenüber war ein großer Park mit Bänken und einem Platz, auf dem sich die Kinder trafen. Wir Kinder hatten keine eigene Sprache, gebrauchten aber bei jeder passenden oder auch unpassenden Gelegenheit die Adjektive fesch und beerig. Mit einem Nachbarjungen spielte ich dort, an einem länglichen Tisch, gerne Karten: Watten, Rittern oder Lügen. Regnete es, dann traf ich mich mit Max im Treppenhaus. Dort gab es ein breites Fensterbrett aus Holz, auf dem wir zwei gerade noch ausreichend Platz hatten.

Neben unserem Wohnhaus führte eine breite Einfahrt in einen Hinterhof mit zwei weiteren Häusern. Überall wohnten Ehepaare mit Kindern. Max und ich waren die ältesten. Täglich traf man sich zum Spielen im Hof und beriet, was man machen wolle. Bei Regen blieben wir im Treppenhaus. Gerne betreuten wir die Jüngeren nach dem Vorbild der Jugendgruppenleiter in der evangelischen Kirche, die einmal im Monat einen Spieletreff anbot. Wir gingen mit den Kindern aus den umliegenden Häusern im Sommer zur Mangfall schwimmen; einem seichten Nebenfluss des Inn. Meist kamen zehn Kinder zusammen.

Eines Nachmittags stand ein Mann am Ufer. Mit offenem Hosenschlitz und erigiertem Glied kam er auf uns zu. Wie eine Fontäne schoss Angst in mir hoch und mit »komm lass uns gehen« nahm ich zwei der Kleinen an die Hand, und lief, so schnell ich konnte, mit allen anderen zur Straße und nach Hause. Wir erzählten es Max' Eltern, und sie meinten, der Mann wäre ein Exhibitionist. Das wäre ein krankhaftes Verhalten, und es war richtig, dass wir nach Hause gekommen sind. Sie wollten die Polizei informieren, und wir sollten die nächsten Tage nicht zur Mangfall gehen.

Im Hof, zwischen den Häusern, richteten wir uns ein Theater ein und führten vor den Müttern, selten vor Vätern, Märchen auf. Wo immer es möglich war, lieh ich mir Bücher aus; eben auch die Märchenbücher von Grimm und Andersen. Hänsel und Gretel mit Wald und

Hexenhaus inszenierten wir wohl recht gut, denn wir sollten es den Eltern und Nachbarn mehrmals vorspielen. »Aus dir wird mal etwas Besonderes«, lächelte mich der Vater von Heidi an, und ich träumte mit meinen Spielkameradinnen und den Nachbarjungen von einem eigenen großen Theater mit rotsamtigem Vorhang und kunstvoll geflochtenen goldenen Borten, wie ich es auf Abbildungen und im Kino sah.

Else putzte wenigstens einmal in der Woche bei einer Nachbarin. Die Frau arbeitete ganztägig in einem Amt. Sobald sich eine Gelegenheit ergab, schlich ich mich vor ihren großen Bücherschrank im Wohnzimmer. Ehrfürchtig bestaunte ich die Goldbuchstaben auf den Buchrücken und beneidete die einheimischen Nachbarn um ihre vielen Bücher. So lang es mir möglich war, stand ich davor und las die Titel, die anziehend geheimnisvoll wirkten. So viele Bücher wollte ich auch einmal besitzen. Ausleihen und lesen war ja jetzt schon möglich; das Buch zurückgeben zu müssen, schmerzte mich jedes Mal. Trotzdem bekamen meine Gönner ihre Leihgabe immer zurück, denn ich wollte sie auf keinen Fall verärgern.

Stiefmutter Else las gern Romanhefte: Lore-Romane. Die Frauen aus unserem Bekanntenkreis kauften sie für 50 Pfennig und tauschten sie untereinander aus. Von der städtischen Angestellten bekam Else neben der Bezahlung manchmal Geschenke und Lesestoff. Darüber war auch ich sehr froh, denn das wenige Geld, dass wir Flüchtlingsfamilien besaßen, hätte für diese Art von Kurzweil nicht gereicht. Es musste mit jedem Pfennig gerechnet werden. Das bedeutete, Lebensmittelvorräte wie Sauerkraut, Kompott und Salzgurken, selbst mit einfachen Mitteln herzustellen.

Mit viel Spaß stampfte ich im herbstlichen Rosenheim, bis spät abends, mit meinen gründlich gewaschenen Füßen, den von meinem Vater gehobelten und gesalzenen Weißkohl in ein großes Holzfass. Vater schmunzelte: »So haben das dein Bruder Herbert und deine Schwester Herta zu Hause gemacht.« Zu Hause, das war für ihn Moskul bei Lodz.

Im Winter waren Radiohören, Kartenspielen, Lesen und vom Parkhügel rodeln unsere Freizeitaktivitäten. Begüterte fuhren mit Rucksack und Skiern, etwa eine Stunde mit der Bahn in das alpine Skigebiet. Von zwei Flüchtlingsfamilien, Elses verwitweter Schwester Irma, den drei Kindern und ihrem verwitweten Vater, bekamen wir hin und wieder spontanen Besuch.

Ab und zu durften wir Sonntagmorgens ins Kino. »Frag Mutti, ob wir ins Kino gehen dürfen«, schickte ich meinen fünf Jahre jüngeren Halbbruder vor. Ihm gelang es meist, seiner Mutter Erlaubnis und Geld abzubetteln. »Samson und Delilah« blieb unvergessen. Inhaltlich verstand ich nichts. Nur die übernatürlichen Kräfte von Samson, der riesige Säulen zerbrach und den Tempel einstürzen ließ, beeindruckten mich für den Rest meines Lebens.

Am wohlsten fühlte ich mich, wenn ich mit vielen Kindern zusammen war, deshalb war ich kein Stubenhocker. »Nach dem Essen hol ich dich ab«, verabredete ich mich auf dem Nachhauseweg aus der Schule. Wir trafen uns auf der Straße, im Park und in den Hinterhöfen.

Als es in der vierten Klasse um den zukünftigen Berufsweg ging, sagte ich Vater, dass ich Lehrerin werden wolle. »Das kann ich nicht bezahlen. Du müsstest auf das Gymnasium gehen, und das kostet Geld.« Darüber war ich furchtbar enttäuscht und strengte mich im Unterricht und bei den Hausaufgaben nicht mehr extra an. Wofür denn? Mein Glück war, dass ich, meist kleinstes Mädchen, immer in den ersten Bänken saß, zwangsläufig alles mitbekam und ein gutes Gedächtnis hatte.

Rosenheim war eine Stadt mit einem Freibad am Stadtrand. Elses Nichten wohnten in der Nähe und nahmen mich zum Schwimmen mit. Fünfzehn Minuten Fußweg hatte ich zu laufen. Das war für mich damals kein weiter Weg, und wenn ich von Else die Erlaubnis bekam, zog ich mit einem Handtuch und Schlüpfer los. Viele Kinder in meinem Alter besaßen keinen richtigen Badeanzug und beneideten die »Reichen« um ihre schicken Badesachen: Badetuch, Bademantel und Badeanzug. Vater und Stiefmutter konnten wohl nicht schwimmen, jedenfalls gingen sie nie mit. Erwachsene Schwimmbadbesucher hatten Anfang der 50er Jahre Seltenheitswert.

Die älteren Mädchen zeigten mir die Schwimmbewegungen, und ich übte, bis ich es in dem kalten Wasser nicht mehr aushielt. Einfaches Brustschwimmen wollte mir nicht gelingen; ängstlich hielt ich mich im seichten Wasser und am Beckenrand auf.

Eines Tages forderten uns drei – Gitta, Gerdi und mich – Schulkameradinnen zum Wettschwimmen auf. Dorle, die in der Bank hinter mir saß, meinte höhnisch, als ich begeistert von meinem Handtuch aufsprang: »Du derfst net mitmacha. Lern erst amoi schwimma.« Tief gekränkt behauptete ich: »Ich kann schon lange schwimmen«, hielt mir die Nase zu und sprang in das tiefe Schwimmerbecken, und bewegte Arme und Beine so schnell ich konnte und tatsächlich, es klappte.

Die 50er Jahre waren eine Zeit, in der die Menschen sich gern und lange miteinander unterhielten.

Rundfunkgeräte waren das einzige Medium, und als ich schon länger bei meinem Vater lebte, kaufte er ein Radio von Grundig. Es war aus Holz, und die Erwachsenen freuten sich über den guten Klang.

Jung und Alt aus der Münchner Straße traf sich im Park, natürlich nur, wenn es nicht regnete. Sah ich zum Fenster hinaus, konnte ich sehen, ob jemand zum Spielen draußen war und die Eltern natürlich, ob sie jemand zum Plaudern antreffen würden.

Vater und seine Bekannten verabredeten sich zu Besorgungen, wie zum Anstehen an der Freibank, wo es billiges Fleisch von notgeschlachteten Tieren gab. Manchmal musste ich mitkommen und in dieser Menschenschlange ausharren. Eine unsägliche Qual, noch schlimmer als die allzu langen Predigten des Pfarrers im Gottesdienst.

Sehr gern ging ich in die Sonnenstraße zu meiner gleichaltrigen Cousine Gerdi. Tante Irma hatte drei Kinder. Gerdi war die Jüngste, dann kam der zwei Jahre ältere Bertie und die Gitta. Sie war vierzehn Jahre alt und ging schon in den Konfirmandenunterricht. Ihre Konfirmation in der Kirche sowie die anschließenden Feierlichkeiten erlebte ich mit. Sie sah in ihrem Konfirmationskleid und mit den Korkenzieherlocken wunderschön aus und war der Schwarm aller Schulkameraden und Nachbarjungen.

In Tante Irmas Dreizimmerwohnung mit Wohnküche wohnten sechs Personen: ihr Vater Paul, der Untermieter Bauer und die drei schulpflichtigen Kinder. Irma war mit einem Polizisten verheiratet, der im Krieg gefallen war. Nach seinem Tod musste sie aus Kostengründen aus der hellen großen Wohnung im Vorderhaus in die ziemlich dunkle kalte Hinterhauswohnung ziehen. Sie war eine zierliche, schwarzhaarige Person, war häufig bettlägerig krank, was man ihr als Faulheit ankreidete, denn abends, wenn Herr Huber sich zu ihr gesellte, wurde sie putzmunter. Ihr Vater fühlte sich – sehr ungern, klagte er bei Else – verpflichtet, für alle zu kochen. Wir Kinder wurden von ihr immer zum Krämer an der Straßenecke geschickt. Die gekauften Lebensmittel wurden angeschrieben. Irma ging am Monatsersten in den Laden und bezahlte.

Ich erinnere mich gut, dass die Leute am Monatsende oft kein Geld mehr hatten, anschreiben ließen und später bezahlten. Die Ladenbesitzer kannten jeden ihrer Kunden mit Familiennamen und halfen ihnen aus der Finanzmisere. Bankkonten und Überziehungskredite führte man erst Anfang der 70er Jahre ein.

Hatten wir Hunger, so bekamen wir immer ein Schmalzbrot mit Senf. Unter dieser Wohnung befand sich eine Werkstatt mit außergewöhnlich hohen Wänden und einem entsprechend hohen Tor. Das hatte zur Folge, dass man in die darüber liegende Wohnung nur über eine sehr steile Treppe gelangen konnte und deshalb viel über das Küchenfenster erledigt wurde: das Schmalzbrot wurde uns mit einem »fang auf« herunter geworfen und andere Dinge mit einem Seil herunter gelassen.

Mit Hilfe dieser Technik schmuggelten wir einmal für Gitta die Schuhe ihrer Mutter nach draußen. Gitta hatte ein Rendezvous und wollte ihren Angebeteten mit adretter Kleidung und passenden Schuhen beeindrucken. Leider versäumte sie anschließend, die Schuhe zu putzen. Verschmutzt legte sie sie in den Karton zurück, und so kam die unerlaubte Ausleihe heraus. Irma bestrafte Gitta mit einigen

Tagen Stubenarrest, was auch für uns »Kleine« eine Strafe war, denn sie fehlte uns als Spielkameradin.

Gerdi besaß mehrere große und kleine Puppen und einen Puppenknaben. Mit ihm ahmten wir Liebespaare nach. Sobald wir ein Pärchen in die Innauen spazieren sahen, folgten wir ihm, schlichen uns an und belauschten es. Auf diese Weise gingen uns die Ideen für unser Mutter-und-Kind-Spiel nicht aus.

Fand sich eine größere Gruppe Mädchen und Jungen zusammen, so spielten wir das Kennenlernspiel »Blumennamen« . Jeder dachte sich für sich selbst einen Blumennamen aus und machte dazu eine Bewegung. Das älteste Mädchen fing an: »Ich bin eine Tulpe«, und machte einen Knicks. Hatten sich alle Kinder benannt, so fing die Erste an: Ich bin die Tulpe (Knicks) und liebe den Holunder (Hüpfer); ich bin der Holunder (Hüpfer) und liebe die Rose (Klatschen) usw. Jeder registrierte, wie oft man »drangenommen« wurde. Wir Dirndln hatten nicht nur Freundinnen, sondern auch einen der Buben als Freund, und somit hatte dieses Spiel auch einen Hauch von Erotik.

Eines Tages fragte mich Manni, ob ich »mit ihm gehen« wolle. Ich wollte und durfte dann auf seinem Fahrrad das Fahren lernen. Es war beschwerlich, weil es ein Herrenfahrrad mit einer Stange zwischen Sattel und Lenkrad war. Für mich viel zu hoch. Ich fuhr im Stehen oder quetschte mich unter der Stange seitlich durch. Geduldig wartete ich darauf, dass mir eines der Kinder sein Damenfahrrad zum Üben anbot. Irgendwann eröffnete jemand einen Fahrrad-Verleih am Park, der sich in Schulnähe befand, und sobald ich 50 Pfennig hatte, lieh ich mir für eine Stunde das schönste Rad und kurvte allein, mit sehr viel Spaß, ungestört in der Anlage herum. Meine Eltern konnten mir kein Fahrrad kaufen, aber ich wollte unbedingt eine sichere Fahrerin werden. Schließlich war ich schon neun Jahre alt und sah, dass alle anderen Kinder es konnten, sogar freihändig fuhren.

Bayern war von den Amerikanern besetzt. Ich merkte davon nichts, bis auf eine Karnevalsveranstaltung, zu der die Amis alle Kinder der Stadt in ihr Haus einluden. Man musste verkleidet hinkommen. Meine Eltern hatten dafür kein Geld, ein aufwändiges Faschingskostüm war unerreichbarer Luxus. Es ist mir entfallen, wer mir eine Jungenhose lieh, eine Jacke und eine Schirmmütze. Als zum Jungen verkleidetes Mädchen, mit schwarz angemaltem Schnauzbart aus Ofenruß, trug ich kein prämierungswertes Kostüm, wurde aber eingelassen. In mehreren Räumen gab es Musik. Zum ersten Mal in meinem Leben tanzte ich, genoss dankbar den reichlich angebotenen Kuchen und den Kakao.

Vater wohnte noch gar nicht lange in Rosenheim, da traf er in der Stadt einen Mitschüler aus Lodz. Er wohnte mit seiner Frau und den zwei erwachsenen Töchtern in einem landwirtschaftlichen Anwesen, weit außerhalb. Vom Stadtrand ging man ziemlich lange durch ein Waldgebiet, bis man den Hof, der aus mehreren Gebäuden bestand, erreichte. Ich freute mich immer sehr, wenn wir sie besuchten. Zur Unterbringung »ihrer Flüchtlinge« hatten die Eigentümer eine Kirche ausgeräumt, die einen sehr hohen Turm mit mehreren Fenstern hatte. Mehr als drei Meter Durchmesser hatte er wohl nicht und wurde nicht bewohnt. Rapunzel mochte wohl in solch einem Turm eingesperrt worden sein, kam mir in den Sinn, wenn ich dort oben saß und auf die zahlreichen Fischweiher sah und versuchte, die Forellen zu zählen. Die Erwachsenen saßen derweil bei Kaffee und Kuchen zusammen und plauderten. Die Männer tranken dabei Schnaps und Bier, und die Frauen machten aus dem Klaren eine Art Likör. Sie karamellisierten Zucker und mischten das Süße unter das Zwetschgenwasser. Uns Kindern gestattete man, etwas daran zu nippen. Wir bekamen ein Kracherl; eine Limo aus einer Flasche, die mit einer Art Kugel verschlossen war und beim Öffnen krachte, und wenn man nicht aufpasste, kräftig leer sprudelte. Durchwachsener, geräucherter Speck wurde von der Gastgeberin in einer großen Pfanne ausgelassen und darin Zwiebeln weich gedünstet. Dazu gab es im Winter Salzgurken und Brot und im Sommer Salatgurken, Tomaten und Kopfsalat. Es war ein einfaches Abendbrot, das herrlich appetitanregend roch.

Vater demonstrierte in solchen Runden, ein richtiger Kerl zu sein und jeden unter den Tisch trinken zu können. Er war kein Alkoholiker, aber der Meinung, dass ein richtiger Mann ab und zu »einen trinken muss«. Else war anderer Meinung.

In meine Gedankenkammer grub sich unauslöschlich jene Nacht ein, in der sich Vater, lallend und torkelnd, wieder einmal für den Heimweg bei Else unterhaken wollte. »Sieh zu, wie du nach Hause kommst. Reinhold, ich hab dir gesagt, dass du nicht soviel trinken sollst.« Sie verweigerte ihren Arm und lief mit meinem Stiefbruder einfach weiter. Mir tat Vater leid, und ich blieb bei ihm. Gab ihm die Hand, und wir gingen langsam, immer wieder stolpernd, durch den Wald. Vater schwankte zwar, hielt sich aber aufrecht und sang dabei seine Lieblingstrinklieder. Selbst als wir durch die Stadt gingen, vorbei an dem wunderschönen Café, in dem ich aus Geldmangel noch nie Kuchen essen durfte, grölte er weiter »trink mer noch ein Tröpfchen; oh Susanna wie ist das Leben schön; schwarzbraun ist die Haselnuss« und das Lied »in einem Polenstädtchen, da wohnt einmal ein Mädchen, das war so schön«. Auf mein »Papusch hör auf zu singen, die Leute schlafen alle«, reagierte er mit »das macht doch nichts«, und freute sich, wenn ihm ein neues Lied einfiel und schmetterte ungeniert los. Ich schämte mich mit ihm und hatte Angst vor Streitereien, falls uns jemand begegnete. Niemand war zu sehen, Rosenheim schlief um drei Uhr nachts fest; wir beide überquerten den Marktplatz, der mir riesengroß und unüberwindlich vorkam. Heil trafen wir zu Hause ein; Else und Brüderchen lagen in ihren Betten und schliefen offensichtlich.

Gern denke ich zurück an die vierzehn Tage Sommerferien, die ich bei Klasens verbringen durfte. Ich schlief in dem Turmzimmer, in das nicht mehr als ein Bett hinein passte. Die jüngere Tochter Lydia lernte Schneiderin und nähte mir in dieser Zeit ein rosa geblümtes Dirndl, das ich gleich anziehen durfte, und in dem ich fesch aussah, wie jeder meinte, der das Kleid sah. Lydia war stolz auf ihr gelungenes Werk, und ich auf die ungewohnt freundliche Aufmerksamkeit.

Hedwig, die ältere Tochter, lieh mir ihr Fahrrad, und Lydia fuhr mit mir zum Schwimmen an einen See. »Achte auf die Wellen«, machte mich Lydia aufmerksam, »sie sind mal warm und mal kalt, ganz anders wie im Schwimmbad, und hier schwimmen ganz viele kleine Fische, die flüchten, sobald man ihnen zu nahe kommt. Davor brauchst du dich nicht ekeln oder davor Angst haben.«

Mutter schrieb mir oft und steckte immer eine Mark in den Brief. Sie schickte mir auch Päckchen, dachte immer an meinen Geburtstag. Das Weihnachtspäckchen enthielt jedes Mal ihre selbst gebackenen, wunderschön aussehenden und leckeren Plätzchen. Im zweiten Sommer nach dem Umzug nach Rosenheim besuchte sie mich.

In dem schicken braunen Kleid mit weißen Punkten sah sie schöner aus als Else. Wie kann Vater nur Mutter vergessen haben, wo sie doch soviel schöner ist, freundlicher, viel besser kochen und backen kann, fragte ich mich. Meine leiblichen Eltern passten viel besser zusammen als Else mit Vater. Mutters Freund gefiel mir auch nicht so gut wie Vater. Inbrünstig wünschte ich mir, dass meine richtigen Eltern zusammen kommen würden. Dafür betete ich abends im Bett.

Was wir in diesen zwei Tagen machten, die sie bleiben konnten, ist mir entfallen. Ich weiß, dass ich gern mit ihr mitgefahren wäre. Das sei nicht möglich, erklärten sie mir, darüber würde das Jugendamt mitentscheiden. Mein Vater wolle mich bei sich behalten, und wenn er nicht einverstanden sei, gäbe es große Probleme.

Von Rosenheim aus verbrachte ich einmal die Sommerferien bei Mutter. Ganz allein fuhr ich mit der Bahn zu ihr in den Bayerischen Wald. Mit dem Freund war Mutter nun verheiratet und wohnte bei einer Bauernfamilie im Tal. Der Bauer ließ an das Hauptgebäude zwei Etagenwohnungen anbauen, und in der oberen wohnte Mutter mit ihrem zweiten Ehemann und meiner jüngeren Schwester. Zu ebener Erde quartierte der Bauer einen lungenkranken Mann und seine schneidernde Ehefrau ein. Das Toilettenhäuschen war auf dem Hof und wurde von allen Leuten benutzt, die in dem Bauernhaus wohnten. Nachdem ich Haus und Wohnung gefunden hatte, musste ich enttäuscht feststellen, dass niemand zu Hause war. Wahrscheinlich ist sie bei der Frau Kapitän, vermutete ich, denn dies hatte sie im Brief geschrieben: Wenn du ankommst, und niemand zu Hause ist, dann findest du mich bei der Kapitänin.

Unverzüglich machte ich mich auf den Weg. Es waren bestimmt zwei Kilometer, auf den Hirschberg zu laufen, aber an diesem herrlich warmen Sommertag war mir nichts zu viel. Ich freute mich auf das Zusammensein mit Mutter und meiner Schwester - auf daheim.

Mutter arbeitete im Garten. Meine fünf Jahre jüngere Schwester hatte sie dabei. »Wo hast du denn dein Gepäck hingestellt?«, fragte sie mich nach der Begrüßung. »Ich habe kein Gepäck. Else hat mir das Kleid gekauft, das ich anhabe. Schau mal wie toll sich der weite Glockenrock dreht!« Stolz auf mein neues Kleid drehte ich mich bei jeder Gelegenheit. »Ich hab doch noch Anziehsachen hier«, hab ich Mutti gesagt, »und deshalb meinte sie, dass ich nichts mitnehmen brauche.« »So was Dummes. Du bist doch in der Zwischenzeit gewachsen. Das ist dir doch alles längst zu klein.« »Das hab ich nicht gewusst«, antwortete ich kleinlaut. »Jetzt hab ich nichts zum Anziehen. Muss ich jetzt nach Rosenheim zurück?« Vergeblich bemühte ich mich, die aufsteigenden Tränen zurück zu halten. »Du brauchst nicht weinen. Unter uns wohnt eine Schneiderin, die kann dir zwei Kleidchen nähen. Ich habe zufällig Stoff liegen. Daraus sollte sie für mich ein Kleid nähen. Jetzt bekommst du daraus ein Kleidchen und Erika. Dann seid ihr beide gleich angezogen. Das sieht sehr hübsch aus. Übermorgen fahren wir nach Deggendorf, und da kaufen wir dir ein paar Sachen.« Froh putzte ich mir das nasse Gesicht und die Nase mit dem Stofftaschentuch, das mir Mutter reichte.

Wie üblich, vergingen die Ferien viel zu schnell. Ich besuchte Erna und die alten Klassenkameraden. Wir gingen zum angestauten Bach schwimmen, und ich gab mit meinen Schwimmkünsten an. Zu Mutters Geburtstag pflückte ich soviel Heidelbeeren, wie ich konnte, verkaufte sie und erwarb mit dem Geld ein Geburtstagsgeschenk.

Ich war nicht gern bei meinem Vater und seiner Familie. Ich schlief auf einem Sofa vor dem Esstisch, um den drei Stühle standen. Die Enge in dem Zimmer, und das ständige Zusammensein im Winter strengte mich und die anderen Familienmitglieder sehr an. Die Aussicht auf eine größere Wohnung war gleich null, denn es herrschte Wohnungsnot. Täglich spürte ich die Ablehnung meiner Stiefmutter.

Kaum war mein Vater zur Tür herein gekommen, begann sie sich über mich zu beklagen. Dann erwartete sie von Vater, dass er mich mit Prügel bestrafte.

»Schläge auf den Hinterkopf erhöhen das Denkvermögen« oder »den Hintern versohlen« hat noch niemandem geschadet, fand sie. Nur ein einziges Mal gab er ihr nicht Recht. Tat Vater nicht, was Else verlangte, war sie tage- bis wochenlang beleidigt und sprach nicht mit ihm. Mich benutzte sie als Medium: »Sag deinem Vater, dass ich morgen zu Scholzens gehe. Die wollten uns vom Bauern Zwetschgen mitbringen.« Sie saß dann Romane lesend am Fenster und verließ den Platz nur zur Hausarbeit oder für Besorgungen.

Waisen- und Scheidungskinder und unehelich geborene Kinder wurden damals von Jugendämtern betreut, die es in jeder Stadt gab. Eines Tages besuchte mich eine Fürsorgerin, und ich schilderte ihr meine bedrückende Situation. Weinend fragte ich, ob ich nicht zu meiner Mutter zurückgehen könne. Sie meinte dazu, dass ich es dort mittlerweile besser hätte. Meine Mutter habe geheiratet und lebe nun in Baden-Württemberg. Ihr Mann habe Arbeit gefunden, und sie wohne in einer Drei-Zimmer-Wohnung. Vater war nicht einverstanden. Er durfte davon nichts erfahren. Die Frau sprach sich mit Else ab; als Vater auf seiner Arbeitsstelle war, holte sie mich. Wir fuhren gemeinsam mit der Bahn nach Reutlingen: Meine zweite Flucht.

Reinhold und Else

Else war, genau wie meine Eltern, mit ihrem Vater aus Polen geflüchtet. Für sie war die Flucht weniger waghalsig, denn ihr Vater und sie wurden erwartet, hatten ein Wohnangebot aus der Familie.

Elses Schwester Irma heiratete einen Polizisten und zog mit ihm nach Rosenheim. In einem Lager lernten sich Else und Vater kennen.

Er gab sich als Witwer mit erwachsenen Zwillingen aus; Herbert und Herta würden schon ihr eigenes Leben führen. Herta wolle wohl heiraten und in Polen bleiben. Von Herbert wisse er nichts. Die letzte Nachricht hatte Herta von ihm, als er sich verabschiedete, um mit einem Freund nach Deutschland zu fliehen. Dass es da noch meine Mutter und mich gab, verschwieg er.

Für Else war der Lageraufenthalt nur eine Episode. Nach Abschluss der Formalitäten wollte sie mit ihrem Vater zu ihrer Schwester, die sie in ihre Wohnung aufnehmen würde. Vater begann ein Verhältnis mit ihr und schloss sich den beiden an. An eigene familiäre Beziehungen zu Schwaben, woher seine Vorfahren nach Polen ausgewandert waren, konnte er nicht anknüpfen, sie waren ihm nicht bekannt. Elses Zuneigung und ihre in Bayern wohnenden Verwandten eröffneten auch ihm eine Perspektive. Als Else schwanger wurde, heiratete er sie. Wegen der Dokumente gab es keine Schwierigkeiten. Viele Leute hatten infolge des Krieges ihre Personalpapiere verloren, und die Behörden verließen sich auf die mündlichen Angaben.

Überall herrschte Enge und Arbeitslosigkeit. Trotzdem war man froh, noch zu leben – das nackte Leben gerettet zu haben. Fast alle Flüchtlinge bestritten ihren Lebensunterhalt mit der geringen staatlichen Fürsorge. Die Bürgermeister und die Geistlichen in den Orten kümmerten sich um die Zugezogenen und verteilten karitative Spenden. Den Kindern überließ man manches kostenlos, wie zum Beispiel auf dem Volksfest in Rosenheim, wo am Donnerstag alle Kinder umsonst Karussell fahren durften und eine Brezel geschenkt bekamen.

Am ehesten konnten die Bauern die Flüchtlinge beschäftigen. In den Städten brauchte man länger, und viele ältere Vertriebene blieben ihr weiteres Leben ohne geregeltes Arbeitseinkommen. Landwirte, wie Vater oder mein Onkel, konnten bestenfalls eine Landwirtschaft pachten. Ende der vierziger Jahre fing es mit dem Wohnungs- und Straßenbau an, und die Bautätigkeit wurde zum Wirtschaftsmotor.

Wer einen seltenen Beruf hatte, wie der Mann von Mutters Freundin, der Gerichtsvollzieher war, bekam sofort eine Anstellung mit der Aussicht, bald eine geräumigere Wohnung beziehen zu können.

Lebensmittel und sonstige Güter waren kaum zu bekommen. In den ersten zwei Jahren nach dem Krieg wurde gehungert, und alles Essbare von den Feldern und aus dem Wald musste akribisch gesammelt und rationiert werden. Der Satz: »Die Suppe war so dünn, nicht ein einziges Fettauge schwamm darauf« hat sich mir für alle Zeit eingeprägt.

Nach der Währungsreform 1948 gab es plötzlich alles zu kaufen. Hungern musste niemand mehr. Vater wurde Arbeit auf dem Bau angeboten. Unterhielt er sich mit anderen Erwachsenen, so bekam ich einiges mit über seine Haltung zu seinem Leben im Krieg, nach der deutschen Besetzung Polens und zu dem aktuellen in Rosenheim. Das Arbeitsangebot verletzte seinen Stolz. »Die haben mich um mein Vermögen gebracht, und jetzt soll ich für die auf dem Bau schuften. Nicht mit mir! Wegen meiner Kopfverletzung kann ich diese schwere Arbeit nicht machen.«

»Man schlägt sich so durch« war in der Nachkriegszeit ein häufig benutzter Ausspruch. Das bedeutete Arbeitslosigkeit, Fürsorge, Suche nach Gelegenheitsarbeit. Über kostenlose Lebensmittel oder billige Sachen, geschenkte oder abgetragene Kleidung, freute man sich sehr. Ich bekam selten neue Kleidung, trug zu kleine Sachen, wie einen Wintermantel mit zu kurzen Ärmeln oder auch unmoderne Kleidung, wie ein hellgrünes Sommerkleid mit Flügelärmeln. »Flieg Engel flieg, dein Vater ist im Krieg, deine Mutter ist in Pommerland«, tanzten die Mitschülerinnen um mich herum, wenn ich es anhatte. Das Kleid war eine Kleiderspende aus Amerika. In Deutschland schneiderte man Puffärmel, gerade, mit einem Saum abschließende Ärmel oder lange Ärmel. Nichts war mir so zuwider wie dieses Kleid. Jedes mal flossen viele vergebliche Tränen, wenn mich Else zwang es anzuziehen, weil es das letzte saubere Kleidungsstück war.

Kleidung und Wäsche waschen war eine mühsame Arbeit und es wurde aufgepasst, dass alles möglichst lange sauber blieb und viele Tage getragen werden konnte. Damals fiel nicht nur neue Kleidung angenehm auf, sondern auch frisch gewaschene: »Mei, schaugst du heut fesch aus!«, kommentierte groß und klein, und es freute einen dann auch.

Nur ein einziges Foto gibt es aus dieser Zeit von mir. Es entstand auf einem Schulausflug. Unsere Klassenlehrerin, Fräulein Streich, machte mit unserer Klasse einen Ausflug auf einen Bauernhof am Chiemsee. Nach einer längeren Wegstrecke saßen wir im Gras, ruhten uns aus und machten Brotzeit. Vom Bauern bekamen wir dazu Buttermilch. Frau Streich ging mit ihrem Fotoapparat von Gruppe zu Gruppe und fotografierte. Sie winkte mich heran und forderte mich auf: »Setz dich mal hier dazu.«

Es waren unsere eineiigen Zwillinge, die mit der Tochter der Firma Klepper befreundet waren und noch drei andere Mitschülerinnen. Während ich aufstand, hörte ich Protest: »Na, mir mechaten alloans aufs Foto. Net mit der da.« »Nix da. Setz dich dazu, Ursel. Dann hab ich euch alle geknipst.« Eingeschüchtert sitze ich da und schaue zur Lehrerin.

Über das Leben in Polen und die Kriegserlebnisse tauschten sich Else und Vater mit Klasens aus. »Nie wieder Militär; nie wieder Krieg« und »mit Politik will ich nie wieder etwas zu tun haben« war Vaters Ansicht. »Was mit den Juden in Lodz gemacht wurde, war nicht richtig. Wenn niemand dabei war, habe ich immer ein Auge zugedrückt.«

Kinder hatten nur etwas zu sagen, wenn sie gefragt wurden. Die Erwachsenen erwarteten, dass sie mit anderen Kindern spielten und nicht störten.

Manchmal wurde auch über Mutter geredet. Else meinte, dass sie eine schlechte Mutter sei. Eine gute Mutter würde ihr Kind nicht hergeben. Sie würde ihren Sohn niemals hergeben.

Vater vermittelte mir, dass meine Großmutter ihm gesagt habe, dass Hella sich anderen Deutschen angeschlossen habe und nach Deutschland geflüchtet sei. Bisher habe niemand etwas von ihr gehört. Sie sei bestimmt tot. Er habe dies geglaubt.

Mutter sei keine gute Frau gewesen. Wenn sie eine gute Frau gewesen wäre, hätte er nach ihr gesucht. Eine gute Frau hätte ihn auch nicht von der Polizei abholen lassen. Sie habe sich in Lodz nicht an die Gesetze gehalten. Obwohl Schnaps brennen verboten war, habe sie es immer wieder gemacht und damit Geld verdient. Und was am allerschlimmsten war: sie habe abgetrieben. Das wurde streng bestraft. Damit habe sie eine Gefängnisstrafe riskiert, und wäre sie angezeigt worden, dann hätte dies dem Ansehen seiner ganzen Familie geschadet. Treu war sie auch nicht; er weigere sich, ein Kind von einem anderen Mann groß zu ziehen.

Ich fühlte mich durch Herabwürdigungen meiner Eltern, egal von welcher Seite sie kamen, persönlich angegriffen, verletzt. Dieses Gerede deprimierte mich, die angegriffenen Opfer von solch Heucheleien und Aggressionen bekamen meine ganze Sympathie.

Am Fuß der schwäbischen Alb

Spiele und Konfirmation

Eine Wohnung nur für eine einzige Familie hatte ich bisher bewusst noch nicht erlebt. Man machte die Korridortür zu und war unter sich. Das geflügelte Wort »my home is my castle« kannte ich noch nicht, aber so beschützt heimelig fühlte ich mich.

Am angenehmsten empfand ich das Bad mit Badewanne und Toilette mit Wasserspülung. Nicht mehr auf das Plumpsklo eine Treppe tiefer gehen zu müssen, war eine enorme Steigerung der Lebensqualität. Der zylinderförmige Wasserkessel musste mit Holz und Kohle befeuert werden, und die Beschaffung des Brennmaterials war eine anstrengende Arbeit, auf die wir gerne verzichtet hätten. Fast jeden Samstag holten wir im Sommer mit einem Leiterwagen Holz aus dem Wald. Mit dem Kauf des Leseseins für zwei Mark erwarb man im Forstamt eine Erlaubnis zum Einsammeln von totem Holz. Das Bad in der Zinkwanne, in dem Zimmer meines Vaters, war immer eine umständliche Arbeit für Else und für mich eine genierliche Angelegenheit. Nach den Kindern reinigten sich die Erwachsenen in dem Badewasser. Ich freute mich sehr über das Bad und darüber, mit meiner Schwester Erika im so genannten Kinderzimmer, dem kleinsten Raum der Wohnung, schlafen zu dürfen. An die Möbel erinnere ich mich nicht mehr.

Der größte Raum, das so genannte Wohnzimmer, wurde von der Mutter meines Stiefvaters bewohnt, weil sie die meisten Möbel besaß: einen großen Esstisch mit vier Stühlen, ein Wohnzimmerbüfett für das Geschirr etc., Kleiderschrank und Couch und Bett. Wenn mehrere Besucher kamen, dann hielt man sich in diesem Zimmer auf.

Die ersten Monate fühlte ich mich bei meiner Mutter, der Oma und meinem Stiefvater und meinen zwei Schwestern glücklich. Ich genoss die Wohnungsgröße und alles Neue, und es schien mir, dass mich meine neue Familie mochte, so wie ich sie alle gern hatte; nicht mehr das fünfte Rad am Wagen zu sein, wie die Jahre zuvor. Mit »brav sein« wollte ich mich für die freundliche Aufnahme bedanken. Die Diskriminierungen der Rosenheimer Zeit wollte ich schnell vergessen.

»Ich habe es meinem Vater auf dem Sterbebett versprochen. Du kannst noch soviel reden, ich halte mein Wort. Was man einem Sterbenden verspricht, das muss man halten. Muttchen ist krank und alt und braucht unsere Hilfe. Sie kann nicht allein leben, und wenn ihr was passieren würde, das könnte ich mir nicht verzeihen. Das habe ich dir vor unserer Heirat gesagt, und du warst einverstanden.« Mit diesen Worten endeten die vielen Streitereien zwischen Mutter und Stiefvater.

Die alte Dame war der Mittelpunkt im Leben meines Stiefvaters. Sein erster Gang, nachdem er von der Arbeit zurückkam, war in das Zimmer seiner Mutter. Sie waren zusammen aus Schlesien geflüchtet. Sein einziger und älterer Bruder war im Krieg gefallen, und sein Vater, ein Beamter am Gericht, war kurz vor Kriegsende verstorben. Stiefvater war älter als Mutter, geschieden, und hatte einen erwachsenen Sohn, der in die französische Fremdenlegion geraten war. In der schlesischen Heimat erlernte er das Bäckerhandwerk und konnte sehr guten Streusel- und Mohnkuchen backen. Genau wie Mutter und ich, waren Muttchen und Sohn über das Lager Friedland nach Deutschland gekommen und nach Bayern geschickt worden.

Meistens berichtete die alte Frau Unerfreuliches, denn kaum hatte er die Tür ihres Zimmers geschlossen, rief er nach uns. Mit ernstem Gesicht begann er eine Art Verhör, ob wir den Tag über brav waren, oder ob wir etwas »angestellt« hätten. Mutter richtete das Abendessen, und während über den Tag geredet wurde, setzten wir uns an den Esstisch. Ich saß rechts neben meinem Stiefvater, und es dauerte nicht lange, und ich bekam die erste Ohrfeige. »Du setzt dich ab heute auf diesen Stuhl«, reagierte Mutter und wies auf den Platz neben ihr. Wieder einmal hatte ich mich mit Mitschülerinnen vertrödelt und war zu spät aus der Schule gekommen und hatte auf die Frage »bist du heute brav gewesen«, mit »ja« geantwortet. Dabei unterschlug ich meinen Ungehorsam und hatte nicht bekannt, dass alle wieder einmal lange mit dem Mittagessen auf mich warten mussten. Mutter kochte für Muttchen mit, die dafür einen geringen Anteil ihrer Pension in Mutters Haushaltskasse zahlte. Nichts war so schlimm für sie, wie ein paar Minuten später das Essen zu bekommen. Kinder hatten damals keine Uhren, und deshalb war es schwer, immer pünktlich zu sein.

In den meisten Familien war man der Meinung, dass Väter zur strengen Erziehung der Kinder verpflichtet seien. Die Erziehung bestand, wenn sie milde war, aus Hausarrest, ein paar Ohrfeigen, oder wenn man den Erwachsenen sehr erzürnt hatte, aus einer Tracht Prügel.

Vater weigerte sich, für mich Unterhalt zu zahlen. Er sei mit meiner Rückkehr zu meiner Mutter nicht einverstanden gewesen, und nun solle Mutter für meinen Unterhalt aufkommen. Stiefvater musste nun zwei fremde Kinder versorgen, und das war bei dem kleinen Arbeitereinkommen eine große Belastung. Er hatte in dem Glauben geheiratet, dass ich bei meinem Vater leben würde. Mutter überredete ihn mit »die Usel ist schon groß, kann mir im Haushalt helfen und auf das Baby aufpassen.« Bestimmt rechnete sie mit Unterhalt von meinem Vater. Zwar bewohnten wir jetzt die größte und bestausgestattete Wohnung, aber sechs Personen auf knapp 60 qm Wohnfläche, ohne Rückzugsmöglichkeiten für den Einzelnen, führten dazu, dass jeder von jedem alles mitbekam. Einsamkeitsgefühle kamen nicht auf. Dazu trugen auch die Besuche der Nachbarn bei. In der Wohnung über uns wohnte eine ältere Frau aus der Tschechoslowakei. Sie besuchte uns öfter und half mir bei meinen Zeichenhausaufgaben. Sie konnte sehr gut malen, und wir probierten manche Nachmittage unser Maltalent mit Faber Buntstiften und Wasserfarben aus. Mutter erörterte mit ihr in Polnisch – Tschechisch und Polnisch waren sich sehr ähnlich – alles, was wir nicht hören sollten. Mit der Zeitung »Heim und Welt«, die sie regelmäßig bezog und uns, nachdem sie sie ausgelesen hatte, schenkte, kam der neueste Klatsch aus der großen Welt in unsere Familie.

Fast jeden Nachmittag trafen sich, aus den umliegenden Häusern der Peter-Rosegger-Straße, die Kinder auf einer der Rasenflächen zwischen den Wohnblocks. Zuvor fragten sie ihre Mutter: »Darf ich rausgehen?« Und das durften schon die Vierjährigen, die von den älteren Schulkindern freundlich auf- und mitgenommen wurden. Die Großen kümmerten sich um die Kleinen. Sobald es das Wetter erlaubte, verbrachte man den Tag im Freien. Spiele und manch abenteuerliche Unternehmung sorgten für Kurzweil. Auf der anderen Seite der Straße waren Felder. Etwas weiter entfernt eine Müllkippe, in der wir Kinder stets etwas Brauchbares für unser Mutter-und-Kind-Spiel fanden. Außerdem gab es Herrn Diesch mit seinem großen Garten. Er war aus dem Arbeitsleben ausgeschieden, hatte selbst keine Kinder und hatte es gern, wenn wir ihn in seinem Garten besuchten. Alle Kinder der Straße kannten Herrn Diesch, und Herr Diesch kannte alle Flüchtlingskinder. Sie halfen ihm, wenn nötig, bei seinen Gartenarbeiten und bekamen dafür hin und wieder Beeren, Birnen oder einen Apfel geschenkt.

Es konnte passieren, dass so viele Kinder und Erwachsene zusammen kamen, dass wir zwischen den Häusern Völkerball spielen konnten. Wir spielten Hüpf-, Pfand- oder Wurfspiele oder gingen auch gerne in den nicht weit entfernten Wasenwald und sammelten Pilze und im Herbst Holz, das auf einem Leiterwagen nach Hause gezogen und an der Hauswand oder im Keller aufgestapelt wurde.

Am interessantesten war der nahe Georgenberg. Dort gab es neben den Kasernen und dem Übungsplatz und dem schönen Überblick über die Stadt, viele Gärten mit Obstbäumen und allen Beerensorten: Erd-, Stachel-, Johannis-, Himbeeren und Brombeeren. Von den Eltern bekamen wir Kinder selten Obst. Es war zu teuer. Orangen waren Anfang der 50er Jahre so kostbar, dass sie ein Weihnachtsgeschenk auf dem »bunten Weihnachtsteller« waren, neben den Nüssen, den Plätzchen und der Schokolade. Am liebsten mochte ich Bananen, und die bekam ich nur, wenn ich krank war. Ich aß sie ganz langsam und nagte noch das Weiße von der Schale ab.

In den Gärten des Georgenbergs standen oft die Beerensträucher ganz dicht am Zaun. Häufig wuchsen die Zweige sogar durch die

Maschendrahtzäune, und die Beeren konnten von den vorbeigehenden Passanten leicht abgepflückt werden. Deshalb kamen wir Kinder auf die Idee, Tüten mitzunehmen. Wir wollten die Früchte nicht nur an Ort und Stelle essen, sondern auch etwas für Daheim haben. Hier und da verlockten uns besonders rot leuchtende Johannisbeeren oder ganz große Stachelbeeren, auch auf der inneren Seite des Zaunes zu pflücken. Unsere Tüten waren wohl halb voll, als ein Mann in Uniform, mit einem Rucksack auf seinem Rücken und in Begleitung eines Schäferhundes, aus einem Seitenweg zügig auf uns zukam.

»Da kommt ein Feldhüter«, flüsterte Heike, und wir blieben alle neugierig und ahnungslos stehen. »Was habt ihr denn in euren Tüten?«, fragte er und nahm mir meine sofort aus der Hand. »Habt ihr die Beeren hier aus den Gärten gepflückt?«, bellte er laut und musterte uns ernst. Ich stand etwas abseits und beobachtete, wie der kleine Viktor, direkt vor dem Feldhüter, diesem mit einem leisen »Ja« zunickte. Heike, die älteste und größte aus unserer Gruppe, reagierte mit: »Kommt Kinder, lasst uns gehen!«, und machte einige Schritte bergabwärts. Da fing der Hund zu knurren an, und der Feldhüter brüllte: »Hiergeblieben! Ihr geht erst, wenn ich es erlaube! Was ihr hier macht, ist Diebstahl. So etwas wird hart bestraft. Kennt ihr nicht das siebte Gebot ›du sollst nicht stehlen‹? Das lernt man doch im Religionsunterricht! Oder habt ihr keinen?« Betretenes Schweigen. Dann: »Wenn das eure Eltern oder der Herr Pfarrer erfährt, werdet ihr nicht zur Kommunion oder zur Konfirmation zugelassen. Stehlen ist eine schwere Sünde.«

Mir fiel die Konfirmation meiner Kusine ein, die beinahe bei der Prüfung am Samstag in der Kirche durchgefallen wäre, weil sie zwei Fragen des Pfarrers nicht richtig beantwortet hatte. Sie musste sich massive Vorwürfe anhören – faul, dumm, unwürdig – und meine Tante redete lange auf den Geistlichen ein, bis er der Einsegnung am nächsten Tag, am Sonntag, endlich zustimmte. Ich sah mich auch schon dieser Tortur ausgesetzt und um meinen Ehrentag gebracht.

»Wissen eure Eltern, dass ihr hier zum Stehlen hergekommen seid?« Alle schüttelten den Kopf. Verängstigt von den Worten des älteren Mannes, dachte ich daran, dass ich noch nicht einmal betteln durfte, und mir schossen die Tränen in die Augen. Vor jedem Besuch erklärte mir Mutter »was sich gehört«, und sie endete immer mit der Ermahnung: »und dass du mir ja nicht bettelst!«

Den anderen ging es genau so, und wir standen weinend vor dem grimmig dreinschauenden Feldhüter. Den beeindruckten unsere Tränen überhaupt nicht. Er streichelte den leise knurrenden Hund und schnauzte: »Jeder von euch sagt mir jetzt seinen Namen, und wo er wohnt. Ich werde zu euren Eltern gehen. Die müssen wissen, was ihre Sprösslinge so treiben.«

Daraufhin sammelte er alle Tüten ein, steckte sie in seinen Rucksack und fragte jedes Kind nach seinem Namen und nach der Haus-Nummer, nachdem er bemerkt hatte, dass wir alle aus der Peter-Rosegger-Straße kamen. Akribisch schrieb er alle Angaben in ein kleines Heftchen. »So, jetzt macht dass ihr nach Hause kommt und lasst euch hier nicht mehr blicken!«

Schweigsam und bedrückt kamen wir seiner Aufforderung nach. Als wir außer Hörweite waren, überlegten wir was zu tun ist. Sollten wir es den Eltern beichten? Vielleicht hatte er uns nur gedroht, zu den Eltern zu gehen und machte es gar nicht wahr. Es tat uns sehr leid, dass er uns die guten Beeren weggenommen hatte, und die ganze Anstrengung umsonst war. Wir beschlossen, in nächster Zeit keinen Ausflug auf den Georgenberg zu machen, und so einer erneuten Begegnung aus dem Wege zu gehen.

Zwei Tage später klingelte es am Nachmittag an der Flurtür. Ich machte gerade meine Hausaufgaben. Mutter öffnete und ich hörte die Stimme des Feldhüters. Nach einer Weile rief Mutter laut nach mir, und ich ging zu den beiden an die Tür. Schuldbewusst gestand ich den Beerendiebstahl. Nachdem Mutter dem Uniformierten versichert hatte, dass sie mein Verhalten missbilligt, und ich dafür bestraft werde, verzichtete der Feldhüter großherzig auf eine Anzeige.

Bei schlechtem Wetter oder am Abend kamen wir zum Spielen oder zur Unterhaltung in den Wohnungen der Eltern zusammen, die bei der Arbeit waren. Oft ging ich zu einer Freundin, deren Mutter verwitwet war, tagsüber arbeitete und als erste in der Straße einen Fernsehapparat besaß.

Zuhause fühlte ich mich nur wohl, solange Stiefvater nicht da war. Kam er zur Tür herein, dann entglitt die vorher unbekümmerte Stimmung in angstbesetzte Erwartung eines Unheils. Er fand immer etwas zum Bekritteln. Rede und Gegenrede endeten völlig unberechenbar in Handgreiflichkeiten bis hin zur Körperverletzung.

Das Jugendamt bemühte sich vergeblich, Vater zu regelmäßigen Zahlungen zu bekommen. Ohne Rechtsanwalt kam kein Pfennig. Wenn überhaupt, gab es immer nur Nachzahlungen. Mutter erhielt von ihrem Mann jede Woche einen bestimmten Betrag Kostgeld. Damit musste sie zurecht kommen.

Beide Eltern rauchten; sie täglich wenige Filterzigaretten, er selbst gedrehte, ohne Filter in der Zigarettenspitze, denn das – da waren sie sich einig – war das einzig Gute, das sie vom Leben hatten. »Was hab ich denn vom Leben? Mein Vater hat mich gezwungen, Reinhold zu heiraten. Nicht nur der Krieg ist schuld an meinem schweren Schicksal. Mit einem anderen Mann wäre es mir besser ergangen«, klagte Mutter oftmals weinend.

Sobald sich eine Aushilfstätigkeit bot, nahm sie diese an. Eine gute bezahlte Stellung gab es für sie ohne Berufsausbildung nicht. So half sie im Sommer in einem Schülerferienlager in der Küche und bei der Essensausgabe. Blieb Essen oder blieb Gemüse oder Obst übrig, so brachte sie die Lebensmittel heim. Einmal war es ein ganzer Eimer wunderbar schmeckender Tomaten für Tomatensalat, Tomatensuppe, Tomatensauce für Nudeln und Reis oder Margarinebrot mit Tomate, Pfeffer und Salz und Zwiebeln oder Schnittlauch. Diese Brote aß ich sehr gern, sie überdeckten den Sanellageschmack.

Zu den Feiertagen und Geburtstagen, hin und wieder zwischendurch, schrieben Vater und ich uns kurze Briefe.

»So eine Unverfrorenheit! Drückt sich vor den Alimenten und will jetzt mit uns feiern. Der kommt mir nicht ins Haus«, schimpfte Stiefvater, als Vater schrieb, dass er zu meiner Konfirmation kommen wolle. Mutter diktierte mir die Absage. Vater schickte nun ein Päckchen mit einer Uhr, einem Armband und einem Kettchen mit einem Kreuzanhänger aus Doublee.

Mutter ließ mir von einer entfernten Verwandten der Marsiskes, die genau wie Stiefvater aus Bunzlau kam, ein dunkelblaues Kleid nähen. Dunkelblau sei besser als ein schwarzes Kleid. Das könne man noch zu anderen Gelegenheiten anziehen. Weiße Kleider seien hier nicht erlaubt. Mein Wunsch nach einem weißen Kleid könne nicht erfüllt werden. Die Schneiderin wohnte in Rommelsbach, einem Vorort von Reutlingen, dorthin ging eine Straßenbahn. Zweimal fuhr ich allein zur Anprobe. »Schade«, meinte die Frau, »dass weiße Kleider hier nicht üblich sind, mir gefällt weiß auch besser. Schwarz erinnert an Beerdigung. Am Samstag vor der Konfirmation werde ich dir das Kleid bringen.«

Wie angekündigt, kam sie am Samstag. Sie ließ mich noch einmal das blaue Kleid anziehen. Sie glaube es zwar nicht, aber vielleicht müsse noch etwas geändert werden. Das Kleid hatte einen Stufenrock aus drei stark gerüschten Bahnen. Den Schnitt hatte ich mir aus Burdaheften ausgesucht. In diesem Kleid sollte ich auch noch bei einem Tanz auf der Abschlussfeier der Schule mitwirken. Zum Schluss des Tanzes würde ich mich gut unter diesen Rock knien können. Begeistert übte ich die Drehung vor Mutter und Tante.

»Zieh dich noch nicht an«, sagte Mutter, während sie in Tantes Tasche griff, »du musst noch etwas anprobieren«, und hielt ein weißes Kleid in den Händen. Heimlich ließ sie zwei Kleider für mich nähen. Es passte. Überglücklich umarmte ich die beiden Frauen für diese gelungene Überraschung und betrachtete mich stolz vor dem dreiteiligen Spiegel im Elternschlafzimmer. Der große Kragen war nicht ganz mein Geschmack, entsprach aber der neuesten Mode. Das weiße Kleid gefiel mir besser als das dunkelblaue.

Außer mir kam noch eine Konfirmandin in weiß. Pfarrer Lutz wollte, dass wir weiß gekleideten hinter ihm in die Leonhardskirche gehen. Fotografieren war in der Kirche verboten. Der Weg vom Pfarrhaus zur Kirche wäre die geeignete Gelegenheit. Das nutzten die Fotografen.

Leider war der 11. März 1956 ein kalter windiger Tag, und wir eilten schnell in das schützende Gebäude. Für ein Gruppenbild übernahm niemand die Initiative. Den Konfirmationsspruch suchten damals die

Konfirmation, l.: Ursula, r.: unbekannt, Reutlingen 1956

Geistlichen aus. »Den Herrn lieben und Seiner Stimme gehorchen, das ist dein Leben«, las Pfarrer Lutz im Gottesdienst vor, legte segnend seine Hand auf meinen Kopf und gab mir das kleine Kärtchen. Nach der Kirche ging Mutter mit mir zu Foto Dohm. Es war hin und zurück ein Fußweg von einer Stunde. Zum Mittagessen gab es Nierenbraten mit mehreren Gemüsen und Kartoffeln, den eine Nachbarin für die Konfirmationsgesellschaft in unserer Küche zubereitete. Zur Kaffeetafel gehörte unbedingt eine Schwarzwälder Kirschtorte, und am Abend war Kartoffelsalat angesagt, mit Fleischwurst, hart gekochten Eiern, Essiggurken, Zwiebeln, Mayonnaise, Essig und Öl und Pfeffer und Salz. »So wie wir ihn zu Hause gemacht haben«, freuten sich die Eingeladenen aus Polen.

Aus der Familie war Mutters Halbschwester Wanda, ihr Mann und ihr Sohn Waldemar zu Besuch. Alle Festgäste waren Flüchtlinge, und jeder vermisste die Heimat und geliebte Angehörige. Die einheimischen Konfirmanden sah ich, kamen mit ihren Paten und Großeltern. Meine Großeltern väterlicherseits und mein Patenonkel waren von Polen erschossen worden. Großmutter Juliane und meine Patentante Maria lebten in Lodz. Viel zu weit weg. Mit Großvater Josef hatten wir keinen Kontakt. Man wusste gar nicht, ob er noch, oder wie er in Grünberg lebte. Würde ich die Überlebenden jemals kennen lernen? Ich wünschte mir, dass an unserem nächsten Fest alle Familienangehörigen teilnehmen könnten. Neben der Freude und dem Stolz, nun zu den Erwachsenen zu gehören, empfand ich wehmütig die Verluste, Lücken und den Mangel an verwandtschaftlichen Beziehungen.

Herrschte alltags fast immer eine angespannte Stimmung, so verstanden es die drei Erwachsenen, Fest- und Feiertage zu harmonischen Erlebnissen zu machen. Besonders gern erinnere ich mich an die Heiligen Abende. Die Wartezeit (bis das Christkind gekommen ist) verbrachten wir in Omas kleinem Zimmer, das in den anderen Familien im Haus das Kinderzimmer war. Mutter und Stiefvater schmückten den Weihnachtsbaum fertig und packten die Geschenke im Wohnzimmer ein. Nach dem dreimaligen Klingeln eines silberhellen Glöckchens, durften wir drei Mädchen und die Oma in die »Weihnachtsstube«. Die Kerzen am Weihnachtsbaum brannten, es roch wunderbar, und aus dem Radio erklangen Weihnachtslieder, die wir mitsangen. Auf dem ausgezogenen Couchtisch standen für jedes Kind ein bunter Teller mit Orangen, Walnüssen, Haselnüssen, Schokoladenweihnachtsmann und Mutters selbst gebackenen, sehr leckeren Plätzchen. Meine Lieblingsplätzchen waren die mit feiner

Marmelade zusammengesetzten Spitzbuben und die Elisenlebkuchen. Wir freuten uns über mehrere Päckchen, die auch immer neue Kleidungsstücke enthielten, wie Handschuhe, Strümpfe, Pullover; für die Schule Buntstifte, Wasserfarben oder ein neues Federmäppchen. Hocherfreut war ich 1955 über ein Poesiealbum und bat Mutter, als erste etwas hinein zu schreiben.

Nach ausgiebigem Probieren, Betrachten und Bedanken bei den Gebern räumten wir den Tisch ab und ließen uns den Gänsebraten schmecken. Das war seit unzähligen Weihnachtsfesten Brauch in unserer Familie. Am späteren Abend gab es dann noch schlesische Mohnklöße, von der Oma zwei Tage zuvor zubereitet. Die mussten nämlich gut durchziehen, sonst schmeckte man den gemahlenen Mohn nicht richtig.

In der Jos-Weiss-Schule

Durch den Wohnort- und Schulwechsel lernte ich viel Neues und viele neue Menschen kennen. Es freute mich sehr, dass ich die Taufe meiner erst ein paar Monate alten Halbschwester Hildegard miterleben durfte. Auf diesem schönen Fest lernte ich Mutters Schwester Wanda mit Mann und Sohn kennen. Cousin Waldemar war sechs Jahre älter als ich. Sein Vater, Onkel Otto, übernahm die Patenschaft. Die Patin, Witwe des gefallenen Bruders meines Stiefvaters, wohnte weit entfernt im Norden der Bundesrepublik und konnte nicht zur Taufe kommen.

Tante Wanda und Onkel Otto waren in der Bundesrepublik Mutters einzige Verwandte. Otto hatte Glück. Bei Kriegsende war er im Reich stationiert und beschloss, nicht nach Polen zurückzukehren. Seine Frau arbeitete fast zwei Jahre bei ihrem ehemaligen Knecht, dem jetzt ihr Hof gehörte. Mutter besorgte ihr eine Zuzugsgenehmigung zu ihrem Mann, der mittlerweile eine kleine Landwirtschaft gepachtet hatte. Gegenseitige Besuche waren selten (hauptsächlich in den Schulferien), denn sie wohnten ungefähr 200 Kilometer entfernt.

Das Sechs-Parteien-Haus, in dem ich nun wohnte, stand am Stadtrand. Jenseits der Straße waren Felder, Wiesen, eine Müllkippe und der große Garten von Herrn Diesch.

Der Rektor examinierte mich kurz und schickte mich in die sechste Klasse, seine Klasse. Auch bei ihm blieb mir die erste Bank nicht erspart, der letzte Platz im Alphabet und in der Turnriege sowieso nicht, aber der Mann wirkte beruhigend sympathisch.

Zur Schule hatte ich nun zwanzig Minuten zu laufen und traf mich meist mit zwei einheimischen Mitschülerinnen. Sigrid war meine Nebensitzerin in der Zweierbank. Beide wohnten in einem schönen Haus, hatten ein eigenes Zimmer und einen Garten. Darum beneidete ich sie, wenn sie davon erzählten.

Mädchen und Jungen wurden in getrennten Klassen unterrichtet. Wir kamen mit den Jungen aus der Parallelklasse nur auf dem Pausenhof oder bei gemeinsamen sportlichen Veranstaltungen zusammen oder im Schülerchor.

Die Jos-Weiss-Schule war eine Volksschule mit einem sehr guten Musiklehrer, dessen Schülerchor stadtweite Anerkennung genoss. Ich hatte eine gute Sopranstimme und durfte sofort mitsingen. Wegen meiner großen Schüchternheit gelang es mir nicht, beim Vorsingen für die Zeugnisnote die Melodie zu halten. »Du bist keine Solosängerin nur eine gute Chorsängerin«, meinte Herr Michel und holte eine Mitschülerin dazu, und mit ihr konnte ich einwandfrei alles singen. Musiklehrer Michel organisierte Weihnachtskonzerte in der Kirche, Konzerte in der Reutlinger Stadthalle, und einmal sangen wir für den Rundfunk. Eichendorffs »Oh Täler weit oh Höhen ...« übten wir mit weiteren Volksliedern für Flüchtlingstreffen ein. Mehrmals sangen wir an Beerdigungen das Lied: »Wohin soll ich mich wenden, wenn Freud und Leid mich drücken. Wem künd ich mein Entzücken, wenn freudig schlägt mein Herz ...« Das Schulangebot war umfangreicher als in Bayern. Wir bekamen Schwimmunterricht im Hallenbad; Sportunterricht in der Turnhalle des Gymnasiums an Geräten und Leichtathletik auf dem Sportplatz; Handarbeitsunterricht in einem besonderen Handarbeitsraum mit Nähmaschinen. Wir nähten einen Kopfkissenbezug, in den ein gehäkelter Spitzeneinsatz eingesteppt wurde. Ich musste ihn zwei Mal häkeln, weil mein mühsam erarbeitetes Exemplar spurlos verschwand.

Diese Stunden wurden nachmittags von 14-16 Uhr erteilt. Der Vormittagsunterricht schloss an diesen Tagen um 12 Uhr, und wir gingen zum Mittagessen nach Hause. Einmal im Jahr kam der Schularzt in die Schule und untersuchte alle Schülerinnen und Schüler. Bei mir stellte er Untergewicht fest und ordnete eine vierwöchige Erholung an.

So verlebte ich im Oktober 1954 einen sonnigen Herbst in Schopfloch im Schwarzwald. Klimawechsel und gutes regelmäßiges Essen sollten mir zu mehr Pfunden verhelfen. Neben vielen Wanderungen machten wir auch einen Ausflug mit der Bahn nach Freudenstadt. Das war die nächst gelegene größere Stadt. In dem großen Gebäude, umgeben von einer großen Holzterrasse, mit Spalierbirnen an den Hauswänden, waren fünf Kindergruppen unterschiedlichen Alters untergebracht. Die Betreuerinnen sollten uns so gut ernähren, dass wir am Ende der Erholungswochen wenigstens 5 Pfund zugenommen hatten. Das Essen war sehr gut. Es gab immer Nachtisch zum Mittagessen, und ich aß zum ersten Mal in meinem Leben grasgrünen Wackelpudding, Karamellcreme und Frankfurter Kranz. Gegen 13 Uhr war Mittagsruhe in unseren Betten Vorschrift, und es wurde streng darauf geachtet, dass wir Kinder schliefen. Wer beim Lesen erwischt wurde, wurde gezwungen, so bekleidet wie er im Bett gelegen hatte, sich zur Strafe in die Flurecke zu stellen. Es passierte mir einmal, und ich schämte mich sehr vor den Kindern, die mich in der Unterwäsche dort stehen sahen. Wie lange ich dort die Wand anstarrte, ist mir entfallen; es war ziemlich anstrengend, und ich vergaß es nicht.

Um 15 Uhr gab es im großen Speisesaal ein Getränk und Marmeladenbrot. Oftmals war es Pfefferminztee, den ich nicht mochte und in den Blumentopf goss, der hinter meinem Sitzplatz auf der Fensterbank stand. Alles was angeboten wurde, musste gegessen werden. Die verschiedenen Breisorten mochten nicht alle, aber meckern wurde überhört. Dafür liebten alle Kinder viel Marmelade auf der Brotschnitte, und wir verstanden es, die »geizige« Tante abzulenken und uns viel von der Vierfruchtmarmelade auf das Brot zu streichen. Am Sonntag gab es Kuchen.

Die Nachmittage gestaltete jede Gruppenleiterin nach ihren persönlichen Möglichkeiten. Fast alle Kinder spielten gerne Völkerball und nutzten jede Gelegenheit für ein Spiel, obwohl es von der Heimleiterin nicht gern gesehen wurde. In dieser Gruppe gehörte ich zu den begehrten Mitspielerinnen. Ich irritierte die Gegenpartei erfolgreich durch meinen Wurf mit der linken Hand.

Unsere Betreuerinnen befürchteten, dass wir die mühsam angefütterten Pfunde durch zu viel Bewegung wieder verlieren würden. Regelmäßig wurden wir für einen Abschlussbericht gewogen. Während ich das erste Mal in meinem Leben bewusst auf einer Waage stand, teilte ich der Tante mit, dass ich mir vornehme, so viel wie möglich zu essen, und dass ich mir inbrünstig wünsche, nicht nur zuzunehmen, sondern auch noch viele Zentimeter zu wachsen. Dann würde ich nicht mehr in der ersten Bank sitzen müssen und nicht mehr die Letzte in der Turnriege sein. »Mal sehn, ob wir das schaffen«, rätselte die Betreuerin.

Meine Bettnachbarin war eine Balletttänzerin und kam auch aus Reutlingen. Sie konnte wunderbar tanzen und trat in Hotels und Gaststätten auf. Ihr Ballettröckchen und die rosafarbenen Ballettschuhe fanden großes Interesse. Den gleichaltrigen Mädchen erlaubte Sybille, sie einmal anzuprobieren und die schmerzenden Zehenspitzen zu spüren. Auf unserer Abschiedsfeier tanzte Billi hinreißend schön. Ihr Tanz beeindruckte mich so sehr, dass ich mir vornahm, wenn ich einmal ein Mädchen bekommen würde, dies zur Ballettschule zu schicken. In Reutlingen trafen wir uns noch einige Male. Mit meinen Eltern durfte ich zu einer Weihnachtsfeier, die Sybille mit einem Solotanz bereicherte. Vergleichen konnte ich mich mit ihr nicht, fand Trost beim Aufzählen meines Könnens. Dafür konnte ich gut malen, Völkerball spielen und am besten singen und kannte die meisten Lieder. Auf unseren Wanderungen im nah gelegenen Schopflocher Wald sangen wir immer, und deshalb fanden sich ein paar Mädchen zu einer Gesangsgruppe zusammen. Für das Abschiedstreffen trugen wir ein paar selbst gedichtete Verse vor nach der Schnaderhupferlmelodie mit dem Refrain »Holladihio Holladiho«. Trotz heftigstem Grübeln kann ich mich an ein Musikinstrument nicht mehr erinnern.

Die vier Wochen mit gutem Essen, Spiel und Spaß gingen viel zu schnell vorbei. Zwischendurch hatten fast alle, ich nicht, Heimweh, aber die Erzieherinnen verstanden es, zu trösten und uns abzulenken.

Um Ostern herum endete das Schuljahr, und in der siebten Klasse hatten wir nicht mehr den verbindlichen und kompetenten Rektor Wandel als Lehrer, sondern Herrn Oberlehrer Stephan. Schon meine erste Begegnung mit ihm verlief ungut. Er kam mir im Flur entgegen und blaffte mich an. Mein aus Bayern gewohntes freundliches »Grüß Gott« missfiel ihm: »Das heißt nicht »Grüß Gott«, das heißt, »Gutta Morga«.

Wieder einmal wollte ich meinen Wunsch verwirklichen, ganz hinten im Klassenraum zu sitzen. Dorthin war ich zielbewusst, an allen Mitschülerinnen vorbei, hingerannt, saß zufrieden in der Bank und freute mich über meinen Platz, und dass ich nicht direkt vor diesem barschen Mann saß. Während er uns stehende Schülerschar begrüßte, sich vorstellte, ließ er seinen Blick über unsere Köpfe schweifen, ging dabei in die Mitte der Bankreihen und dann direkt auf mich zu: »Wie heißt du denn, Kleine?« »Ursula Zimmermann«, hörte ich mich aufgeregt sagen. Er ging zurück zur ersten Bank und fragte dort das Mädchen nach seinem Namen. »Renate Haas«, antwortete sie. »So, so, Renate Haas. Also, Zimmermännchen und Häschen tauscht mal eure Plätze.«

Enttäuscht holte ich meine Schultasche unter dem Tisch hervor und ging zur ersten Bank. Man konnte nichts gegen diese Anordnung machen. Schicksalsergeben und voller Neid auf alle großen Mitschülerinnen, setzte ich mich neben Brigitte Votteler. Wieder ein ganzes Schuljahr direkt unter kritischen Lehreraugen und kein bisschen Spaß mit interessanten Nebensitzerinnen.

Schule war für mich voller Benachteiligungen. Ging etwas nach dem Alphabet, war ich die Letzte. Meine Körpergröße war schuld, dass ich auch die letzte in der Turnreihe war, und als armes Flüchtlingskind missachteten mich die Einheimischen. In der Pause, auf dem Schulhof, blieben die schwäbischen Mitschülerinnen am liebsten unter sich. Gesellte ich mich hin- und wieder dazu, übersahen und überhörten sie mich.

Lehrer Stephan erkannte man schon von weitem an seinen grauen Knickerbockerhosen aus Kord. Nur zu Beerdigungen trug er lange schwarze Hosen. Bis auf Singen, Sport und Handarbeit erteilte er als unser Klassenlehrer sämtliche anderen Fächer. Unvergessen blieb mir sein Geschichtsunterricht über Karl den Großen, der mit der These – erst Wissen dann Tun – sich nicht nur für die Vergrößerung seines Reiches, sondern auch für die Bildung seiner Untertanen einsetzte. Sein riesiges Territorium auf der großen Europakarte an dem Kartenständer und seine Residenz in Aachen, belegt mit Bildmotiven von der Stadt und dem imposanten Dom, weckten in mir den Wunsch, diesen Ort einmal zu besuchen.

In Erinnerung behielt ich auch seine sadistischen Strafen: vor die Tür stellen, am Ohrläppchen oder an der Halsfalte unter dem Kinn zwickend ziehen oder mit dem Lineal auf den Handrücken schlagen.

Uns sehr gute Kenntnisse in Rechnen und Deutsch zu vermitteln, war ihm am wichtigsten. Jeden Tag mussten wir fünfzehn Minuten Wett-Kopfrechnen. Wer das Ergebnis zuerst wusste, durfte es laut in die Klasse schreien. Es machte uns sofort munter und viel Spaß. Wir schrieben auch viele Diktate und korrigierten uns gegenseitig. Mitbestimmung in der Schule durch Klassensprecher oder Elternvertreter gab es nicht. Klassenarbeiten machten wir so selten, dass sie für uns keine Nervenbelastung waren, sondern eine willkommene spannende Abwechslung im ziemlich gleichförmig ablaufenden Schulalltag.

Wie unsere Benotung zustande kam, war ein Mysterium. Wenn wir unser Zeugnisheft am Schuljahresende in den Händen hielten, verglichen wir unsere Noten sofort. Als die Klasse mitbekam, dass ich auf dem Abschlusszeugnis (einem DIN-A4-Blatt und im Zeugnisheft) in

Zeichnen nur gut hatte, protestierte sie, und Lehrer Stephan zeigte sich einsichtig und schrieb ein »sehr« davor. Schließlich hingen fast zehn Zeichnungen von mir zur Ausstellung in den Schulfluren.

Zum Volksschulende gab es eine Entlassungsfeier. Dafür übten zehn Mädchen in der Turnstunde einen Tanz ein. Ich trug dazu das dunkelblaue Taftkleid, das mir Mutter zu dem weißen Kleid nähen ließ, in dem ich konfirmiert wurde. Der Dreistufenrock schwang breit beim Drehen aus, und am Ende des Tanzes konnte ich mich zum Verbeugen darunter hinknien.

In der letzten Stunde befragte Herr Stephan uns zu unserer Berufswahl. Sein Kommentar wurde für mich eine lebensbegleitende Herausforderung. Da ich direkt vor ihm saß, rief er mich als erste auf: »Was mächst du nach der Schul Zimmermännchen?« »Ich mache eine Lehre in einem Geschäft.« »Gschäft ischt elles. Wia heißt nachet die Lehr?«, ließ er nicht locker. »Ich lerne im Kaufhaus Merkur Verkäuferin.« »Was? Noi! Des enttäuscht mi aber gehörig. I moin du könntescht mehr werda. Hättescht net wenigschtens Apothekenhelferin werda könna?« »Ich freu mich auf meine Lehre und bin froh, dass ich nicht mehr in die Schule gehen muss«, ließ ich Lehrer Stephan wissen. Darauf prophezeite er: »Du wirscht noch emol froh sein, wenn du ind Schul ganga derfscht.« Seine harschen Worte verdrängten meine Unbefangenheit und beunruhigten mich. Meine Vorfreude auf meine zukünftige Beschäftigung verwandelte sich in leichte Kümmernis. In vielen Sonntagsgesprächen am Frühstückstisch war es mir wichtig gewesen, im Berufsleben tüchtig und erfolgreich zu sein, wie alle anderen aus der Familie. Richters waren tüchtig! Verbaute ich mir als kaufmännischer Lehrling wirklich den Weg in ein sinnvolles und achtbares Erwachsenenleben? Wieso meinte Stephan, dass verkaufen in einer Apotheke etwas Besseres, mehr wert ist?

Auf dem Heimweg dachte ich an die Frau vom Jugendamt, die meiner Mutter empfahl, mich zur Handelsschule zu schicken und an die Reaktion meines Stiefvaters, der meinte, dass ich in eine Fabrik gehen und arbeiten solle. Da gäbe es Gminder, die immer Leute suchen würden. Er habe schon lange genug für meinen Unterhalt gesorgt.

Der Lehrvertrag war mir nicht in den Schoß gefallen. Ich bekam ihn erst nach einer Prüfung. Sie fand in dem Instruktionsraum des Kaufhauses statt. Wir mussten Rechenaufgaben lösen und einen Aufsatz zu dem Thema schreiben: Wenn ich viel Geld gewinnen würde, was würde ich damit tun. Nach der schriftlichen Prüfung besuchte uns die Lehrlingsausbilderin zu Hause. Niemand empfand dies als unberechtigtes Eindringen in die Privatsphäre. Mir blieb nichts dergleichen in Erinnerung. Sie hatte den Titel einer Instruktorin und die Aufgabe, alle Lehrlinge einmal in der Woche, an einem Vormittag, mit den innerbetrieblichen Organisationsabläufen vertraut zu machen. Das Kaufhaus in Reutlingen war eines von fünfzig Filialen, die Herr Horten besaß.

Mutter kochte unser aller Lieblingsessen: Gulasch, Reibeknödel und Sauerkraut. Die Instruktorin machte auf alle Familienmitglieder einen guten Eindruck. Sie war freundlich, auskunftsfreudig, unterhaltsam und verzehrte Mutters Essen mit demselben Appetit wie die Oma und wir Kinder. Den Abschluss des Bewerbungsverfahrens bildete ein Gespräch mit Geschäftsführer Brenner. Er amüsierte sich köstlich über meinen Aufsatz, gespickt mit altruistischen Wünschen.

Wenige Monate vor diesem Besuch bangte die ganze Familie um Mutters Leben. Sie erkrankte an Tuberkulose. Beim Röntgen zeigte sich ein Schatten auf der Lunge. Mutter musste sich schonen, im Bett bleiben und eine besondere, Kräfte aufbauende Kost bekommen. Durch Mutters lebensbedrohende Lungenkrankheit wurde mir bewusst, dass man mit Geld Leiden verringern kann. In einem Sanatorium am Meer wäre Mutter schneller genesen. Sehr lange war sie bettlägerig, und als der Arzt endlich feststellte, dass der Schatten auf der Lunge weg ist, wagten wir Kinder es, sie wieder fest zu umarmen.

Ich brauchte nicht lange überlegen. Zu allererst wollte ich eine Haushaltshilfe für meine abgemagerte, noch immer blass und krank aussehende Mutter einstellen und von meinem Gewinn bezahlen. Kurz vor dieser Klausur hatten wir zu Hause zum ersten Mal Kokosnuss gegessen. Sie schmeckte so wunderbar, dass ich mir »einen ganzen Berg Kokosnüsse kaufen würde«, schrieb ich begeistert in diesen Bewerbungsaufsatz. Unerwartet schnell kam ein Brief mit einem Lehrvertrag, der mir das Gefühl gab, die erste Hürde in die Arbeitswelt übersprungen zu haben. Mein Wunsch, in diesem schönen Kaufhaus arbeiten zu dürfen, ging in Erfüllung. Zwischen Herrn Brenner und mir entstand eine besondere Beziehung. Er machte alle paar Tage einen Rundgang durch das ganze Haus und erkundigte sich öfter nach meinem Wohlergehen und fragte mich mit breitem Lächeln, ob ich immer noch gerne Kokosnüsse essen würde.

Oberlehrer Stephan hielt nicht viel von Kaufhäusern und von dieser Lehre. Sein kritischer Kommentar brachte mich wiederholt ins Grübeln und trübte meine Vorfreude auf das künftige Berufsleben in diesem prächtigen vierstöckigen Gebäude. Der Instruktionsraum mit den neuen Möbeln wirkte in seiner Eleganz Vertrauen erweckend, und dass die Firma für die Lehrlingsbetreuung eine Instruktorin beschäftigte, die sich ausschließlich um die Lehrlinge kümmerte, war lobenswert und beeindruckte alle Eltern und Bekannte.

Zufällig konnte ich mir das Buch »Soll und Haben« von Gustav Freitag leihen, und über dieser Lektüre vergaß ich die missbilligende Bemerkung des alten Lehrers. Schließlich brachte es der kaufmännische Lehrling Anton Wohlfart, wegen seiner erworbenen Kenntnisse und seiner klugen Entscheidungen zum Geschäftsführer und durch Heirat zum Firmeninhaber. Mit Genugtuung stellte ich fest, dass mich diese Ausbildung dazu berechtigte und befähigte, eine Firma zu gründen und Lehrlinge auszubilden. Mal sehen, was sich daraus machen ließ?

Lehrjahre

Lampenfieber nannten die Leute am Theater das Gefühl, Reisefieber nannte ich damals meine leicht nervösen Empfindungen, die ich die ersten Tage im Kaufhaus durchlebte.

Jeder der über zwanzig Lehrlinge, die mit mir ihre nun dreijährige Ausbildung begannen, bekam zwei braune glänzende Satinkittel. Sie hatten einen beigefarbenen Kragen, wurden vorne mit hellen Perlmutknöpfen durchgeknöpft und in der Taille nach hinten mit einem Gürtel zugebunden. Der Gürtel war aus demselben Stoff wie die Kittelschürze. Außerdem bekamen wir ein hellblaues, leicht durchsichtiges Täschchen, in dem wir unsere persönlichen Dinge mit in das Geschäft nehmen konnten, wie Portmonee, Taschentuch und Kamm. Lippenstift und Make-up waren in diesem Alter streng verboten. Selbst im dritten Lehrjahr befahl mir meine Chefin, sofort den Lippenstift von meinen Lippen zu entfernen.

In einen nummerierten schmalen Spind, der abschließbar war, sich in einem langen schmalen Raum im Keller des Kaufhauses befand, konnten wir unsere Garderobe unterbringen. Eindringlich wies man darauf hin, dass beim Verlassen des Kaufhauses die Taschen im Pförtnerhaus stichprobenartig kontrolliert werden. Das sei eine Vorsichtsmaßnahme gegen Diebstähle. Diebe würde man sofort entlassen.

Ich kam in die Abteilungen 44, 45, 48 und 49. Dort wurde Nacht- und Babywäsche verkauft sowie Miederwaren und Schürzen für Frauen. Nicht gerade erfreut stellte ich fest, dass ich wieder die Jüngste und die Kleinste in der Gruppe war.

Sofort nach Geschäftsschluss um 18.30 Uhr mussten die Lehrlinge die Böden in ihrer Abteilung putzen und zwar erst nach Beendigung des Schlagers »Auf Wiedersehen, auf Wiedersehen, bleib nicht so lange fort, denn ohne dich ist's halb so schön, darauf hast du mein Wort ...«, der über die Lautsprecheranlage abgespielt wurde. Mir wollte meine Chefin Frau Mascher diese schwere Arbeit nicht übertragen. Dazu sei ich noch zu schwach: »Nachher hebst du dir noch einen Bruch und ich hab dann Ärger.« Doch ich hatte den Ehrgeiz, alles genauso zu können, wie alle anderen Lehrlinge, protestierte und bekam einen Eimer, einen Putzlappen und einen Schrubber. Den Eimer versprach ich nicht randvoll zu machen.

Mein Vorbild und meine anfängliche Betreuerin war Sonja aus dem zweiten Lehrjahr. Ein flinkes hübsches schwäbisches Mädchen, das mit allen aufgetragenen Arbeiten als Erste fertig war und abends auch die Abteilung vor allen anderen verließ. Ihre drei Gänge wurden nie richtig sauber und trotz mehrmaligem Ermahnen der Abteilungsleiterin, strengte sie sich nicht an. »Also diese Art von Trockenputzen ist eine bodenlose Unverschämtheit«, schimpfte Frau Mascher und kippte den vollen Wassereimer um. Sonja musste nun von allen Seiten unter den Tischen herputzen und war eine der Letzten, die das Kaufhaus verließen. Meine Schadenfreude hielt sich in Grenzen, denn einer meiner Gänge bekam auch etwas Wasser ab, und ich war gezwungen, ihn ein zweites Mal zu wischen.

Abends, nach sieben Stunden Arbeit im Stehen und einer Stunde Arbeitsweg, plagten mich, nach der anfänglichen Freude über den Wechsel aus der Schule in den Beruf, Unlust und Müdigkeit. Das Verhalten meiner Kollegen machte mich wütend. Manchmal schlief ich vor Müdigkeit bekleidet auf der Couch im Wohnzimmer ein, voller Mitleid zog Mutter mich aus und brachte mich zu Bett.

Üblich war ein halbes Jahr Probezeit. Meine Begeisterung für das Kaufhaus und das Verkaufen war verschwunden. Ein Tag war wie der andere: Schränke, Verkaufstische, Kabinen, Fenster und Boden putzen, Kunden bedienen und sieben Stunden Berufsschulunterricht und Instruktion. Fünf Stunden jede Woche bei Frau Hauser und zwei Stunden über die Interna der Kaufhauskette, in einem Unterrichtsraum im Nebengebäude.

Unser Haus war eines neben etwa 50 weiteren Kaufhäusern in den Großstädten der Bundesrepublik. Einmal im Monat bekamen wir eine hauseigene Zeitung. Wir mussten sie in einer Mappe sammeln. Neben Konzerninformationen gab es auch Mitteilungen über den vierteljährlich stattfindenden Lehrlingswettbewerb. Einmal wurde ich drittplazierte mit der Benotung aus der Berufsschule, von der Instruktorin und der Abteilungsleiterin.

Die anfangs interessanten Gespräche mit den Kunden, meist Kundinnen, mutierten zu langweiligen ermüdenden Wiederholungen. »Jeden Tag dasselbe Gequatsche«, beklagte ich mich bei Mutter. Die Kolleginnen drücken sich davor. Besonders Frau von Hollenhausen verschwand schnell hinter den Kleiderschürzenständern, sobald sich eine Kundin näherte. Ich bin immer als erste dran. Heute probierte eine Frau in der Kabine neun Nachthemden an, kaufte dann keines davon, und alle machten sich auch noch über mich lustig, dass ich das mitgemacht habe. Ich mag da nicht mehr hingehen. Dafür drei Jahre Lehrzeit ist viel zu lang. Ich arbeite als Lehrling für die 60 Mark Lehrgeld (40 DM Brutto + 20 DM Kultur- und Bildungsbeihilfe; 50 DM 2. Lehrjahr; 70 DM 3. Lehrjahr, dazu die gleich bleibend hohe Kultur- und Bildungsbeihilfe) mehr als die ausgelernten Verkäuferinnen. Wir armen Lehrlinge werden schamlos ausgenutzt.«

»Lehrjahre sind keine Herrenjahre«, belehrte mich Mutter und erkundigte sich: »Bestimmt gibt es auch mal lustige und nette Erlebnisse.« »Ja, aber selten. Neulich fragte eine Bäuerin von der Alb, mit einem Büstenhalter in beiden Händen, wo man denn hier die Strümpfe festmachen könne. Da konnte ich mich nicht mehr beherrschen, drehte mich schnell um und ging lachend in die Kabine. Als ich mich ausgelacht hatte, holte ich mehrere Hüfthalter. Sie probierte sie an und kaufte den billigsten, dabei sollen wir möglichst die teureren verkaufen. Frau Mascher rügte mich, als die Kundin weg war, weil da noch zwei Ladenhüter wären, die ich auch hätte anbieten sollen. Eine Mark Prämie stand auf der Rückseite des Etiketts, und sie gab mir eine Prämienkarte zum Aufkleben und Sammeln der kleinen gezackten Abreissmärkchen. Sie sehen aus wie eine halbe Briefmarke und werden monatlich im Büro oben abgerechnet, und das Geld wird mit in die Lohntüte gelegt. Lydia lobte sie wegen ihrer Tüchtigkeit; sie ist im dritten Lehrjahr und anerkannte Meisterin im Verkaufen von Ladenhütern. Ich möchte lieber den Kunden gute Sachen verkaufen. Mir ist das peinlich.«

Mutter bestand darauf, dass ich die Lehre beendete. Mit einer abgeschlossenen Lehre hätte ich gute berufliche Chancen. Durchhalten können sei ganz wichtig im Leben. Das würde ich damit beweisen. Wäre es in einer Apotheke interessanter gewesen? Hatte Lehrer Stephan Recht?

Den Sommer nach meiner Konfirmation, meinen ersten Urlaub, verbrachte ich auf Einladung meines Vaters in Rosenheim. Von den

Gleichaltrigen wurde ich gefragt, ob ich keine Angst hätte, so allein im Zug. »Nein, das habe ich nicht«, antwortete ich, »ich freue mich darauf, das Umsteigen und das Schleppen des Koffers werde ich schon schaffen.« Meine erste Zugfahrt von Rosenheim nach Grafling war mir noch in guter Erinnerung. Im Zweifelsfall wollte ich einfach die Schaffner oder die Mitreisenden fragen.

Drei Wochen Urlaub erschienen mir zu Beginn endlos lang, analog der Vorweihnachtszeit. Diese Reise mit der Bahn empfand ich als eine Auszeichnung: Die Erwachsenen trauten mir die alleinige Bewältigung dieser ziemlich langen Strecke zu.

Vater wohnte schon länger in einem Zweifamilienhaus am Stadtrand: Großes Wohnzimmer mit Schränken, einer attraktiven Sitzgruppe, Blumenständer und Wandschmuck. Wohnzimmer, Küche, Schlafzimmer, Bad und eine kleine Abstellkammer galten auf dem Immobilienmarkt als Zweizimmerwohnung.

Zum ersten Mal schlief ich allein in einem Raum, auf der ausziehbaren Couch im Wohnzimmer. Vater und Bruder schliefen in den Ehebetten im Schlafzimmer, Else in der Küche, weil sie als erste aufstehen musste. Sie arbeitete ganztägig in einer Strumpffabrik. Dort habe sie die Stelle bekommen, weil sie in Polen ähnlich beschäftigt war, erfuhr ich. Mit Strümpfen.

Vater sagte, er habe Urlaub. Er kümmerte sich um den Haushalt. Wir Kinder halfen ihm beim Kochen und Putzen. Die Wohnung war vorbildlich, schon beinahe steril, penibel aufgeräumt.

Kleidung war in den 50er Jahren teuer, mühsam zu waschen und zu bügeln. Man trug alle Sachen so lange, bis sie richtig schmutzig waren. Deshalb freute ich mich sehr, als er mir eröffnete, dass er mir Sommersachen kaufen wolle. In einem Bekleidungshaus durfte ich mir Konfektionsware aussuchen: weiße Westenbluse mit aufgedruckten Kirschen, einen roten Rock mit weißer Spitze am Saum und dazu noch passende Schuhe. Begeistert von Stöckelschuhen, wählte ich Riemchensandalen mit ziemlich hohen Absätzen. Konfektionsware war Kleidung zweiter Wahl, billiges Zeug, mit heißer Nadel genäht, sagte man abfällig. Es war mir egal. Mir gefielen meine neuen Sachen von der Stange. Strahlend und dankbar drehte ich mich mit ihnen vor dem dreiteiligen Spiegel in Reinholds und Elses Schlafzimmer.

Bald danach besuchten uns eines Abends ehemalige Nachbarn aus der Münchner Straße. Vater stellte fest, dass er kein einziges Foto von mir hatte und ließ uns von Frau Zierl mit deren neuem Apparat fotografieren. Er sorgte dafür, dass ich die Fotos nach Reutlingen gleich mitnehmen konnte.

Fast jeden Tag war schönes Wetter. Man hatte für mich ein Fahrrad ausgeliehen, und wir machten Touren an Mangfall und Inn. »Selbstverständlich besuchen wir Klasens«, beschied mich Vater auf mein fragen. »Jetzt mit den Fahrrädern.« Das war natürlich viel angenehmer als vor Jahren zu Fuß. Ich freute mich sehr auf ein Wiedersehen mit den Freunden. Bei ihnen war es immer interessant und gemütlich. Leider lebte Lydia nun in einem Münchener Vorort in einem Mehrfamilienhaus; sie war verheiratet. Mit einem liebenswürdigen Bankangestellten, wie ich bald feststellen konnte. Lydia und ihr Mann luden mich zu sich ein. In der Wohnung unter ihr wohnte ihre verwitwete Schwiegermutter, mit der sie sich gut verstand.

Die letzten vier Tage meines Urlaubs verbrachte ich mit den drei Erwachsenen, die mich mit vielen bayerischen Schmankerl verwöhnten. Am vorletzten Tag fuhren wir mit Fahrrädern zum Schwimmen an den Wörthsee. Auf dem Heimweg mussten wir eine Kreuzung an der Landstraße überqueren. Wir warteten, warteten und warteten. Schauten ständig hin und her und kamen nicht über die Straße, weil ein Auto am anderen an uns vorbeifuhr. »Hier hätte man schon längst eine Ampel aufstellen müssen«, stellte Fredi fest, und als niemand anhielt, gab er Lydia sein Fahrrad zum Festhalten und ging mit erhobenem rechten Arm in die Mitte der Fahrbahn. Die Autos stoppten. Alle wartenden Radler und Fußgänger gingen schnell an ihm vorbei auf die andere Straßenseite und bedankten sich im Vorübergehen. Münchner Verkehr war 1956 schon umfangreicher als in anderen Städten. Das und Fredis mutiges Verhalten blieb ein lichter Teil in meinem Gedankenspeicher.

Schade, dass drei Wochen so schnell vorbei sind, stellte ich auf der Heimfahrt im Zug fest. So sollte das Leben immer sein: jeden Tag einen Ausflug bei schönem Wetter, kein Streit, ständiges Zusammensein mit warmherzigen Menschen.

Ich genoss Vaters Fürsorge in diesen Urlaubstagen, die freundliche Aufnahme in seinem Bekanntenkreis und die anregenden Ausflüge mit dem Fahrrad. War seine herzliche Aufnahme als eine Art von Wiedergutmachung gemeint? Nach meinem damaligen Empfinden war es zu wenig für das, was er Mutter und mir angetan hatte. Er suchte nicht nach uns, beteiligte sich nicht an meinem Unterhalt. Drei Jahre Terror durch meinen wütenden Stiefvater ließen sich nicht so leicht wieder gut machen. Die wenigen unbeschwerten Tage waren eine Briefmarke auf dem Meer der Tränen über die erlittenen Schrecken.

»Gott sei Dank, da bist du ja!«, empfing mich Mutter.« Ich war schon bei Horten und habe mich erkundigt, wann du wieder zur Arbeit musst.« Es tat mir leid, dass ich ihr nicht geschrieben hatte, aber ich war zu beschäftigt, und es ergab sich auch keine Gelegenheit.

Landsmannschaft Weichsel-Warthe

Die Flüchtlinge schlossen sich zu Landsmannschaften zusammen. Wir gingen regelmäßig zu der »Landsmannschaft Weichsel-Warthe« Reutlingen. Stiefvater war Flüchtling aus Schlesien, kam aber gerne mit zu unseren Treffen. Während meiner Lehrzeit engagierte ich mich in der Jugendgruppe unserer Landsmannschaft.

Vor Weihnachten, zu Karneval und anlässlich des Erntedankfestes trafen sich die Mitglieder der Landsmannschaft Weichsel-Warthe im Saal der Gaststätte Uhlandhöhe. Ein Vorstand organisierte die Treffen.

Einmal im Jahr gab es ein Grützwurstessen, bei der die Jugendgruppe dem Gastwirt beim Servieren helfen musste. Es war nicht einfach, einen Metzger zu finden, der Grützwurst machen konnte. Dazu aß man Sauerkraut und Salzkartoffeln oder Kartoffelbrei. Die

Wirtin brachte uns das gleichzeitige Tragen von drei Tellern bei: in jeder Hand einen und auf dem linken Handteller den dritten, wie eine richtige Kellnerin.

Über die »Charta der deutschen Heimatvertriebenen« wurde hin und wieder gesprochen. Nie wieder sollte es Krieg geben. Der Vision von einem friedlichen Leben in einem geeinten Europa stimmten alle zu. Kein Militär. Nie mehr Krieg. Für den verlorenen Besitz wollte niemand in unserem Bekanntenkreis sein Leben riskieren, aber alle trauerten um die verlorene Heimat. In der Schule und in der Kirche waren der Krieg und seine verheerenden Folgen kein Thema. Nur in den Heimatverbänden konnte man über die private Sicht, die eigenen Emotionen reden.

Mutter litt unter der Trennung von ihrer Großmutter, ihren Eltern und Geschwistern. »Man hat niemanden aus der Familie in der Nähe. Wenn ich daran denke, wie Vater auf den Hausbau, auf Vermögen gespart hat, sich und uns nicht das kleinste Vergnügen gönnte, dann werde ich noch heute wütend. Daraus hab ich gelernt, dass man sich wenn möglich, jeden Tag etwas Gutes tun muss. Wir haben so hart gearbeitet und gespart. Und jetzt soll das alles verloren sein? Ich kann gar nicht darüber nachdenken. Was hab ich bloß von meinem Leben?«, fragte sie sich. Ein wenig Trost fand sie beim Genuss einer Zigarette, einer Tasse Kaffee und einem guten Essen. Sie kochte gern und gut. Ihre Sehnsucht nach mehr Abwechslung und mehr Raum lebte sie beim Umräumen der Wohnung aus. Das schaffte sie, zum Verdruss der übrigen Familienmitglieder, ganz allein. So stand mein Bett plötzlich knapp hinter der Wohnzimmertür, weil das Wohnzimmerbüfett an der anderen Wand auf Besucher mehr Eindruck machte, was stimmte.

Für die über Vierzehnjährigen gründete man eine Jugendgruppe. Sie wurde von dem ältesten Jungen Adolf Schlag geleitet und traf sich abends, in einem städtischen Gebäude, in der Stadtmitte. Zur Finanzierung von Ausflügen und anderen Aktivitäten erhielt die Gruppe eine bescheidene Geldsumme. Man übertrug mir die Führung der Kasse.

Eines Abends brachte unser Leiter einen Atlas mit. Jeder Anwesende suchte seinen Geburtsort. Meiner, Lodz, war schnell zu finden. Erstaunt stellte ich fest, dass ich in einer Großstadt geboren bin, die fast so groß ist wie die Hauptstadt Warschau. Wir fanden die Flüsse Weichsel und Warthe, nach denen unsere Landsmannschaft benannt war. Sehr grob schätzten wir den Fluchtweg unserer Eltern in Kilometern. Es war eine riesige Entfernung, die von allen über mehrere Etappen ging. Bei allen über das Lager Friedland. Von den Älteren erfuhren wir ihre Alltagserlebnisse, geprägt durch die Berufe der Eltern.

Man unterhielt sich über Familiengeschichten, Nationalgerichte, übers Kochen und Backen, kirchliche Ereignisse und die damit verbundenen Bräuche. Wie in Deutschland, schmückte man auch in Polen zu Palmsonntag, zu Ostern, zu Erntedank und zu Weihnachten die katholischen und evangelischen Gotteshäuser. Beide Glaubensrichtungen waren in unserer Gruppe vertreten und akzeptiert; kaum der Rede wert, außer wenn Geschwister Kommunion oder Konfirmation hatten, und man wegen der bevorstehenden Festtagsvorbereitungen nicht zum Treffen kommen konnte.

Jeder wohnte mit anderen Ostflüchtlingen und Vertriebenen in einem Wohnblock, wo andauernd Konfliktbewältigung anstand. »Über uns wohnen Leute aus dem Banat mit fünf Kindern, die sind furchtbar laut«, lamentierte Adolf. »Der älteste Sohn ist Stammgast in einer Kneipe, ich glaube Jägerstüble heißt die, und poltert jedes Wochenende und noch zwischendurch laut grölend durch das Treppenhaus. Dann gibt es dauernd Ärger mit der Hausordnung. Manche putzen einfach ihre Treppe nie, und andere nehmen ihre Wäscheleine nicht von den Wäschestangen ab oder lassen die Wäsche tagelang auf dem Boden hängen«, beklagte er sich. »Bald jeden Tag gibt es einen anderen Ärger. Meine Mutter leidet sehr darunter. In der Heimat hatten wir das Haus für uns allein. Wenn es ginge, würden wir am liebsten wieder zurück machen.«

»Ich beneide die Einheimischen auch um ihre Häuser. In unserem Block ist eine Familie aus der Tschechoslowakei, eine aus Schlesien, zwei sind aus Siebenbürgen und eine kommt aus Ostpreußen«, beschrieb ich ergänzend. »Diesen Ärger gibt es bei uns auch. Außerdem diese ganzen Verbote: Nicht auf den Rasen, nicht nach zehn Uhr baden, nichts zum Fenster heraus ausschütteln. Ich muss mit dem Staubtuch zum Treppenhausfenster laufen. Meine Großeltern und Eltern hatten eine Landwirtschaft, Pferde, Kühe, und was so dazu gehört. So ein Leben würde mir viel besser gefallen. Man könnte reiten und im Sommer draußen im Garten sein. Auf einem Bauernhof wäre es nicht so langweilig wie hier. Wir wohnen zu sechst in dreiundsechzig Quadratmetern und haben nicht einmal einen kleinen Balkon. Ich muss in einem Klappbett im Wohnzimmer schlafen. Es gibt viel Streit. Meine Mutter sagt, dass die Deutschen den Polen und den Juden übel mitgespielt haben mit ihrem Rassenwahn. Die Polen würden die Deutschen mit Recht hassen. Es werden viele Jahre vergehen, bis die Menschen all das Schreckliche vergessen haben. Seit fünf Generationen lebte meine Familie in Lodz und Umgebung. Es war unsere Heimat geworden und sollte es auch bleiben. Unsere Oma hat den General-Anzeiger abboniert, darin las ich, dass alle Landsmannschaften das Recht auf Heimat fordern, sie wollen aber keine Rache oder Vergeltung.«

Während meiner Rederei blätterte Adolf im Atlas. »Ich habe die Charta dabei.« Er fingerte aus der Buchmitte ein weißes DIN-A4-Blatt hervor, gab es an Richard, seinen Nebensitzer weiter und bat ihn, das Papier durchzureichen: »Mir ist niemand bekannt, der an eine Rückkehr oder gar Rückgabe deutschen Eigentums glaubt, aber man tut sich schwer mit Verzichtserklärungen. Lest euch das mal durch. Die Vertriebenenvertreter haben ja hier auf Rache und Vergeltung verzichtet. Nie wieder Krieg, sagen alle. Polen behält deutschen Besitz als Reparation für die Kriegsschäden. Warschau wurde total zerbombt. In jeder Familie gibt es wahnsinnige Verluste und Todesopfer, wie bei uns auch. Der Krieg war eine furchtbare Katastrophe. Aus dem Osten sind etwa dreizehn Millionen Menschen in den Westen geflohen oder ausgewiesen worden. Jeder fünfte Bundesbürger ist ein Vertriebener, hab ich irgendwo gelesen. Nach dem Zweiten Weltkrieg gab es die größte Völkerwanderung aller Zeiten. Das kann man nicht mehr rückgängig machen.«

»Wenn meine Mutter von früher erzählt, dann möchte ich am liebsten sofort hinfahren und mir alles ansehen. Dieser Wunsch tickt wie eine Unruhe in meinem Herzen. Meine Großmutter und Mutters zwei Schwestern Maria und Hedwig möchte ich kennen lernen, die noch dort leben. Tante Manja ist meine Patentante. Es ist sehr traurig, dass wir uns nicht besuchen können. Zu meiner Konfirmation hat sie mir weißen Stoff für ein Kleid geschickt. Das Paket war zu lange unterwegs und kam zu spät«, beschwerte ich mich.

Ingrid ging es als einziger in unserer Gruppe besser. Ihre Eltern konnten ein Reihenhaus kaufen, das sie zu viert bewohnten. Ihr Vater, ihre Mutter und ihr älterer Bruder verdienten gut, dazu kam eine größere Summe Lastenausgleich, so dass sie davon das Haus abzahlen konnten. Neben solchen seltenen Ausnahmen war in allen anderen Familien das Geld knapp.

»Kannst du Polnisch?«, fragte mich an einem Abend der Gruppenleiter gleich nach der Begrüßung. »Warum fragst du?«, wollte ich wissen. Adolf: »In ein paar Wochen soll eine Vertriebenen-Delegation zu einem Besuch nach Polen fahren. Sie wurde eingeladen, und man solle auch zwei oder drei Jugendliche mitbringen. Sie müssten aber die polnische Sprache beherrschen. Der polnische Staat hat eine Generalamnestie erlassen und will einen Aussöhnungsprozess starten.« »Nein. Schade. Ich sprach wohl als Kleinkind Deutsch und Polnisch, aber in Deutschland vermied meine Mutter alles Polnische. Flüchtlinge waren Pollacken und anderes Gesindel. Vorbeugend verhielt sich Mutter möglichst unauffällig.« »Vielleicht kann dir deine Mutter bis dahin das Wichtigste beibringen?« »Nein, das schaff ich nicht. Ich muss für die Berufsschule so viel lernen und bin ja von morgens sieben Uhr bis abends sieben Uhr unterwegs. Das Kaufhaus Merkur öffnet um acht Uhr und schließt um halb sieben. Wie blöd! Ich wäre so gern mitgefahren. Vielleicht gibt es im nächsten Jahr noch einmal so ein Angebot. Dann habe ich die ganzen Prüfungen hinter mir und bin ausgelernte Verkäuferin. Das wäre am besten. Leider habe ich dann nur noch vierzehn Tage Urlaub. Als Lehrling bekommt man drei Wochen bezahlt. Sag mir Bescheid, wenn wieder eine Reise angeboten wird«, bat ich Adolf. »Das wird wohl eine einmalige Begegnung bleiben, fürchte ich. Die Kommunisten machen ihre Grenzen eher dicht«, unkte Arnold. »Da sehe ich nicht so schwarz«, merkte ich an. Ich wollte mir die Hoffnung auf ein baldiges Familientreffen nicht nehmen lassen.

Wir Flüchtlingslehrlinge stellten einen weiteren gravierenden Unterschied zu den Schwaben fest. Wir mussten unser Lehrgeld bis auf einen geringen Betrag zu Hause abgeben. Der Nachwuchs der Alteingesessenen durfte das Geld behalten. Unsere Eltern schafften dafür einfache Kleidung, Einrichtungsgegenstände, Geschirr u. a. neu an. Die Einheimischen waren mit diesen Dingen versorgt. Sie konnten ihre Einkünfte für den gehobenen Bedarf ausgeben, sie kleideten sich elegant, trugen im Winter Pelze, kauften sich früher Autos, und im Urlaub verreisten sie nach Österreich, Italien oder in die Schweiz. Flüchtlinge freuten sich schon, wenn sie von Verwandten für ein paar Tage zu einem Besuch eingeladen wurden.

Auslandsreisen blieben lange unerreichbare Traumziele, und die Couch im Wohnzimmer von Großeltern oder Onkeln und Tanten waren gern angenommene, bescheidene Urlaubs- und Ferienunterkünfte. Meist in nicht weit entfernten Orten, weil Bahnreisen verhältnismäßig teuer waren.

Die »Kriegslast« der Einheimischen war die Lastenausgleichsabgabe. Das war im Verhältnis dazu ein geringfügiger Betrag. Sobald sich die Gelegenheit bot, beschwerten sie sich über diese unzumutbare Bürde. Mutter brachte mit »wir Deutschen in Polen haben Hitler nicht gewählt, und wir haben den Krieg nicht gewollt« solche Lamentierer zum Schweigen. Zählte sie dann noch das verloren gegangene Vermögen auf und sprach über den Verlust an Menschenleben – zwei gefallene Onkel – und die Tortur ihrer eigenen Flucht vor den hasserfüllten Polen und Russen, dann wechselten die Leute schnell das Gesprächsthema.

Ich durfte aus meiner monatlichen Lohntüte zehn Mark behalten. Sie reichten für ein Mal ins Kino gehen und ab und zu in die nahe gelegene Eisdiele. Schon damals wurde sie von Italienern betrieben. Obwohl es darin das beste Eis der Stadt gab, aß ich mit Vorliebe für zwanzig Pfennig Sahne. Im dritten Lehrjahr bekam ich neunzig Mark Lehrgeld und durfte dann zwanzig Mark behalten.

Mit Ingrid und Sieglinde freundete ich mich an, und wir besuchten uns gegenseitig. Gerne erinnere ich mich an Ausflüge auf die Alb, die Schneewanderung nach Urach und an Tanzveranstaltungen in Tübingen und an die sonntäglichen Tanztees in Unterhausen. Ich ging gerne zu diesen Treffen.

Als die Gruppenleitung von einem älteren Akkordeonspieler übernommen wurde und immer mehr Familien einen Fernsehapparat anschafften, kamen immer weniger Jungen und Mädchen. Mit den Worten »ich komme nächste Woche nicht, da kommt Caterina Valente im Fernsehen, das will ich sehen«, sagten die Mitglieder immer öfter ab.

»Bonsoir Kathrin« hieß Valentes erste Fernsehshow 1957, die von der ganzen Familie gern gesehen wurde. Mittlerweile gab es in fast allen Haushalten ein Fernsehgerät. Ratenkauf ermöglichte solch größere Anschaffungen. Mutter und Stiefvater finanzierten auf diese Weise auch noch die Waschmaschine und einen Staubsauger.

Jeder in unserer Landsmannschafts-Jugendgruppe beschäftigte sich mit seiner Berufsausbildung. 1957 war ich zum Beispiel mit meinen fünfzehn Jahren im zweiten Lehrjahr und abends meist zum Ausgehen zu müde. Die Älteren zogen aus beruflichen Gründen, oder weil sie heirateten, in andere Orte. Der Gruppenleiter gab auf, und ein neuer fand sich nicht. Der Fernsehapparat war eine interessantere Unterhaltung.

Zu den Erwachsenentreffen kamen auch immer weniger Landsleute. Die zahlreich entstandenen Landsmannschaften, wie die schlesischen, ostpreußischen oder pommerschen, schlossen sich 1957 zum Bund der Vertriebenen (BdV) zusammen und wollten mit einer Stimme sprechen. Die vorhandenen Grenzen wollten sie nicht anerkennen. Da war man sich mit der übrigen deutschen Bevölkerung einig. Es gab jährliche bundesweite Treffen in Großstädten. Dort sahen sich die über die ganze Bundesrepublik verstreut wohnenden Nachbarn nach vielen Jahren wieder. »Schon gebaut?«, sei die bevorzugte Begrüßungsformel unter Flüchtlingen, wurde in den Medien gespottet. Der Vorwurf »diese Dauerflüchtlinge wollen noch als zweite und dritte Flüchtlingsgeneration absahnen«, suggerierte unbescheidenes Anspruchsdenken.

Ein letztes kleines Grüppchen traf sich, meines Wissens, in Reutlingen noch Anfang der achtziger Jahre bei Ingrids Mutter im Reihenhaus. Mittlerweile war sie verwitwet und hatte auch ihren Textilladen aufgegeben. Hedwig und Mutter besuchten die Treffen bis zum Schluss. Irgendwann fand sich kein Organisator mehr für die wenigen Interessenten.

Jugendgruppe beim Karnevalstreffen der Landsmannschaft Weichsel-Warthe, Reutlingen 1957

Stellenwechsel

Den Kaufmannsgehilfenbrief bekam man nicht geschenkt. Immer fielen einige Lehrlinge bei den Prüfungen durch. Sie bestanden aus einer schriftlichen und einer mündlichen Prüfung. Zur mündlichen Prüfung musste man sogar von Reutlingen nach Tübingen. Dort fragte man unser Wissen zur Warenkunde ab. Mir legte man einige Stoffmuster vor, und ich sollte zum Beispiel bestimmen, welcher Stoff mercerisierte Baumwolle ist. Da war ich bestens präpariert.

Eines Tages brachte Frau Mascher aus der Abteilungsleiterkonferenz die Idee mit, unsere Lehrlinge hausintern in Warenkunde zu schulen. Das Kaufhaus wollte seine Kunden besser beraten und sich zweitens in der Stadt und in der Berufsschule mit einer guten Lehrlingsausbildung »einen Namen« machen. Oberstes Gebot: Kaufhauslehrlinge dürfen nicht durch die Prüfungen fallen! Diese Aufgabe übertrug man den guten Lehrlingen im dritten Lehrjahr. In unserer Abteilung war ich in dieser Ausbildungsphase.

Eine halbe Stunde vor Ladenöffnung versammelte ich unsere vier weiblichen Lehrlinge vom ersten und zweiten Lehrjahr um die Verkaufstheke und unterrichtete Warenkunde. Zuerst erledigte ich diese Aufgabe widerwillig. Die Vorbereitungen für den Unterricht konnte ich zum Teil während der regulären Arbeitszeit machen, und das machte mir mehr Spaß als Kunden zu bedienen. Zufrieden stellte ich fest, dass ich dabei am meisten lernte, und tatsächlich verbesserte sich der vierteljährlich in der hauseigenen Illustrierten bekannt gegebene Notendurchschnitt der Lehrlinge. Nachdem ich der drittbeste Lehrling aus allen Kaufhäusern des Konzerns geworden war, waren das Haus, die Abteilung, meine Familie und nicht zuletzt ich selbst, zwei Tage stolz. Neben den Noten aus der Berufsschule zählte zu dieser Bewertung auch die Beurteilung der Abteilungsleiterin und der Instruktorin.

Mit nicht ganz sechzehneinhalb Jahren beendete ich die Ausbildung, hatte den Kaufmannsgehilfenbrief, der mich im entsprechenden Alter berechtigte, ein Geschäft zu eröffnen und Lehrlinge auszubilden.

Ab April 1959 verdiente ich als Jungverkäuferin 165 Mark im Monat und bekam vierzehn Tage bezahlten Urlaub. Dafür arbeitete ich 45 Stunden in der Woche: von Montag bis Freitag acht Stunden und am Samstag fünf Stunden, von acht Uhr bis vierzehn Uhr.

Neidisch registrierte ich, dass die Büroleute am Samstag frei hatten und auch noch mehr Geld verdienten als die Verkäuferinnen. Ein Kassendienst von wenigen Büroangestellten sammelte auf den vier Etagen die Tageseinnahmen ein und überprüfte die Registrierkassen; waren keine Kunden da, unterhielt ich mich ein wenig mit ihnen.

Jeder Kasse war nur eine Kassiererin zugeteilt, die mit der Kassenkontrolleurin nach Geschäftsschluss abrechnen musste oder verpflichtet war, bei Übergabe der Kasse an eine Kollegin, einen Kassensturz zu machen. Stimmte der Kontrollstreifen nicht mit dem Geldbetrag überein, dann wurde das auf dem Abrechnungszettel vermerkt, wie etwa: Fehlbetrag oder Mehreinnahmen 20 Mark. Passierte dies mehrmals, so geriet die Kassiererin in Verdacht zu stehlen. Solange ich im Kaufhaus Horten arbeitete, gab es zwei Diebstahlsfälle.

In einen wurde ich verwickelt: Die sehr hübsche und immer sehr schick gekleidete Süßwarenverkäuferin ertappte man beim Griff in die Kasse. Viele Monate fragten wir uns, wie sie diese Garderobe finanzierte und nun wussten wir es. Nachdem der Kittelzwang aufgehoben worden war, entstand eine Art Wettstreit: Wer ist die Schönste, und wer kleidet sich am geschmackvollsten.

Der andere Fall war infamer und brachte mich in tagelange Bredouille. Unsere Abteilungsleiterin teilte morgens die anfallenden Aufgaben zu. Zuverlässigen Jungverkäuferinnen übertrug man das Kassieren, verbunden mit dem Verpacken der Waren. Kassenkontrolleurinnen, die mit ihrem Universalschlüssel jede Kasse öffnen konnten, achteten auf korrekte Kassenführung. Sie kamen unangemeldet und überprüften anhand des Kontrollstreifens den Bargeldbestand. Hielten sich wenig Kunden in einem Verkaufsbereich auf, so nutzten sie dies für eine Stichprobe.

Zügig kam die Kontrolleurin in unsere Abteilung und meinte, dass sie die Kasse prüfen wolle: »Wer macht heute bei euch die Kasse?«, fragend blickte sie alle anwesenden Kolleginnen an. »Ich mach heut die Kasse«, gab ich Bescheid, legte den Stapel Strampelhosen ins Fach zurück und ging in Richtung Kasse. Mit routiniertem Griff öffnete sie das seitlich an der Registrierkasse angebrachte Fach. Ich tippte einen Nullbon, und das Geldfach sprang mir entgegen. Zuerst zählte ich alle Geldscheine, notierte auf einem Notizzettel die Summen, und danach kamen die Münzen dran. Vom Endbetrag zog ich noch die 50 Mark Wechselgeld ab. Frau Wagner beobachtete mich dabei. Während ich die Endsumme schrieb kommentierte sie: »Da fehlen 50 Mark. Es müssen 795 sein, und sie haben nur 745. Schauen sie nach, ob vielleicht ein Fünfzig-Mark-Schein hinter das Fach gerutscht ist.« Vorsichtig hob ich die Geldkassette an, bückte mich und tastete mit der Hand den Freiraum ab. Es fand sich kein Schein. »Das ist mir noch nie passiert«, wunderte ich mich und sah in den Ablagefächern unter der Kasse nach, in der Hoffnung, dort das Geld zu finden. Möglicherweise war er unbemerkt daneben gefallen. Die Kolleginnen kamen und halfen suchen, aber der Schein blieb unauffindbar. Es war mir sehr peinlich, dass mir offensichtlich ein Fehler unterlaufen war. »Das ist mir furchtbar peinlich. Es ist ja auch kein kleiner Betrag. Muss ich die fünfzig Mark ersetzen?«, wollte ich wissen. »Nein«, bekam ich zu hören, »ich trage den Fehlbetrag hier in den Kassenbericht ein. So etwas darf eigentlich nicht passieren. Bestimmt sind Sie keine Diebin. Passen Sie besser auf. Im Büro werden die Berichte gesammelt. Gibt es an einer Kasse öfter Fehlbeträge, dann bleibt das nicht ohne Konsequenzen. So etwas nimmt kein Betrieb hin.«

Tagelang grübelte ich darüber nach. Ging alle Situationen, in denen das hätte passieren können, in Gedanken durch. Es bedrückte mich. »Das kann schon mal vorkommen«, trösteten mich alle, bei denen ich mich über dies Missgeschick aussprach. Trotzdem machte ich mir um meine Reputation Sorgen.

Wochen später rief uns Frau Mascher nach der Abteilungsleiterbesprechung zusammen: »Stellt Euch vor, die Frau Wagner hat selbst das Geld aus den Kassen geklaut. Sie wurde bei der Polizei angezeigt, weil wohl eine erkleckliche Summe in all der Zeit zusammen kam.« Dass eine Kassenkontrolleurin eine Diebin war, hätten ich und keine der Kolleginnen jemals in Erwägung gezogen. Es machte uns sehr betroffen. Dieses Wort war 1959 noch nicht in aller Munde.

Horten war das einzige Kaufhaus am Ort, und die anfänglichen Vorbehalte gegen das Warenangebot und das große Gebäude verflüchtigten sich. An den verkaufsoffenen Sonntagen vor Weihnachten kamen so viele Kunden, dass man sich vor lauter Gedränge in den Gängen nur mühsam fortbewegen konnte. Man beschloss, das Gebäude aufzustocken und anzubauen. Die Wiese zum Nachbargrundstück eignete sich dazu. Dort sonnten sich und ruhten sich die Mitarbeiter aus, die einen langen Arbeitsweg hatten und zum Mittagessen nicht nach Hause gehen konnten. Liegestühle standen ausreichend zur Verfügung. Essen bekam man gegen Essensmarken in der Kantine im obersten Stockwerk. Es kostete sechzig Pfennige und wurde vom Firmeninhaber subventioniert. Getränke, Brötchen sowie Gebäck wurden auch verkauft, aber man konnte in dem großen Raum auch sein mitgebrachtes Essen in den drei Pausen verzehren. Fünfzehn Minuten Frühstücks- und Kaffeepause standen den Vollzeitkräften zu, dazwischen zwei Stunden Mittagspause. Leider müsse die Liegewiese geopfert werden. Ruhezonen für Mitarbeiter waren überflüssiger Luxus. Für mich war dies eine gravierende Verschlechterung. Zu Fuß brauchte ich dreißig Minuten bis zur Arbeit. Mit dem Bus war ich eine Viertelstunde unterwegs, aber das kostete Geld.

Man begann mit dem Anbau nach dem Weihnachtsgeschäft. Mauern wurden abgehämmert. Presslufthämmer verschluckten jedes normale Gespräch. Krach, Geschrei, Staub und Kälte wurden »unser täglich Brot«. Die abgerissenen Mauern ersetzte man durch dünne Holzwände. Man fror ununterbrochen. Unsere Klagen bei der Geschäftsführung beantwortete man mit der Anschaffung von elektrischen Heizkörpern. Kaum hatten wir unsere Abteilung etwas erwärmt und uns wegen Kundschaft vom Heizkörper entfernt, da war er verschwunden. Diesen ganzen Strapazen war ich nicht lange gewachsen. Ein Jahr zuvor war ich noch wegen Untergewicht, nach einer Blinddarmoperation, vier Wochen zur Kur in Hindelang im Allgäu. Trotz Hals- und Kopfschmerzen und Husten ging ich zur Arbeit. Als schließlich der Husten, statt aufzuhören, immer heftiger wurde, ging ich zum Arzt. Er empfahl mir ein paar Tage Bettruhe, verschrieb mir Medikamente und gab mir eine Krankschreibung, die ich innerhalb von drei Tagen dem Arbeitgeber vorzulegen hatte.

Den anderen Kolleginnen ging es genau so. Von den sechs Verkäuferinnen waren vier arbeitsunfähig, und unsere Abteilungsleiterin musste mit zwei Vollzeitkräften und einer Aushilfe die ganze Arbeit bewältigen. Frau Mascher war nie krank und war überzeugt, dass man sich nur vor der Arbeit drücken wolle. »Diese Simulanten ergaunern sich ein paar zusätzliche Urlaubstage und ruhen sich auf dem Rücken ihrer Arbeitskameraden aus«, schimpfte sie über die Abwesenden, und wenn die Genesene wieder zum Arbeiten kam, bestrafte sie die arme Frau mit unfreundlichem Verhalten (nur nicht so lahm, du bist ja jetzt gut ausgeruht!) und mit Putz- und Umräumarbeiten.

Im Nachbarhaus wohnte eine verheiratete Frau, die in dem französischen Geschäft arbeitete, das es seit mehreren Jahren auf der anderen Straßenseite gab. In dem unterkellerten zweistöckigen Bau gab es eine Metzgerei, einen Lebensmittelladen und einen Haushaltsartikelladen. Wir Deutschen beneideten die Franzosen um diese nahe gelegene Einkaufsmöglichkeit. Deutschen war das Einkaufen dort nicht erlaubt.

Strapaziöse fünfzehn Minuten Fußmarsch bei Wind und Wetter und die Schlepperei machten das Einkaufen beschwerlich.

Die verheiratete Nachbarin arbeitete gern in diesem Laden. Auch sie dürfe dort nichts kaufen, erzählte sie, und dass sie einen Trick gefunden habe, die billigeren Waren zu bekommen. Sie habe sich mit einem französischen Kollegen angefreundet, der für sie mitkauft und ihr die Sachen nach Hause bringt. Da er fünf Kinder habe und viel Lebensmittel brauche, falle es nicht auf. Während sie dort arbeite, dürfe sie essen, was sie wolle. Freimütig erzählte sie mir auch, was sie dort verdiene, und erstaunt stellte ich fest, dass ihr Gehalt ein Drittel höher war. Empört über meine rücksichtslose Chefin, die mich auch in dieser gesundheitsgefährdenden Bausituation nicht mit ihren Anfeindungen verschont hatte, klingelte ich bei Frau Schäufele. Ich hatte Glück. Eine Französin war nach Frankreich zurückgekehrt, und man suchte eine Ersatzkraft: eine Lebensmittelverkäuferin.

Gleich am nächsten Tag ging ich in meiner Mittagspause in das Büro im ersten Stock. Der stellvertretende Geschäftsführer war Elsässer und sprach deutsch. Man kannte mich vom Sehen, und in Frau Schäufele hatte ich eine gute Fürsprecherin. Glaubhaft begründete ich meinen Wunsch nach einem Stellenwechsel mit dem kurzen Weg. Keine Fahrkosten, mehr Freizeit und die Gehaltserhöhung erfreuten mich einen ganzen Sommer. Dazu kam noch die Chance zur Weiterbildung. Ich belegte gleich einen französischen Sprachkurs bei der Volkshochschule und kaufte mir ein Wörterbuch Deutsch-Französisch. Laut Arbeitsvertrag konnte ich das Arbeitsverhältnis innerhalb von vierzehn Tagen auflösen. Sogleich schrieb ich die Kündigung und brachte sie in das Büro des Geschäftsführers. Es war schon lange ein neuer, jüngerer. Vier mühsame Jahre Kaufhaus endeten mit einem kühlen Abschied. Wäre es mir in einer Apotheke besser ergangen?

Economat Franzaises

Weiße Kittel waren in der Lebensmittelbranche obligatorisch. Sie wurden mir von der Sekretärin des Geschäftsführers im Büro ausgehändigt mit der Auflage: Die müssen immer peinlich sauber sein. Der erste April, diesmal ohne »in den April geschickt zu werden«. Vier Monate nach meinem achtzehnten Geburtstag war ich eine vendeuse des Economats des Forces Francaises en Allemagne; succursale de Reutlingen.

Im Gegensatz zu den über 300 Mitarbeitern im Kaufhaus war das Personal eine übersichtliche kleine Gruppe, etwa zehn Personen: der französische Geschäftsführer, der kein Deutsch sprach, sein elsässischer Stellvertreter, der Deutsch und Französisch sprechen konnte und die deutsche Sekretärin, eine dunkelhaarige Schöne, die für den perfekten französischen und deutschen Gedankenaustausch sowie Geld- und Schriftverkehr zuständig war. Eine französische Verkäuferin namens Morisette, drei französische Verkäufer und drei deutsche Verkäuferinnen bedienten die Kunden und kümmerten sich um volle Verkaufsregale und pflegten die verderbliche Ware. In meiner Abteilung waren das die Molkereiprodukte.

Am meisten beeindruckten mich die vielen verschiedenen Käsesorten. Von den köstlichen Camemberts, mir bis dahin unbekannt, gab es viele Sorten. Einer schmeckte besser als der andere. Die Kunden ließen sich die Käseschachteln reichen, öffneten sie und kontrollierten mit einem Fingerdruck auf das weiße Pergament den Reifegrad. Die Gourmets unter ihnen brachten es fertig, alle Sorten durchzuprobieren. Das waren nicht gerade unsere Lieblingskunden. Rocfourt und anderen Hartkäse lieferte man in großen runden Laiben oder in Kastenform. Mit dem Käsemesser zeigte ich auf den Käsekörper und schnitt die gewünschte Menge ab. Sie wurde gewogen, und per Kopfrechnen teilte ich der Kundschaft den Preis mit.

Im Economat arbeitete man mit Kassenzettel und Durchschrift, die mit Hilfe von Kohlepapier entstand. Jeden Posten hielt man handschriftlich fest. Die Endsumme schrieb man auf das Kontrollblatt. Das alles musste schnell gehen, denn nicht selten standen bis zu zehn Personen an. Abends packte man die Käsereste zum Schutz vor Vertrocknung in nasse Handtücher und legte sie in den großen Kühlschrank.

Kleidung, Haushaltswaren und Einrichtungsgegenstände konnten die Militärangehörigen über Kataloge bestellen. Sie lagen in der oberen Etage aus.

Zwei junge Männer kamen alle paar Monate mit einem großen Lastwagen voller Schuhe. Sie sahen nicht nur gut aus, sondern waren auch sehr witzig und erfolgreiche Verkäufer.

Einer war Elsässer, sprach gut Deutsch und fuhr den großen Citroën. Mit dieser Staatskarosse war er die große Attraktion. Jeder,

der vorbeikam, blieb stehen. Die elegante Innenausstattung war faszinierend sehenswert. »Hast du eine Freundin?«, wollte Gerry von mir wissen. Diese erfolgreichen Tage müssten unbedingt besonders begangen werden: mit einem guten Essen im französischen Kasino. Freundin Biggi ließ sich gerne einladen. Das schicke Auto und die Aussicht im Kasino zu essen, war sensationell. Für Deutsche waren die französischen Einrichtungen nicht zugänglich. Man kam nur in Begleitung von Franzosen hinein.

Spinatsuppe bot die Küche als Vorspeise an. Biggi und ich kannten Spinat nur als äußerst gesundes, eklig schmeckendes Gemüse. Überrascht, wie gut diese Suppe schmeckte, plauderte ich Mutters Drohung aus: Der Spinat wird gegessen, du stehst nicht eher vom Tisch auf, bis der Teller leer ist. Die französische Küche machte Spinat mit Sauerrahm schmackhaft. Hauptgericht und Nachspeise kannten wir, aber freuten uns über die leckeren, großen Portionen.

Spät durften wir Mädchen nicht nach Hause kommen, und so endete dieser erste gemeinsame französisch-deutsche Abend mit etwas Petting im Auto. Jeder musste am nächsten Tag früh aufstehen und arbeiten. Tags darauf fuhren die beiden Schuhverkäufer in das nächste Economat.

Lebensmittel müssen kühl gelagert werden. Im Frühling und Sommer hielt ich es gut in den Verkaufsräumen aus, doch die herbstliche Kühle vertrug ich nur wenige Tage, wurde krank und musste mit Bronchitis und Fieber ins Bett. Während meiner Krankheit versäumte ich viele Französischstunden. Den ganzen Tag arbeiten und abends in die Schule, konnte ich gerade noch verkraften, aber das Lernpensum von drei Wochen nachholen schaffte ich nicht. Ich brach den Französisch-Kurs ab, weil ich nichts mehr verstand. Die Lehrerin und meine Kurskollegen parlierten an mir vorbei.

Gerry kam mit der Herbst- und Winterkollektion französischer Schuhe, und wir gingen wieder zu viert aus. Den ersten Abend in das Kasino und am zweiten Abend, einem Samstag, fuhren wir nach Stuttgart in ein Jazzlokal zum Tanzen. Obwohl ich keinen Tanzkurs mitgemacht hatte, tanzten Gerry und ich sehr gut miteinander. Mir brachten die Jungen und Mädchen aus der landsmannschaftlichen Jugendgruppe die wichtigsten Tanzschritte bei: Walzer, Rumba und Foxtrott. Es war ein herrlicher Abend, und ich kam im Morgengrauen nach Hause. Aus Gerry lockte ich das Geständnis heraus, dass er im Elsass eine Freundin habe, die er einmal heiraten wolle. Abends in einer fremden Stadt allein zu sein, sei zu langweilig. Er gehe lieber mit netten Mädchen aus. Ich war ein paar Tage sehr traurig.

Bei Arbeitsantritt, im damals warmen Monat April, kamen mir die Räume des Economats zwar etwas kühl vor, aber die Heizperiode war vorbei. Frühlingstemperaturen machten Pullover und Jacken überflüssig. Hin und wieder zu frieren, war man gewohnt, nahm es mit etwas stöhnen über das schlechte Wetter hin. Im November wurde es sehr kalt, und trotz dickem Pullover unter dem Kittel fror ich ständig.

Mutters »dazumal hast du dir Hände und Füsse erfroren« klang mir nicht nur in den Ohren, sondern wurde auch sichtbar, ich bekam Frostbeulen an Händen und Füßen. Der Arzt verschrieb mir eine Salbe, und ich bandagierte die betroffenen Finger ein. Ich arbeitete mit weißen Handschuhen, weil ich meine Hände warm halten sollte, wie mir der Arzt riet. Das Eiswasser aus dem Kühlschrank sollte ich nicht mehr herausputzen. Billige Gummihandschuhe, wie man sie heute in den entsprechenden Läden bekommt, gab es nicht.

Morisette wollte das nun erledigen. Die Sekretärin und der stellvertretende Geschäftsführer besprachen es mit ihr. Das klappte zwei Mal, und dann vergaß die Kollegin es ständig. Sie verließ immer als Erste den Laden, drückte sich regelmäßig vor den beschwerlichen Arbeiten.

Weihnachten verbrachte ich mit Mullbinden an den Fingern. Enttäuscht von meiner gesundheitlichen Konstitution nahm ich zur Kenntnis, dass ich den Bedingungen des Lebensmittelverkaufs nicht gewachsen war. Aus gesundheitlichen Gründen kündigte ich und arbeitete noch bis Mitte Januar. Ein warmer Büroarbeitsplatz wäre das Richtige. Dort verlangte man Schreibmaschinen- und Stenokenntnisse. Die hatte ich nicht. Was tun?

Enttäuscht von den Arbeitsbedingungen und meiner krankheitsanfälligen Konstitution und den familiären Verhältnissen, wollte ich mich unbedingt verändern. Stiefvater war so unbeherrscht, dass es keine Gewöhnung daran geben konnte. Meine Schwester wollte auch nicht mehr so leben. Sie hatte in der Küche den Gashahn aufgedreht. Mutter kam noch rechtzeitig nach Hause und rettete sie, aber sie wurde nicht mehr richtig gesund, kam von einem Krankenhaus in das andere.

Möglicherweise gab es in Bayern die erwünschten Berufschancen. Das wollte ich herausfinden und fuhr spontan zu meinem Vater. Seine und Elses Antwort auf meine Klagen und Anliegen war: »Du hast zu deiner Mutter zurück gewollt. Jetzt musst du dort bleiben.«

Else demonstrierte ihren Unwillen über mein Kommen wie immer mit Schweigen. Sobald sie aus der Strumpffabrik zu Hause war, herrschte eine gereizte Stimmung. Nach getaner Hausarbeit für ihren Sohn und für sich saß sie in einer Küchenecke auf einem Stuhl und las Loreromane.

Auf dem Arbeitsamt eröffnete man mir, dass in Rosenheim nur perfekte Büro- oder Schreibkräfte eingestellt werden. Routinierte Stenokenntnisse und die höchste Anzahl von Anschlägen auf der Schreibmaschine werden vorausgesetzt. Andere Beschäftigungen könne sie mir auch nicht anbieten, meinte die nicht gerade hilfsbereit wirkende Frau.

Ohne Aussicht auf eine gut bezahlte Arbeit war es sinnlos, noch länger in Rosenheim zu bleiben. Beziehungen zu einflussreichen Leuten hatte Vater nicht. Mir wurde klar, dass es in Baden-Württemberg noch immer mehr Arbeitsangebote gab. Die Zeitung war voller Stellenanzeigen gewesen. Hier war es nicht so, stellte ich ernüchtert fest.

Mit Vater teilte ich mir in diesen Tagen die Hausarbeit. Else weigerte sich, für uns mitzukochen, und ich musste auf Vaters Frage gestehen, dass ich nicht kochen könne. In Gaststätten zu essen, wäre viel zu teuer, und so dachten wir uns einfache Gerichte aus, wie Nudelsuppe aus Suppengrün und Rindfleisch, Kartoffelsuppe und Frikadellen mit Salzkartoffeln. Fertiggerichte waren noch nicht erfunden.

Vater hatte keine feste Anstellung, sondern verdiente sich mit dem Handel von Kleinwaren seinen Lebensunterhalt. Messer und andere Sachen bot er Leuten an der Haustür an. Das tat er von einem Moped aus, das er jetzt neben seinem Fahrrad besaß. Begeistert von der Qualität Solinger Messer schenkte er mir eines und gab mir eines für Mutter mit.

Stiefvater kommentierte meine Rückkehr mit höhnischen Bemerkungen wie, bei deinem Drückeberger von Vater konntest du auch nicht landen, der hält sich so ein Früchtchen von Tochter vom Hals, über mich und meinen Vater. Mutter war besorgt und zuversichtlich, meinte, dass ich bestimmt bald eine Stelle finden würde. Täglich las ich den Reutlinger General-Anzeiger. Er war abonniert. Die Oma bezahlte ihn und las ihn täglich gründlich.

Für meine empfindlichen Extremitäten kam nur ein gut geheizter Arbeitsplatz in Frage. Das hatte ich schmerzhaft gelernt. Einen schönen Büroarbeitsplatz wünschte ich mir, mit guter Bezahlung. Aber ich konnte kein Steno, und auf einer Schreibmaschine hatte ich auch noch nie geschrieben. Einfach eine kaufen und üben war mir nicht möglich. Schreibmaschinen waren teuer. Meine wenigen Ersparnisse auf meinem Postsparbuch reichten nicht aus, die Reise nach Rosenheim kostete mich mehr als ich annahm.

In der Samstag-Ausgabe fand ich das Inserat einer Strickwarenfabrik, die eine Bürohilfe suchte. Ich schrieb eine Bewerbung und wurde mit einem kurzen Schreiben zu einem Vorstellungsgespräch eingeladen. Empfangen wurde ich von einem dunkelhaarigen jungen Mann, der mich zum Buchhalter, der gleichzeitig das Büro leitete, schickte. Man brauche jemanden, der das Telefon bediene, die Stundenzettel der Beschäftigten und ihre Löhne ausrechne und die Post erledige. Schreibmaschine und Steno könne ich nebenbei lernen. Ich sagte, dass ich die entsprechenden Kurse bei der Volkshochschule belegen wolle. Es würde dringend jemand gebraucht, wenn ich am Monatsanfang schon anfangen könne, wäre das optimal. Mein neuer Vorgesetzter stellte mich dann noch dem Firmeninhaber vor, und ich war eingestellt. Hocherfreut verließ ich das Büro. Künftig würde ich noch etwas mehr als im Economat verdienen.

Gleich am nächsten Vormittag suchte ich nach einer Schreibmaschine und entschied mich für eine Reiseschreibmaschine von Olivetti. Der elegante hellblaue Tragekoffer war auch praktisch. Damit konnte man die Maschine überall gut aufbewahren und vor Staub schützen. Ich schloss einen Kaufvertrag ab, der mich zu einer Anzahlung verpflichtete und zu zehn Monatsraten. Es war mein erster und letzter Ratenkauf.

Es passte gut, dass im Frühjahr die Volkshochschulkurse begannen, und ich meldete mich zum Erlernen des Zehnfingersystems und zum Stenokurs an. Etwas bange war mir in den ersten Tagen vor den Anforderungen. Hoffentlich kann ich das alles, sorgte ich mich in den Tagen vor Arbeitsbeginn. Meine Bedenken waren unbegründet, denn die beiden Kollegen arbeiteten mich sehr freundlich ein, zeigten mir, wie ihre Schreibmaschinen zu bedienen seien, zudem ließen sie mich stundenlang üben. Steno war selten gefragt. In den Ordnern fand ich genügend abgelegte Schreiben, die ich einfach entsprechend änderte. Die Hilfstätigkeiten für die Buchhaltung konnte ich den Erklärungen entsprechend erledigen.

Nun ging ich täglich zwanzig Minuten zu Fuß ins Büro, hatte eine kurze Mittagspause, in der ich meine mitgebrachten Brote aß. Zwanzig Minuten nach fünf Uhr war ich schon zu Hause. Der Wechsel brachte mir neben finanziellem Zugewinn auch mehr Freizeit. Bevor ich zur Volkshochschule ging, konnte ich mich noch ausruhen und mich darauf vorbereiten.

Bei jeder Gelegenheit übte ich auf der Schreibmaschine. Mein kleiner Finger schwächelte. Wenn es schnell gehen sollte, wich ich vom Zehn-Finger-System ab, schrieb nach meiner individuellen Methode. Nach einigen Wochen beobachtete ich, dass die meisten Kursteilnehmerinnen schneller tippten als ich. War es für mich wichtig, hier mitzuhalten, vielleicht konnte ich mir diese Anstrengung ersparen?

Neben der Arbeit gab es auch bemerkenswertes Privates. Täglich sah ich die schicken Lurexpullover und viele andere Strickwaren. Loden war hochmodern. Deshalb fertigte die Firma gefütterte Lodenjacken mit Strickkragen und Strickärmel an. Ich kaufte davon eine braune Jacke und eineinhalb Meter Stoff und nähte mir selbst, auf Mutters Nähmaschine (wir fertigten in dieser Zeit für uns individuelle Kleidung aus besonders schönen Stoffen), dazu einen Rock. Dieses Kostüm trug ich viele Jahre immer wieder gern.

Anfang Februar gab das französische Militär bekannt, dass es einen »Tag der offenen Tür« anbiete, mit Besichtigung ihrer Kasernen. Am Abend werden alle Interessierten zu einer kostenlosen Tanzveranstaltung in das Kasino eingeladen.

Überraschend kam Cousin Waldemar zu Besuch. Er besaß schon lange ein eigenes Auto und gönnte sich ab und zu einen Sonntagsausflug zu uns nach Reutlingen. Sich per Telefon miteinander zu verabreden, gab es noch nicht. Spontane gegenseitige Besuche waren eine willkommene Abwechslung vom täglichen Einerlei. Mutter war sehr gastfreundlich. Ich freute mich auch, wenn er kam und wir gemeinsam etwas unternahmen. Manchmal kam Waldemar mit einer Freundin, aber an diesem denkwürdigen Sonntag der »offenen Tür« bei den Franzosen war er allein.

»Die Franzosen haben in allen Einrichtungen heute ›Tag der Offenen Tür‹. In ihrem Kasino ist am Abend Tanz. Da würde ich gern hingehen. Ich war da schon öfter, dort ist es sehr schön, nicht zu teuer, und es kostet heute keinen Eintritt. Hast du Lust mitzukommen?«, fragte ich ihn. Er wollte.

Es war ziemlich voll, doch wir fanden einen Platz an der Wand mit den hohen Fenstern. Am Nebentisch saßen nur Italiener, wie ich den Wortfetzen entnehmen konnte, die den Raum, neben Französisch und Deutsch füllten. Einer von ihnen schaute dauernd zu mir herüber, und ich dachte, »der Mann sieht gut aus, schade, dass er Italiener ist.«

Über unserem Tisch befand sich ein weit geöffnetes Oberlicht. Unangenehm. Ich registrierte Durchzug, ging entschlossen zum Fenster, und während ich den Hebel des Öffnungsgestänges nach oben drückte, fragte mich der gut aussehende Italiener in perfektem Deutsch: »Ist Ihnen kalt, junge Frau?« »Nein, es zieht. Es ist besser, später nochmals zu lüften«, erwiderte ich freundlich lächelnd.

Wir hatten gerade unser Getränk bekommen, da fing die Kapelle zu spielen an, und der leicht graumelierte Fremde im dunklen Anzug forderte mich zum Tanzen auf. Auf der Tanzfläche erzählte er mir, dass er Bundeswehrsoldat auf der Alb sei. Sein Chef befahl ihm – im Rahmen des militärischen Austauschprogrammes zwischen der Bundesrepublik und Frankreich – zum »Tag der offenen Tür« nach Reutlingen zu fahren.

Das Repertoire der Musiker mit vielen aktuellen Schlagern wie Freddi Quinns »Die Gitarre und das Meer« lockte uns immer wieder auf die Tanzfläche. Ich legte nicht meinen linken Arm in die Armbeuge meines Tanzpartners, wie ich es meistens tat, um Abstand zu halten. Beim Tanzen nach dem Schlager »Eine Reise ins Glück, wünsche ich mir so sehr« zog er mich ganz eng an sich und sang mir den Text leise ins Ohr. Dabei konnte ich feststellen, dass er gut roch. Seine Stimme umschmeichelte mich mit einem angenehmen Timbre. Fröhlich entlockten wir uns gegenseitig unsere Vorstellungen vom Glück. Sein Glück wäre eine liebe Frau, Familie, in einer schönen Wohnung flüsterte es an meinem Ohr. Ich flüsterte zurück: Eine große Familie, zehn Kinder. Schließlich bot mir mein Tanzpartner an, mich mit seinem VW nach Hause zu bringen, denn Waldemar musste, für uns viel zu früh, Richtung Schwarzwald aufbrechen. Wir tanzten bis zum Abschiedssong um vierundzwanzig Uhr jeden Tanz. Zum Schluss drehten sich noch ungefähr zehn Pärchen mit uns auf der Tanzfläche. Die Musiker erfreute unsere Fröhlichkeit so sehr, dass sie sich zu mehreren Zugaben klatschen ließen. Wir waren überhaupt nicht müde. Noch auf dem Heimweg, im Auto, unterhielten wir uns angeregt, stellten fest, dass wir beide Flüchtlinge aus dem Osten waren: aus Ostpreußen und dem Warthegau. Wehmütig gestanden wir uns ein, dass wir gern unsere Geburtsstätten besuchen würden, wobei uns die vielen Hindernisse bewusst waren. Auf der Heimfahrt verabredeten wir uns für den kommenden Mittwoch.

Viele Leute waren gegen die Bundeswehr, auch einige meiner Freunde und Bekannten, sie meinten, wenn überhaupt Militär, dann nur zur Verteidigung. Wehrdienstverweigerung entstand, und manch junger Mann umging diese Berufsunterbrechung durch einen Umzug nach Berlin.

Am nächsten Tag erzählte ich Mutter, dass ich den ganzen Abend mit einem sehr netten Bundeswehrsoldaten getanzt habe, der ein guter Tänzer wäre. Gegen meine sonstigen Gewohnheiten ließ ich mich von ihm mit seinem Auto nach Hause fahren. Der Mann wäre auf der Alb stationiert und hieße Egon Schöpf. Seine Eltern wohnten jetzt im Ruhrgebiet und sind dorthin aus Ostpreußen geflüchtet. Mutter und ich lachten über seinen Vornamen und sangen den Schlager »Ach Egon, Egon, Egon, ich hab ja nur aus Liebe zu dir, ja nur aus lauter Liebe zu dir, zu viel getrunken.«

Pünktlich bog das Auto am Mittwoch von der Ringelbachstraße in die Peter-Rosegger-Straße ein, wo ich mich einige Minuten zuvor, vor das Haus mit der Nummer dreizehn hingestellt hatte. »Wir könnten nach Stuttgart zum Tanzen fahren«, schlug Herr Schöpf vor, und ich war einverstanden. Es war eine einstündige Strecke. Dort gab es ein großes, attraktives Jazzlokal, in dem ich mit den französischen Kollegen einmal war.

»Gott sei Dank haben Sie heute nicht dasselbe Kleid wie am Sonntag an«, eröffnete er das Gespräch, während er den Wagen neu startete. »Mein Anzug war voller weißer Haare, die ich mühsam abbürsten musste.« »Es tut mir leid, das sah man dem Stoff nicht an. Er gefiel mir sehr gut, deshalb beschloss ich, mir daraus ein Kleid zu nähen. Vom vielen Tanzen war es ziemlich verschwitzt und es muss gewaschen werden. Heute ist so ein schöner warmer Tag, fast wie im Frühling, da wäre dieses Kleid zu warm gewesen«, erklärte ich.

Auf den Straßen Richtung Stuttgart war abends wenig Verkehr. Man konnte sich, als routinierter Fahrer, neben dem chauffieren mit seinem Beifahrer gefahrlos unterhalten. Unbefangen redeten wir über alles, was uns gerade einfiel. Als ich ihn danach fragte, wie es ihm bei der Bundeswehr gefalle, meinte er, dass die Grundausbildung schrecklich gewesen wäre. Eigentlich hätte er zur Marine gewollt, aber ein jetziger Kollege, mit dem er sich sehr gut verstehe, habe ihn überredet, zum Heer zu gehen. Er bilde jetzt Rekruten bei den Beobachtern aus und sei damit zufrieden. Zuvor im Bergwerk und als Arbeiter in einem Chemiewerk und bei der Bahn habe es ihm nicht gefallen. Im Bergbau zu anstrengend und Gesundheit gefährdend und bei den anderen Arbeitsstellen zu eintönig. Als er auf dem Bahnhof das Werbeplakat der Bundeswehr las, habe er beschlossen, es mit dem Soldatenleben zu versuchen.

»In Großengstingen haben wir eine gute Kameradschaft durch den Fußballverein. Bei den Märschen und nach den Spielen singen wir gern, und das macht richtig Spaß.« »Etwa diese grausigen Marschlieder, die einem durch Mark und Bein gehen?«, wollte ich wissen. »Die alten Marschlieder aus dem Zweiten Weltkrieg sind verboten. Wir singen auch Humoriges. Kennen Sie das Lied vom Rindvieh?« »Nee. Singen Sie es mal«, forderte ich ihn neugierig auf.

Er sang, und ich hörte belustigt: »Ein Rindvieh, so nennen im Dorf mich die Leut. Das ist ja so ein Titel, der so sakrisch mich freut. Mein Vater, der hat nichts im Hirnkastel drin. Drum ist's ja auch kein Wunder, dass ein Rindvieh ich bin.« Ich dachte: Wo man singt, da lass dich ruhig nieder, böse Menschen haben keine Lieder. Nachdem er alle Strophen gesungen, und ich dann mitgesummt hatte, meinte er: »Ich habe vorhin noch ein paar Lebensmittel eingekauft, weil ich wegen unseres Treffens nicht mehr zum Essen in die Kantine kam. Bevor ich vom Fleisch falle, muss ich ein paar Happen zu mir nehmen. Wenn Sie nichts dagegen haben, halte ich kurz bei nächster Gelegenheit.«

Einem hungrigen Menschen das Essen verwehren, war mir nicht möglich, und so lenkte er den Wagen in eine Haltebucht, griff sich vom Rücksitz eine rote Colatasche mit Reißverschluss und breitete darauf Brötchen, Butter und Aufschnitt aus. Zwei Flaschen Cola hatte er auch besorgt. Mit »im Handschuhfach ist ein Messer« beteiligte er mich an der Ausstattung des improvisierten Abendbrottisches. Mein Gastgeber halbierte die Brötchen, bestrich sie mit Butter, reichte mir eine Hälfte und mit einem »nehmen sie sich von der Wurst, was sie mögen« war ich eingeladen. Es entstand eine heimelige Atmosphäre, Picknickstimmung im VW-Käfer.

Die grauen Schläfenhaare und die leichten Geheimratsecken machten mich neugierig: »Man sagt, Männer mit grauen Schläfen wären besonders attraktiv. Verraten sie mir, wie alt Sie sind?« »Schätzen Sie!« »So zwischen fünfundzwanzig und dreißig.« »Ah, Sie sind eine Vorsichtige. Ich bin siebenundzwanzig, und wie alt sind Sie?« »Jetzt sind Sie mit Schätzen dran.« »Mir fällt das immer sehr schwer. Ich tippe meist krass daneben. Vielleicht zwanzig Jahre?« »Ja, fast. Im Dezember wurde ich achtzehn.« »So, so, da sind sie eine Schützin. Einer meiner Kameraden hatte auch im Dezember Geburtstag, von daher weiß ich das. Wir frozzelten: Soldat und Schütze, das passt gut in die Bundeswehr.« »Was sind sie für ein Sternkreiszeichen?« »Meine Mutter musste meinetwegen die Feldarbeit wegen der Hitze und den einsetzenden Wehen unterbrechen.« »Dann sind sie eine Jungfrau und passen schlecht in die Bundeswehr.« »Gott sei Dank nicht. Mitte August bin ich geboren und bin ein kampflustiger Löwe. Das müssten sie aber längst bemerkt haben. Übrigens, Schütze und Löwe passen gut zusammen.« »Sind sie sicher?« »Ganz sicher.«

Über unserer Plauderei vergaßen wir Stuttgart und das Tanzen, aßen und tranken Cola. Mit einem Bruderschaftskuss, der mit einem Schluck Cola besiegelt wurde, kamen wir zum »Du«. Ich fühlte warme süßliche Colalippen und eine gut riechende, glatt rasierte Wange. »Du duftest so angenehm«, freute ich mich und erfuhr, dass ein guter Soldat nur Seife »Fa« benützt und nach dem Rasieren »Old Spice«. Es passte alles. Wir wechselten auf die bequemere Rückbank des Käfers. Das war der Beginn eines liebevollen Abends und gemeinsamen Lebens. An diesem denkwürdigen Tag trennten wir uns um Mitternacht vor meiner Haustür.

Auf Mittwoch folgte ein Treffen am Sonntag, zum Tanztee. In Unterhausen, einem Vorort von Reutlingen, spielte eine Dreimannkapelle in einem Café. Dort traf sich die tanzfreudige Bevölkerung aller Altersgruppen. Nach einigen weiteren Treffen besuchte ich Egon in der Kaserne; trotz Mutters Ermahnung, dass sich das nicht schicke. Eine Frau fährt nicht zu einem Mann.

Auf die Alb fuhren Busse, und es gab eine Bummelbahn, die man spöttisch den »Feurigen Elias« nannte. Selten sah man eine größere Anzahl Reisender in der Bahn. Ich fuhr mit dem Bus, und Egon holte mich von der Bushaltestelle ab.

In einer der zahlreichen Kasernen bewohnte er, als lediger Soldat, einen kleinen Raum, für den er relativ viel Miete bezahlen musste. »Die meisten meiner Kameraden sind verheiratet und verbringen die Abende und das Wochenende mit ihren Frauen oder Familien. Dann fühle ich mich hier ziemlich einsam. Sitze dann mit zwei oder drei Kumpeln herum, die nichts Besseres zu tun wissen, als zu saufen. Am liebsten hätte ich eine Wohnung außerhalb der Kaserne. Leider werden die Bundeswehrwohnungen nur an Ehepaare vergeben«, beschrieb mein Freund seine Lebenssituation. Wohnungen waren 1961 Mangelware und teuer. Deshalb bauten die städtischen Wohnungsbaugesellschaften an allen Stadträndern Sozialwohnungen.

»Mir gefällt mein Leben auch nicht. Leider verdiene ich zu wenig, sonst hätte ich schon längst ein möbliertes Zimmer gemietet und wäre ausgezogen. Mutter ist zum zweiten Mal verheiratet. Die Drei-Zimmer-Wohnung ist für sechs Personen viel zu klein. Im kleinen Zimmer wohnt Stiefvaters Mutter. Ihretwegen gibt es ständig Streit und Prügeleien. Der Mann ist gewalttätig. Als ich im zweiten Lehrjahr war, hat er mich so geschlagen, dass ich einen Nasenbeinbruch hatte. Er packte mich an den Haaren und stieß mich mit dem Gesicht mehrmals auf den Boden. Ich musste zum Arzt, der hat das Jugendamt verständigt, und das hat ihn angezeigt. Es gab eine Gerichtsverhandlung, auf der ich als Zeugin aussagen musste. Nachdem ich den Verlauf des Abends geschildert hatte, stellte mich der Anwalt meines Stiefvaters als unglaubwürdig dar, was man an meiner gewöhnlichen Wortwahl erkennen könne. Mit lauter Lügen über Mutter und mich versuchte er, seinen Mandanten als armes Opfer erscheinen zu lassen, dass ausnahmsweise einmal die Beherrschung verlor. Erst als ich in Tränen ausbrach, griff der Richter ein. Entsetzt über die Art und Weise, wie man vor Gericht behandelt werden kann, verließ ich das Landgericht. In meinem ganzen Leben möchte ich nichts mehr mit Gerichtsprozessen zu tun haben.«

Wir spazierten in der Kaserne herum. Immer wieder drangen in unser Gespräch brüllende Männerstimmen. »Warum wird hier so herum geschrieen?«, erkundigte ich mich. Davon bekomme ich gleich

Kopfschmerzen. »Das ist hier der normale Kommandoton. Bei mir dauerte es auch eine Weile, bis ich mich daran gewöhnt hatte«, lächelte mein Begleiter, während wir zu seinem Wagen gingen. Er brachte mich nach Hause, nahm meine Einladung zum Abendbrot an und lernte meine Familie kennen.

Egon absolvierte seinen Dienst, und ich arbeitete im Büro der Strickwarenfabrik. Dort war ich ständig versucht, die schönen Lurexpullover zu kaufen, die von der Direktrice, der Belegschaft zu einem günstigeren Preis überlassen wurden. Die junge Frau nähte perfekt auf den Industrienähmaschinen und bekam vom Inhaber und seinem Sohn deshalb immer wieder Privataufträge. Während ich mich in die niederen Bürotätigkeiten einarbeitete, nebst Kaffee kochen und servieren, entwarf die Direktrice mit den Chefs die Herbst- und Winterkollektion.

»Kommet se in ner viertel Stund zu mir nauf. Sie müsset mal was aprobiera«, rief mir eines Tages der Juniorchef zu. Nicht alle fanden ihn attraktiv, aber mir gefiel er sehr gut. Zwar träumte ich nicht von ihm, hätte mich aber in ihn verlieben können. Mehrmals am Tag lief er an der Empfangstheke vorbei, hinter der ich saß, grüßte und gab mir hin und wieder sachlich korrekte Arbeitsanweisungen.

Wunschgemäß unterbrach ich meine Schreibarbeit und stöckelte die zwei kurzen Treppen hoch zu seinem Büro im ersten Stock. Ich ging auf seinen Schreibtisch zu, er erhob sich von seinem Stuhl und war mit ein paar Schritten bei einem schwarzen Kleiderständer, zog einen Ledermantel vom Bügel und warf ihn mir zu. »Ziehet se den mal a; nachat hend se wenigstens eumal im Leba was nobls a. Der Mantel isch für mei Verlobte und ich will gucka ob er guat sitzt. Mei Verlobte hat die gleich Figur wie sia.« Der Mantel war leichter als ich vermutete. Ich zog ihn an, drückte die Schließen zu und drehte mich, wie verlangt, mehrmals vor dem jungen Mann im Kreis und ging ein paar Schritte hin und her. »Der Mantel sitzt und die Ärmel sind au net zu lang. Sie könna geh. I brauch se net mehr«, entließ mich der Junior. Langsam, weil ungewohnt, tastete ich nach den Schließen und bekam sie nicht auf. Panik erfasste mich. Vergeblich versuchte ich, das Erröten meines Gesichtes zu unterdrücken. Zuerst zerrte ich an den oberen Schließen, dann unten. Vergeblich. Missbilligend sah mich der Junior schließlich an: »Was isn los? Was hend sia?« Stotternd brachte ich hervor: »Der Mantel lässt sich nicht aufknöpfen.« Grinsend kam er auf mich zu, drückte die Schließen mühelos auf und kehrte zu seinem Schreibtischstuhl zurück: »So eum Prachtstück sind sie noch net gewachsa. Da müsset sie noch a paar Maultäschle essa.« Verschämt zog ich mir den Mantel von den Schultern, hängte ihn auf den leeren Bügel und verließ gekränkt, so schnell es mir möglich war, den Raum. Wer weiß schon, was die Zukunft bringt, welche Mäntel sie für mich bereithält. Meine Sympathie für ihn war weg, von dieser zynischen Bemerkung fort geblasen. Von den Kollegen erfuhr ich, dass Juniors Verlobte aus einer der vermögendsten Familien der Stadt kam. Mit der Firma hatte er eine weniger glückliche Hand. Der Absatz stagnierte.

Im Büro kam ich immer besser zurecht. Das Zehn-Finger-System beherrschte ich nicht perfekt, schrieb aber mit meiner eigenen Methode bald sehr schnell. Alle waren mit meinem Engagement und meiner Arbeit zufrieden. Dagegen gab es zu Hause ständig Streit. Mutters Schwiegermutter mischte sich überall ein und pochte hartnäckig auf Rücksichtnahme auf ihr Alter und ihre Gebrechen. Dauernd war man zu laut, zu unhöflich oder zu unordentlich. Stiefvater ergriff immer Partei für seine Mutter. Erika ohrfeigte er beim geringsten Anlass.

Mich tätlich anzugreifen, wagte er zu diesem Zeitpunkt nicht mehr. Die Geld- und Bewährungsstrafe, die er bei Gericht erhalten hatte, waren ihm eine Lehre. Erklärungen oder Verteidigung gegen seine Anschuldigungen waren immer »freche Widerworte«. »Solange ihr eure Füße unter meinen Tisch stellt, wird das gemacht, was ich will«, brüllte er. Während meine Kollegen den Feierabend nicht erwarten konnten, zog es mich nicht in die Peter-Rosegger-Straße. Wenn es möglich war, blieb ich länger und übte das Schreiben auf der Schreibmaschine. Liebend gern wäre ich aus diesem Zuhause, das keines war, ausgezogen.

Nach einem halben Jahr Arbeit, hatte man Anspruch auf vierzehn Tage Urlaub. Egon lud mich zu einem Besuch bei seinen Eltern in Wanne-Eickel ein. Er wollte mich seiner Familie vorstellen. Zwei seiner vier Brüder waren noch ledig und lebten bei den Eltern. Ein Bruder war verheiratet und hatte ein kleines Mädchen. Die kleine Familie wohnte in der Nähe, sehr beengt in einem Zimmer und einer Küche. Günstig war die Nähe zu den Eltern. Wir besuchten sie an einem Abend von den insgesamt acht Tagen, die wir in Wanne-Eickel verbrachten.

Als Bahnarbeiterfamilie hatten die Schöpfs recht bald nach Kriegsende unweit des Bahnhofs eine Drei-Zimmer-Wohnung in einem Wohnblock bekommen. Der Hauseingang führte zu vier Etagen. Wir mussten in das oberste Stockwerk, direkt unter dem Dach.

An unserem Ankunftstag war es gerade sehr heiß, deshalb registrierte ich dankbar, dass vor jedem Fenster zum Schutz vor der Hitze nasse Handtücher hingen. Ich wurde von allen Familienmitgliedern freundlich begrüßt. Egons Mutter war eine gelernte Köchin, der man ansah, dass sie nicht nur gerne kochte, sondern auch gerne aß.

U. a. verwöhnte sie uns mit sehr gut schmeckenden Pirogen und zeigte mir gleich, wie sie hergestellt werden. Sein Vater war nicht gerade schmächtig, konnte sich aber hinter seiner Frau verstecken. Nach der Arbeit entspannte er sich gern mit einem Glas Bier. Er und seine Jungs waren Schalkeanhänger. Außerdem trank er gerne Likör, den er selbst aufsetzte. Nie wieder trank ich so einen guten Kirsch- und Himbeerlikör, wie damals in Wanne, wie man den Ortsnamen allgemein abkürzte.

Zwei Meter vom Fenster entfernt stand neben den Ehebetten im Elternschlafzimmer eine Chaiselongue, darauf schlief ich. Von dort sah ich den Bahnhofsvorplatz und den umfangreichen Straßenbahnbetrieb, an dessen quietschende Geräusche ich mich erst in der dritten Nacht gewöhnte. Egon wies man einen Schlafplatz bei seinen Brüdern im so genannten Kinderzimmer an.

Jeden Tag war herrliches Sommerwetter, das zu ausgedehnten Stadtbummeln einlud. »In dieser Kirche wurde ich konfirmiert, hier ging ich nach der Arbeit oft ein Bier trinken, auf diesem Bahnhof habe ich vor meiner Bundeswehrzeit gearbeitet«, zeigte mir Egon seine früheren Wirkungsstätten. Mir fielen die schwarzen Hausfassaden auf, und als ich mir die Nase putzte, hielt ich ein schwarzes Taschentuch in der Hand. »Das ist Kohlenstaub«, bekam ich auf mein Erschrecken hin erklärt. Alle weißen Sachen werden im Ruhrgebiet mit der Zeit grau. Auf dem Markt kauften wir »prima Oma-Lutsch-Birnen«, und ich aß zum ersten Mal in meinem Leben Kochkäse, den es dort in allen Lebensmittelläden gab. Für relativ wenig Geld ließen wir uns in einem Fotoatelier fotografieren.

Abends sahen alle die Nachrichten im Fernsehen. Auch am 13. August die Berichte über den Bau einer Mauer mitten in Berlin. Das schockierte und beängstigte. Hoffentlich gibt es keinen Krieg, bangte Egons Vater. Sein Sohn war bei der Bundeswehr. Wir sahen die verzweifelten Menschen vor der Mauer stehen, aus den Fenstern springen und in den Westen flüchten. Unser Mitgefühl war bei den unbarmherzig getrennten Familien. Was das bedeutete, erfuhren wir täglich selbst. Trotz dieser bestürzenden politischen Situation mochten wir uns nicht von unseren Reiseplänen in das Weserbergland abbringen lassen.

Zum Abschied schenkte mir Egons Vater eine Uhr und einen Ring. Als ich mich weigerte, solch teure Geschenke anzunehmen, erzählte er mir von seinen guten Beziehungen zu einem Auktionator, der ihn informiere, wenn lukrative Waren versteigert werden sollen. Diese Schmuckstücke habe er sehr günstig bekommen. Daraufhin nahm ich die Geschenke erfreut und gern an.

Im Weserbergland lebten die Brüder Willi und Walter von Egons Mutter. Bei ihnen wollten wir noch eine Woche verbringen. Sie hatten dort, nach der Flucht aus dem Posener Raum, in Bauernhöfe eingeheiratet.

Ein Besucher mit einem Auto war zur damaligen Zeit überall willkommen. Wir machten Ausflüge mit den Tanten, dem Cousin und den Cousinen und einige Besorgungen, die mit einem PKW schnell erledigt werden konnten.

Tante Lieschens und Onkel Walters Bauernhaus war so groß, dass wir getrennt in je einem Zimmer im ersten Stock, wo auch die jungen Bauersleute ihr Schlafzimmer hatten, schlafen konnten. Im Erdgeschoß wohnten die schon etwas gebrechlichen Eltern der Bäuerin. Dort war eine große Wohnküche und ein Wohnzimmer. An diesen Bereich schloss sich ein ziemlich großer Stall für Kühe und Schweine an.

Wir waren ja noch nicht verheiratet, aber ein schönes Paar; der Mann einen halben Kopf größer und älter als die Frau, sagten die Verwandten. Für das leckere Essen, die hervorragend schmeckenden Kartoffeln der Sorte Grata und die köstliche selbst gemachte Leberwurst, revanchierte ich mich mit Putzarbeiten und Egon mit Hilfsarbeiten im Stall und auf den Feldern.

An einem Tag versammelten sich alle zwölf Familienangehörige, die in Ottenstein lebten, in Tante Lieschens Wohnzimmer. Über die Nachfragen nach einzelnen Personen bekam ich nach und nach einen Überblick über die Familien Schöpf und Karau. Egons Mutter war eine geborene Karau. Bemerkungen über mir unbekannte Personen, die es in ihrem Leben zu nichts gebracht hatten, gewährten mir Einblick in das familiäre Wertesystem.

Nach dem Austausch von aktuellen Ereignissen in der Verwandtschaft kam man auch auf den Krieg und die Kriegsfolgen zu sprechen. Egons Frage an Onkel Walter: »Hast du noch die zwei Pferde aus Eichgrund?«, löste die Schilderung der dramatischen Flucht seiner Großeltern und seiner zwei Tanten aus dem Warthegau nach Deutschland aus. Die Großeltern züchteten Kaltblutpferde. Von den zwölf Tieren, die sie bei Kriegsende besaßen, verloren sie acht. Es gelang ihnen noch rechtzeitig vor dem Einmarsch der Russen, mit vier vor den größten Wagen, den sie hatten, gespannten Pferden den Hof zu verlassen und in Bayern eine neue Bleibe zu bekommen. Umsichtig retteten sie die wichtigsten Sachen: Geld, Papiere, Wertgegenstände, Betten, Kleidung und Lebensmittel, wie ein frisch geschlachtetes Schwein. Sechzehn Jahre nach Kriegsende waren die Pferde noch im Einsatz. Alle bestaunten ihre Robustheit, und Egon fotografierte sie und seinen Onkel beim Pflügen.

In diesen vierzehn Tagen legten wir circa 1600 km zurück. Meine erste größere Reise mit dem Auto. Sie gefiel mir sehr. Unbeschwert genoss ich die Freundlichkeit und Zuwendung der Menschen, die ich durch meinen Freund kennen lernte. Sie und die schönen Landschaften sind Perlen in der Schatzkammer meines Gedächtnisses.

Zwei Wochen nach unserem gemeinsamen Urlaub kam Egon mit der schockierenden Nachricht zu mir, dass sein Vater an einem Herzinfarkt verstorben sei. Mit knapp über fünfzig Jahren ein viel zu früher Tod. Traurig erinnerten wir uns an die vor kurzem mit ihm verbrachte Zeit, seine ostpreußische Warmherzigkeit, seinen Humor und seine Fürsorge.

Alle Männer der Familie Schöpf sterben so früh, klagte Egon. Sein Urgroßvater und Großvater starben auch so plötzlich und so jung. Dieser frühe Tod sei wohl erblich bedingt. Sobald er von der Beerdigung zurück sei, er habe drei Tage Dienstbefreiung, melde er sich.

Auch auf mich kamen unerwartete Schwierigkeiten zu. Nicht so dramatisch wie der Tod eines Elternteils. Es ging um meinen Arbeitsplatz. Die Firma Denzel, erfuhr ich von den Kollegen, kämpfe hart um ihre Existenz. Dazu war mir klar geworden, dass in der Bekleidungsbranche wenig Geld zu verdienen war. Die Konkurrenz aus Italien fertigte schickere Strickwaren. Es war kein Geheimnis, dass größere Bestellungen und Einkünfte ausblieben, während die Ausgaben nicht so schnell gesenkt werden konnten. Wieder studierte ich die Stellenangebote im Reutlinger General-Anzeiger und fand die Annonce eines Landmaschinenbetriebs. Er suchte eine Telefonistin mit Schreibmaschinenkenntnissen. Ich rief dort an und bekam einen Termin.

Ein väterlich wirkender älterer Herr, der Gründer der Firma, empfing mich in seinem Büro, einem ganz anderen Büro, in dem die Mitarbeiter durch Glasfenster getrennt waren, nur Außenwände. Ein ganz anderes Arbeiten: jeder konnte jeden sehen. Neben dem Verkauf, der Wartung und Reparatur von Landmaschinen, produzierte man auch eine eigene Zerkleinerungsmaschine für Futtermittel, einen Muser.

Die Telefonistin sei Mutter geworden und habe gekündigt. Ungefähr 100 Mark mehr bot mir der Firmeninhaber, und ich sollte zum nächst möglichen Termin anfangen. Neben der Telefonvermittlung sei noch der Fernschreiber zu bedienen, und die Postausgänge seien von mir zu erledigen. Wenn zeitlich möglich, sollte ich noch Rechnungen schreiben. Außerdem wäre in meinem Zimmer der Apothekenschrank, und deshalb müsse ich gelegentliche Verletzungen der Mitarbeiter verarzten. Man würde mich einarbeiten. Es schien perfekt.»Wenn Sie sich diese Aufgaben zutrauen, dann machen wir gleich Nägel mit Köpfen«, sagte der Chef,»und legen einen Termin für Ihren Arbeitsantritt fest.« Meine Antwort:»Gerne würde ich sofort anfangen, eine Kündigungsfrist von vier Wochen muss ich leider einhalten. Frühestens zum ersten September ist es möglich.«

Glücklich über das Angebot, ging ich sofort nach Hause. Meine sehnlichsten Wünsche würden Wirklichkeit werden. Ein sehr gut bezahlter Arbeitsplatz in einem warmen Büro, und ich würde wieder etwas Neues hinzulernen, das Fernschreiben. Unterwegs rechnete ich mir die Summe aus, die ich nun monatlich zurücklegen konnte. Mit Genugtuung stellte ich fest, dass ich mit diesen Einkünften in der Metallbranche, die Büroleute im Kaufhaus und in der Textilfabrik überflügeln würde.

Büro und Verlobung

Anfänger schrieben den Text, der per Fernschreiber an Lieferanten und Kunden übermittelt werden sollte, zuerst auf einen Lochstreifen. Den ließ man, nachdem der Teilnehmer, wie beim Telefonieren, angewählt war, durch das Lesegerät laufen. Mein neuer Ehrgeiz bestand darin, dieselbe Geschwindigkeit beim direkten Eintippen zu erreichen wie der Lochstreifen. Es gelang mir. Das war eine Material- und Zeitersparnis. Freundlichkeit am Telefon fiel mir nicht schwer, und hin und wieder kam ein Kunde in mein Zimmer und wollte sehen und hören, wem die angenehme Stimme gehört und mit wem er »so nett« gesprochen hatte.

Glücklich über meine neue Stelle und meinen größeren Verdienst, zählte ich das Geld nach, das mir der Buchhalter Ende September 1961 in einer Papiertüte mit inliegendem Gehaltsstreifen überreichte. Von meinem ersten Gehalt kaufte ich leckeren Käsekuchen bei unserer Bäckerei auf der Altenburgstraße. Den aß die ganze Familie gern, weil dem Bäcker die Quarkschicht besonders locker gelang. Mutter bat den Bäcker sogar einmal vergeblich um das Rezept.

Jedem Anfang wohnt ein besonderer Zauber inne. Höflich wurde ich wieder empfangen, freundlich und hilfsbereit von einem kompetenten Mitarbeiter angelernt. Eine gewisse Schwierigkeit bereitete mir das Schreiben der Reparatur - und Ersatzteilrechnungen. Oft musste ich nachfragen, denn die von Hand geschriebenen Fachtermini zu entziffern, war schwer. Fehler hätten die Kunden oder den Betrieb erhebliche Summen kosten können.

In meinem Büro standen mehrere leere Stühle, und deshalb verbrachten einige Kollegen ihre Frühstückspause in diesem Raum. »Hend sia nen Freind?«, fragte mich eines Morgens der Verkaufsleiter als wir zu mehreren zusammen saßen, und als ich dies bejahte, wollte er wissen, was er beruflich macht. »Er ist bei der Bundeswehr«, gab ich Auskunft. »Ha, dann isch er beschtimmt Schütze Arsch«, konstatierte der ältere Mann mit abfälligem Grinsen. Peinlich berührt fiel mir auf, dass ich mich dafür nicht interessiert hatte, über Dienstgrade bei der Bundeswehr nichts wusste. Diese Lücke galt es zu schließen, und bei unserem nächsten Treffen erfuhr ich, dass Egon den Dienstgrad eines Stabsunteroffiziers hatte. Die neu eingezogenen Rekruten waren zunächst »Schütze«, nach der Grundausbildung wurden sie Kanonier, Gefreiter, Obergefreiter, Unteroffizier. Der weiteren Dienstgradaufzählung mochte ich schon nicht mehr folgen. Es langweilte mich. Später bemerkte ich, dass die Beförderungen das Lieblingsgespräch unter den Soldaten war: Wer wieder befördert wurde und wer nicht und eigentlich hätte schon dran sein müssen.

Für mich war es wichtig, dass wir bei der Gelegenheit unsere finanzielle Situation erörterten. Froh machte mich zu hören, dass wir fast gleich viel Geld verdienten, und dass mein Zukünftiger ein größeres

Sparguthaben auf seinem Postsparbuch hatte als ich. Ein Vierteljahr war Probezeit. Würde ich diese Hürde nehmen können und die nach drei Monaten Einarbeitungszeit, von mir im Einstellungsgespräch angesprochene, übliche Gehaltserhöhung erhalten? Im Dezember lief alles wie in den drei Monaten zuvor. Ohne jeglichen Kommentar von Seiten der Geschäftsführung gehörte ich nun, neben den sieben weiteren Angestellten, zur Bürobelegschaft.

Gespannt öffnete ich am letzten Arbeitstag vor Weihnachten meine Lohntüte und stellte enttäuscht fest, dass ich denselben Betrag erhalten hatte. Freuen konnte ich mich nur über das Weihnachtsgeld. Es war schon verplant für unsere Verlobungsfeier und für Weihnachtsgeschenke. Tante Wanda und Onkel Otto hatten Mutter, Egon und mich eingeladen, die Feiertage mit gleichzeitiger Verlobungsfeier bei ihnen zu verbringen. Egons Käfer erlaubte uns viel Gepäck: allerlei Lebensmittel für ein Festtagsmahl mit Gans, Knödel, Rotkohl mit Äpfeln, entsprechend mit Gewürzen abgeschmeckt, Mutters leckere Plätzchen, einen Mohnkuchen u.a.m.

Im März hatte ich Egon kennen gelernt, und nachdem er von der Beerdigung seines Vaters zurückkam, fragte er mich, ob ich ihn heiraten wolle. Ich wollte. Mutter meinte, dass ich noch zu jung sei, besser warten solle bis ich volljährig bin. Sie werde ihre Einwilligung verweigern. Als ich ihr erklärte, dass ich mich dann an das Jugendamt wende, das mir bestimmt helfen würde, aus dieser Familienmisere herauszukommen, gab Mutter ihren Widerstand auf.

An die Verwandten und meinen Vater schickten wir Verlobungsanzeigen. Bis auf Vater antworteten alle mit Glückwünschen, und manche schickten uns kleine Geschenke wie Geschirrhandtücher. Ich freute mich sehr über jede Aufmerksamkeit. Das Leben hatte mich bis jetzt nicht sonderlich verwöhnt. Wie ein ausgetrockneter Schwamm sog ich jede Zuneigung auf.

Vielleicht hat Else ihm den Brief nicht gegeben, rätselte ich und schrieb ihm noch einmal. Seine lapidare und sehr knappe Antwort war, dass er meine Post bekommen habe; er wünsche uns alles Gute. Verletzt registrierte ich sein Desinteresse. Aufdrängen werde ich mich nicht, beschloss ich; ab jetzt muss jegliche Initiative aus Rosenheim kommen. Else könne mich nicht leiden, weil er ihr meine und Mutters Existenz verschwiegen habe, versuchte er mir mehrmals begreiflich zu machen. Ihr feindseliges Benehmen mir gegenüber werde sich wohl nicht ändern.

Die Freude über unser Beisammensein entschädigte mich für alle bisherigen Schicksalsschläge. Zu sechst saßen wir vor dem Weihnachtsbaum, genossen die entspannte Atmosphäre.

Meine Schwestern waren im Krankenhaus und in einem Kinderheim. Angesichts der familiären Probleme hielt das Jugendamt es für richtig, Hildegard bis zur Scheidung ihrer Eltern und bis zur Klärung der Wohnungsfrage in ein konfliktfreieres Lebensumfeld zu bringen. Jede Partei beanspruchte die relativ günstige Wohnung. Verständlich, bei der herrschenden Wohnungsknappheit. Das Gericht sollte entscheiden.

Gemeinsam suchten Egon und ich, einige Tage zuvor, bei einem Juwelier unsere Verlobungs- und Eheringe aus und ließen unsere Vornamen innen in die Ringschiene eingravieren. Am Weihnachtsabend 1961 steckten wir sie uns gegenseitig an den Ringfinger der linken Hand.

Die Spletzers hatten den Bauernhof gekauft und waren dabei, das Haus aufzustocken und hatten für die »Verlobten« ein Bett in dem noch leeren und großen zukünftigen Wohnzimmer aufgestellt. »Ihr heiratet ja bald, da könnt ihr meinetwegen zusammen schlafen. Auf die paar Tage kommt es nicht an«, meinte Onkel Otto, und so wurde diese Nacht zu unserer ersten gemeinsam verbrachten Nacht in einem Bett. Das war Kuppelei und strafbar. Stiefvaters Anwalt beschuldigte Mutter fälschlicherweise dieses Vergehens. Aber an diesem Weihnachtsfest machten wir alle eine Sorgenpause, verdrängten erfolgreich alles Unglück der letzten Zeit.

Im neuen Jahr ging ich zum Chef, erinnerte ihn an unsere Absprache mit der Gehaltserhöhung nach der dreimonatigen Einarbeitungszeit. Daran könne er sich nicht erinnern, übrigens sei das nicht so, wie ich es darstelle, jedenfalls nicht in seinem Betrieb. Außerdem würde ich doch gut verdienen. Enttäuscht und wütend verließ ich sein Büro. Nach und nach erfuhr ich von den anderen Arbeitskameradinnen, dass es ihnen genau so ergangen sei. Der Alte nutze jeden Spartrick; nur so wird man Millionär. Man würde sich erzählen, dass er das Patent für den Muser von seinem Erfinder erschwindelt habe. Der arme Kompagnon habe von seiner Mischmaschine nicht profitiert, die bestimmt noch viele Jahre Haupteinnahmequelle des Betriebes sei. Wie sollte ich reagieren? Erst einmal weiter machen war die einzige Option.

Im Februar meldete ich mich zu einem Kochkurs an der Volkshochschule an. Meine Vorbereitung auf die, in absehbarer Zeit, zu erwartende Selbständigkeit am eigenen Herd. Vier Öfen, mit je vier elektrischen Kochplatten, standen in der Schulküche der Volkshochschule. Vorspeise, Hauptgericht mit Beilagen und Nachtisch wurden an jedem Kursabend gekocht und nach dem Kochen gemeinsam an der langen Tafel verspeist. Die Lehrerin teilte die Kochaufgaben abwechselnd zu, sodass jeder Schüler an einer Kochplatte seinen Teil der Mahlzeit kochen musste. Kochfehler kamen auch vor. Anstatt die Margarine für die Griesnockerl mit dem Schneebesen schaumig zu rühren, ließ ich das Fett, weil das schneller ging, kurz in der Pfanne schmelzen. Fast steinharte Nockerl waren das Ergebnis, die meine Kurskolleginnen »mit langen Zähnen« aßen. Schwäbische Gerichte wie Maultaschen, gefüllte Flädle, lernte ich kochen und waren viele Jahre meine Lieblingsrezepte, von den in einem Ordner gesammelten Kochanleitungen. Das Käsekuchenrezept mit Eiweißhaube und die Bisquitrolle, gefüllt mit Erdbeersahne liebte die Familie und lobten meine Gäste gleichermaßen.

Leben auf der Alb

Zunächst wollten wir nur standesamtlich heiraten, um zur Beantragung und Anmietung einer Wohnung berechtigt zu sein. Mehr als einen Monat dauerte es, bis wir die notwendigen Papiere beisammen hatten. Besonders lange warteten wir auf die Geburtsurkunde aus Lodz. Egon wollte seine Familie zur später stattfindenden kirchlichen Trauung einladen. Er könne die Leute dann in der neuen Wohnung unterbringen und sich damit für die Einladungen zu den Hochzeiten seiner Brüder und seiner Cousinen revanchieren. Seine Verwandten wohnten im Frankfurter Raum, im Ruhrgebiet, in der Nähe von Bremen und im Weserbergland.

Weiße Nelken symbolisieren in der Sprache der Blumen Freundschaft und Liebe. Damit beschenkte mich mein Bräutigam, passend zu meinem grauen Kostüm und meiner weißen Spitzenbluse. Waldemar, als mein Trauzeuge, fuhr uns mit seinem Wagen zum Reutlinger Standesamt. Wenige Wochen zuvor nahm Egon das günstige Angebot eines Kollegen an und verkaufte ihm seinen Käfer. Er befand, dass die Gründung des Hausstands Vorrang haben musste. Ein Auto wäre ein zu teurer Luxus. Herr Driske, mit dessen Familie wir seit der Nachkriegszeit in Hirschberg befreundet waren, war der zweite Trauzeuge. In seiner Wohnung wärmte ich mir während meiner Schulzeit in Hirschberg die kalten Hände.

Wir hatten einen Termin, und ich stellte mir vor, dass wir sofort von dem Standesbeamten an diesem für uns wichtigen Tag feierlich empfangen würden. Am 1. Juni 1962 fanden aber mehrere Trauungen statt. Der Beamte überzog bei den vorhergehenden Zeremonien, sodass vor der Tür des Standesamtes zwei weitere Paare mit ihren Trauzeugen und Angehörigen herumstanden. Ich befürchtete einen würdelosen Schnelldurchgang. Womöglich verpassten wir auch noch unseren Termin bei Foto Dohm, würden dort vor verschlossenen Türen stehen, denn fast alle Geschäfte machten eine Mittagspause von zwei Stunden. Nur Kaufhaus Merkur hatte durchgehend geöffnet. Nervös ging ich auf dem geräumigen langen Flur hin und her, die wenigen Stühle, die vor der Eingangstür des Standesamtes standen, waren besetzt. Es schien mir unendlich lang, bis die Tür sich öffnete und das Paar mit seiner Begleitung heraus kam. Alle Wartenden gratulierten ihm. Nach einer Weile erschien der Standesbeamte und rief das Brautpaar Maier-Lederer in das Trauzimmer. Die Namen der anderen

Brautleute bekam ich nicht mit. Wir unterhielten uns während der unerträglich langen Stunde Wartezeit. Ständig sah ich auf meine kleine Armbanduhr, die mir Karl Schöpf kurz vor seinem Tode geschenkt hatte. Würde er noch leben, hätten wir vielleicht in Wanne-Eickel geheiratet. Dorthin war es nicht so weit für die meisten Verwandten Egons. Seine Familie war bedeutend größer als meine. Während ich nur zwei Hochzeiten miterleben durfte, war er auf fünf Hochzeiten eingeladen worden, dafür wollte er sich erkenntlich zeigen.

Entgegen meiner Befürchtung ließ sich der Standesbeamte keinerlei Hektik anmerken und wirkte auch nicht ermüdet oder gelangweilt. Es wurde eine würdige Zeremonie, die mit der Übergabe eines Familienstammbuchs und guten Wünschen für das gemeinsame Leben endete. Herr Driske, der vor wenigen Monaten Trauzeuge bei einem anderen Paar in Tübingen war, fand, dass der Mann seine Arbeit gut gemacht hatte, und so verließen wir alle – Egon und ich glücklich – zufrieden das Standesamt. Foto Dohms Hochzeitsbild klappte auch.

Danach fuhren wir zum Essen in die Peter-Rosegger-Straße. Mutter begrüßte mich mit »herzlichen Glückwunsch, Frau Schöpf«. Die Begegnung mit Stiefvater im Flur blieb wie stets wortlos, seit er von Mutter getrennt im ehemaligen Wohnzimmer lebte.

Nun hieß ich Ursula Schöpf. Das gefiel mir viel besser als der lange Nachname Zimmermann. Er passte so schlecht in die kurzen Rubriken der Schriftstücke, die ich in meinen Arbeitsstellen unterzeichnen musste. Auf die zwei »m« und »n« machte ich deshalb immer ein Minus, das Zeichen für Verdoppelung. Zimmermann als Familienname ließ sich auf den Beruf des gleichnamigen Handwerks zurückführen. Der Familienname Schöpf, erklärte mir Egon, sei abgeleitet aus der Rechtspflege von Schöffe oder Scheffe, ähnlich wie Richter. Mit meinem neuen Namen fühlte ich mich magisch der Familie meiner Mutter verbunden. Es schien mir, dass ich dem Wunsch, »eine tüchtige Richter« zu werden, einen Schritt näher gekommen war.

Etwa vierzehn Tage nach unserer Trauung klopfte es an der Tür unseres Wohnraumes. Mutter möblierte das ehemalige Schlafzimmer mit einer ausklappbaren Doppelbettcouch, einem ausziehbaren

Couchtisch und einer Liege und behielt den Schlafzimmerkleiderschrank. Ich schlief auf der Liege. Täglich hoffte sie, dass die Wohnung endlich ihr zugesprochen wurde, und sie wieder ein richtiges Wohnzimmer hatte.

Stiefvater mit einem Brief in der Hand auf uns zu, reichte ihn meinem Mann, machte sofort wieder kehrt und verschwand in seinem Zimmer, was wir gut hören konnten. Egon öffnete den Brief und las uns dann vor, dass Stiefvater, als Haushaltsvorstand, mir als nun Verheiratete das Wohnen in dieser Wohnung aufkündige, und ihn auffordere, sich um eine Wohnung zu kümmern. Er wirft mich raus, registrierte ich und fragte mich, ob er dazu berechtigt sei. Es gab keinen leer stehenden Wohnraum. Nicht selten wohnten jung verheiratete Ehepaare in den Wohnungen der Eltern. »Ich zeige den Brief meinem Kommandeur«, meinte Egon. Mehr fiel uns dazu nicht ein.

»Mein Chef war entrüstet über diese Herzlosigkeit und meinte, dass wir unter diesen Umständen die nächste frei werdende Wohnung in der Siedlung in Großengstingen bekommen würden«, schilderte Egon am nächsten Tag die Reaktion seines Vorgesetzten. Eine Kameradenversetzung an einen anderen Standort verhalf uns zu einer schönen Drei-Zimmer-Wohnung in der Bergstraße 25. Im Juni hatten wir geheiratet, und im September zogen wir ein. Der bös gemeinte Brief hatte sich für uns als Segen erwiesen.

Freudestrahlend saßen wir mit Mutter zusammen und machten Kassensturz und Pläne für die Wohnungseinrichtung. Sie bot uns gleich an, auf ihrer Nähmaschine die Vorhänge zu nähen. Fünftausend Mark Bargeld besaßen wir. Ich fand, dass es ziemlich viel Geld war, was sich bald als großer Irrtum entpuppte. Nach der Wohnungsbesichtigung würden wir wissen, wie die Küche ausgestattet sei und welche Heizmöglichkeiten vorhanden wären. Vielleicht könnten wir Einrichtungsgegenstände der Vormieter günstig erwerben, überlegten wir. Bis auf einen weißtürigen, bis unter die Decke reichenden Einbauschrank in der Küche war die Wohnung unmöbliert.

Alle Räume wurden durch unter den Decken angebrachte Schächte von einer Art Kachelofen beheizt, der zwischen Flur und Wohnzimmerwand eingebaut war. Die Ofentür war im Flur. An den Schächten befanden sich gitterartige Öffnungen, die auf- und zugeklappt werden konnten. Im Bad gab es einen fast zwei Meter hohen Wasserbehälter, dessen Wasser durch einen Holz- und Kohleofen erhitzt werden konnte. Er wäre auch elektrisch beheizbar gewesen, aber das Stromkabel war abgeklemmt. Dazu erklärte uns Herr Feder, unser Nachbar in der Wohnung gegenüber, der Hausmeister war, dass meinem Mann als Unteroffizier diese gehobene Ausstattung nicht zustünde. Sie wäre Offizieren vorbehalten.

Im ersten Winter beheizten wir die Öfen mit günstig erworbenen Holzabfällen aus einer Parkettfabrik, ein Tipp von dem netten Busfahrer, mit dem ich mich auf der langen Fahrt, vom Reutlinger Busbahnhof bis Großengstingen Siedlung und umgekehrt, oft unterhielt.

Waschbecken, Spiegel darüber, waren größer als ich es von der Peter-Rosegger-Straße her kannte, und die Badewanne war eingekachelt. Wohltuend empfand ich diesen Fortschritt in punkto Hygiene, keine Plackerei mehr mit dem Putzen unter der Badewanne, ein weiteres Plus.

Egon brachte ein Fotoalbum, sein Bügeleisen (damit dämpfte er besser als ich, eine perfekte Bügelfalte in Uniform-und Anzughosen), sein Schuhputzzeug, eine Tischdecke und einiges Geschirr und Besteck mit in die Ehe. Ich nur meine Ersparnisse und von Mutter geschenktes altes Geschirr und Handtücher. Die Mädchen um mich herum sammelten bei Verwandten und Bekannten zu allen Gelegenheiten Aussteuergeschenke, wie Besteckteile, Porzellan, Handtücher und kauften selbst, sobald sie dazu Geld hatten, Notwendiges hinzu. Für mich kam das nicht in Frage, denn ich hatte nicht einmal einen eigenen Kleiderschrank zum Unterbringen solcher Waren. Wir beschlossen, keine Schulden zu machen, und unseren Hausstand nach und nach zu komplettieren.

Bei Möbel Nanz suchten wir uns ein Schlafzimmer aus, eine Bettumrandung, eine Couchgarnitur und einen Couchtisch, den wir im Schaufenster entdeckt hatten und ein Wohnzimmerbüfett. Die Couch war ausklappbar. Mutter war die erste Besucherin, die auf ihr schlief und uns versicherte, dass sie gut darauf geschlafen habe. Nach dem Kauf des Herdes, der Gardinen, die Mutter wie besprochen nähte, und einem Grundig-Radio, waren unsere Ersparnisse ruck zuck ausgegeben. Alles war sehr viel teurer als wir uns vorgestellt hatten.

Zu meinem Geburtstag, am fünften Dezember, besuchten uns unsere Mütter. Schwiegermutter kam einen Tag vor meiner Geburtstagsfeier. Als Angehörige eines Bahnmitarbeiters reiste sie mit ihrem Freifahrtschein kostenlos. Ich holte sie vom Reutlinger Hauptbahnhof ab. Ihr Gepäck zerrte ich mühsam in den rückwärtigen Teil des Busses; einen großen schweren Koffer und eine Reisetasche. Aus ersterem holte sie für uns Bettwäsche, Handtücher, Geschirrhandtücher, ein Badetuch und einen Tischläufer heraus. Tischläufer statt Tischdecken war die neueste Erfindung der Heimtextilbranche. Erstaunt stellten wir fest, dass alle Sachen im Ruhrgebiet sehr viel billiger waren als in Reutlingen. Außerdem schenkte sie uns eine Kuchenform. Ihre Jungs aßen gern Apfelkuchen nach einem speziellen einfachen Rezept aus der Heimat, wo jeder Bauernhof, neben dem Gemüsegarten, auch einen Obstgarten hatte. In den Rührteig steckte man dicht nebeneinander Apfelspalten hinein. Er schmeckte uns allen als Geburtstagskuchen sehr gut. In der Apfelerntezeit, und wenn ich unter Zeitmangel backen musste, wurde er zu meinem bevorzugten Gebäck, denn er blieb lange saftig frisch.

Nach dem frühen Tod ihres Mannes fiel ihre Rente erschreckend klein aus, aber solange noch die zwei jüngsten Söhne bei ihr wohnten, sich an Miete und Nebenkosten beteiligen würden, komme sie zurecht. »Es macht mich richtig unglücklich«, beteuerte sie Egon mehrmals, »dass ich das Versprechen, dass Papa und ich dir gaben, nicht einhalten kann. Du hast fast deinen ganzen Verdienst aus der Zeche für die Einrichtung der Wohnung und den Unterhalt deiner Brüder abgegeben, und dafür wollten wir dir, wenn du heiratest, bei der Gründung deines eigenen Hausstandes helfen. Wenn Papa noch leben würde, dann hätten wir das gekonnt. Von den Bestattungsgeldern blieben noch zweihundert Mark übrig, die bekommst du (davon kauften wir uns den Wohnzimmerteppich). Mehr Geld habe ich nicht.

Mit Papas Verdienst konnten wir deinem Bruder die Öfen finanzieren, aber von der Rente, die ich bekomme, kann ich nicht einmal selbst leben. Seit meiner Schulzeit habe ich hart gearbeitet, sechs Kinder geboren, fünf Jungs groß gezogen und bekomme nun im Alter eine so kleine Rente, dass ich auf Almosen angewiesen bin. Das ist bitter. Dass es mir einmal so ergehen würde, konnte ich mir bis jetzt nicht vorstellen. Unter diesen Umständen rate ich euch von einer großen Hochzeitsfeier ab. Sie kostet viel Geld. Großartige Geschenke von den Verwandten könnt ihr nicht erwarten. Alle müssen mit wenig Geld auskommen. Deine Patentante zum Beispiel ist wegen des Hausbaus ziemlich verschuldet. Außer dir hat sich bis jetzt keiner ein Auto leisten können. Alle müssten mit der Bahn anreisen. Das ist sehr teuer, und in dieser kleinen Wohnung könnt ihr nur wenige Leute unterbringen. Die nicht Eingeladenen würden sich darüber ärgern. Macht lieber eine Hochzeit im engsten Familienkreis. Im Sommer habe ich vor, alle Verwandten zu besuchen und kann ihnen dann erklären, aus welchen Gründen ihr nicht groß feiern konntet. Gott sei Dank entstehen mir durch die Freifahrtscheine keine Fahrkosten. Diese wenigen Reisen sind jetzt, nach Papas Tod, mein einziges Vergnügen.«

Vielleicht sollten wir auf eine kirchliche Trauung verzichten, sie ist nicht erforderlich, überlegte ich mit diesen wenigen Worten. »Nein, ich brauche dazu den Segen der Kirche. Es ist in unserer Familie Brauch«, bestand Egon auf seiner bisherigen Planung und vermittelte mir den Eindruck, dass dies für ihn sehr wichtig wäre.

Emilie Schöpf blieb nur einige Tage bei uns, weil sie lange Besuche selbst nicht so gut ertragen konnte. Wenn wir allein waren, erzählte sie aus ihrem Leben in Ostpreußen und über ihre Erlebnisse auf der Flucht. Wie sie in den letzten Jahren als Bahnarbeiterfamilie, Selbstversorger mit einer preisgekrönten Kuh wurden, die täglich 14 Liter Milch gab. Daraus konnte sie selbst Butter, Quark und Kochkäse herstellen. Außerdem hielten sie Schweine, Hühner und Gänse. Vergeblich wünschte sie sich ein Mädchen. Charakterlich waren ihre Jungs sehr unterschiedlich. Egon war der zweitälteste, klug und zupackend und deshalb für sie eine große Hilfe auf der Flucht. »Unerschrocken ging er mit seinen zwölf Jahren in verlassene Häuser und suchte darin für uns nach Lebensmitteln«, dachte sie zurück. »Oft kam er ganz bleich im Gesicht zu uns, weil er wieder einen Erhängten oder Tote gesehen hatte. Im Keller einer Tabakfabrik fand er viele Kistchen mit Zigarren. Wir versteckten sie im Kinderwagen. Damit tauschten wir Lebensmittel und anderes ein. Dieser Fund war ein großes Glück, Zigarren und Zigaretten ersetzten praktisch die Währung. Für Geld hast du nichts mehr bekommen. Währenddessen blieb ich bei den verängstigten Jungs. Udo saß noch im Kinderwagen. Er starb, ist verhungert. Werner war schon Lehrjunge bei der Bahn, selbständig, dauernd unterwegs. Als ich mich entschloss, aus Roggenhausen in den Westen zu flüchten, war Karl-Heinz neun Jahre, Kuno sechs, Gert erst drei Jahre alt. Ich wusste nicht, wie man sich vor Schwangerschaften schützt; hatte dabei noch das Glück, dass zwischen den Geburten wenigstens drei Jahre lagen. Viele Kinder waren ja erwünscht. Gerts Geburt verdanke ich das Mutterkreuz, was mich aber nicht beeindruckt hat. Nach meinem Schwager Otto, der Taufpate war, bekam Egon den zweiten Namen. Ostern 1940 wurde er in Marienwalde eingeschult. Karl tat sich mit der Landwirtschaft sehr schwer, deshalb bewarb er sich bei der Bahn, und im Herbst zogen wir nach Roggenhausen (Kreis Graudenz). Aus Westpreußen war es dann auch nicht mehr so weit zu meinen Eltern. Bis zu unserer Flucht im Januar 1945 gingen die Buben dort zur Schule. Ich schaffte es nur bis Schönlanke in Pommern, dort wurden wir von den Russen überrascht. Anfang Juni 1945 wiesen die Polen uns aus, und wir landeten unter großen Strapazen in Radelübbe in Mecklenburg. Mein Mann musste als Bahnarbeiter nicht zum Militär und war nach Wanne-Eickel geschickt worden.

Alle Verwandten schrieben meiner Schwester nach Leuna, die mit einem Schweizer verheiratet war. Dadurch wussten wir, wohin es die Familienmitglieder verschlagen hatte. Die Nazis respektierten seinen Status, und wenn ihn jemand attackierte, dann überging er es und ließ sich nicht einschüchtern. Vor seiner Molkerei hing immer die Schweizer Fahne. Er hatte einen großen Vorrat an Fahnen, und wenn ihm eine gestohlen wurde, dann ersetzte er sie sofort durch eine neue.

Bis Juli 1946 blieben wir in Mecklenburg im Kreis Hagenow. Meinem Mann gelang es nicht, uns nach Wanne-Eickel zu holen. Schließlich glückte mir die Flucht in den Westen. In dieser Zeit ging keines meiner Kinder zur Schule. Erst aus dem Flüchtlingslager in Eslohe war der Schulbesuch wieder möglich. Egon wurde dort Ostern 1948 aus der Volksschule entlassen und begann eine Bäckerlehre in Brilon. Dem Bäcker wurde nach wenigen Monaten der Laden wegen Schwarzhandels geschlossen, und Egons Ausbildung war damit auch beendet. Im April 1949 bekamen wir eine Wohnung in Wanne-Eickel. Wir zogen in die Dachgeschosswohnung des Wohnblocks, die du ja jetzt kennst. Die Wohnungen gehören der Bahn. Egon bewarb sich in der Zeche Pluto und legte 1952 seine Knappenprüfung ab. Er verdiente im Bergwerk mehr als sein Vater und hat mit seinen zusätzlichen Lebensmittelzuteilungen uns allen sehr geholfen. Zudem bekam er noch ein großes Kontingent Kohle, die wir auch noch an Nachbarn verkaufen konnten. Einen Rest von den Briketts und der Fettkohle habe ich noch jetzt im Keller. Bergarbeit ist sehr schwer. Früher oder später wird jeder lungenkrank. Deshalb schaute Egon sich bald nach der Knappenprüfung nach einem anderen Arbeitsplatz um. Er arbeitete bei der Post, dann bei den Rütgerswerken in Castrop-Rauxel, danach bei der Bahn, wo er auf dem Bahnhof das Werbeplakat der Bundeswehr sah. Er bewarb sich und trat im Oktober 1956 in Weiden in die Bundeswehr ein. So kam es, dass ihr euch in Reutlingen kennen lerntet.«

Schwiegermutters Überlegungen beeindruckten mich. Schwierigkeiten über Schwierigkeiten. Mein Wunsch von einer großen Hochzeit in Weiß ließ sich nicht erfüllen. Auf uns selbst gestellt, ohne zahlungskräftige Eltern, mussten wir einsehen, dass eine große Hochzeitsfeier für uns ein unerreichbarer Traum war.

Es fehlte noch so viel in unserer Wohnung. Der kleinste Raum, von den Architekten als Kinderzimmer konzipiert, war noch völlig unmöbliert. Besonders stark vermisste ich Teppiche, für die unsere ersparten 5000 Mark nicht mehr gereicht hatten, aber mein Mann wollte auf den kirchlichen Segen nicht verzichten.

Wir wurden am 15. April 1963 in der Kreuzkirche in Reutlingen getraut. Zuvor mussten wir den Pfarrer zum Gespräch für Brautpaare aufsuchen. Er schenkte uns drei Taschenbücher. Zwei von Theodor Bovet (Die Ehe, Das Geheimnis ist Gross; Alltag und Wunder in der Familie) und eines von Dr. med. G.N. Groeger (Mädchen, Liebe, Junge Männer). Noch am selben Abend fingen wir brav und gläubig an, darin zu lesen und nahmen uns vor, dass in unserer Familie keine bedrückende Atmosphäre herrschen soll, wie sie auf der ersten Seite von »Alltag und Wunder in der Familie« angesprochen wurde, und wie ich sie bei Vater und Mutter durch Stiefmutter und Stiefvater durchmachen musste. Das Schlimmste im Leben ist, wenn man sich nicht einmal in seiner eigenen Wohnung wohl fühlen kann, verinnerlichte ich, und das wollte ich nie mehr erleben.

Der Hochzeitsanzug meines Mannes war grau. Ich trug ein hellblaues Cocktailkleid aus Spitze, das ich in Stuttgart in einem Textilfachgeschäft für Festtagskleidung fand. Ich war im dritten Monat schwanger und gefiel mir in den weißen Brautkleidern der damaligen Mode nicht. In den in der Taille gerüschten Röcken sah ich wie eine wandelnde Tonne aus, was nichts mit meiner Schwangerschaft zu tun hatte, denn mein Leibesumfang nahm bis kurz vor der Geburt nur minimal zu.

Nach der Zeremonie verriet uns der junge Pfarrer, dass er bei Soldatentrauungen eine große Anteilnahme gewohnt sei. Er habe mit vielen Kameraden gerechnet, die vor dem Kirchenportal das Brautpaar durch ein Spalier in die Ehegemeinschaft führen würden.

Leicht aufgeregt, ähnlich wie vor Antritt einer großen Reise, warteten wir an unserem Hochzeitstag, frühmorgens in unserer Wohnung auf meinen Cousin Waldemar und Eltern, mit dem verabredet war, dass er uns mit seinem Wagen abholen sollte. Er kam nicht. Egon telefonierte von der Telefonzelle ein Taxi herbei, mit dem wir dann Mutter und Schwester Erika in der Peter-Rosegger-Straße abholten. Ein Bundeswehrfreund, dessen zukünftiger Schwiegervater Fotograf war, machte mit dessen Kamera die Hochzeitsfotos vor der Kirche und in unserer Wohnung, in der wir die Kaffeetafel und Abendessen vorbereitet hatten. Fotografieren in der Kirche war verboten. Gerührt von der Ansprache des Pfarrers, begann ich die Tulpen auf dem Altar zu zählen, um nicht in Tränen ausbrechen zu müssen. Vergeblich. Schließlich blieb mir nichts anderes übrig, als zum Taschentuch zu greifen. Selig, nun auch vor Gott ein Ehepaar zu sein, machten wir uns nach der Zeremonie mit demselben Taxi auf nach Großengstingen in die Bergstraße.

Fünfmal in der Woche fuhr ich mit dem Bus nach Reutlingen ins Büro. Auf dem Heimweg kaufte ich unterwegs in einem kleinen Familienbetrieb die Lebensmittel für uns ein. Werktags aßen wir in den Kantinen, sodass ich nur am Wochenende zu kochen brauchte.

Mit einigen Familien pflegten wir lockeren Kontakt, und mit zwei benachbarten Frauen freundete ich mich enger an, durch sie und gelegentliche Feste der Bundeswehr (mit leckeren Buffets und Tanz) kam etwas Abwechslung in unser abgeschiedenes Leben auf dem Berg. Kein Restaurant, Kino, keine Eisdiele, keine Geschäfte, die zu einem Stadtbummel einluden, ohne Auto unerreichbar zeitraubende Vergnügungen. Wir spielten gerne Karten und die Spiele der kleinen Spielesammlung, wie Halma, Mensch ärgere dich nicht, Dame und Mühle, die wir uns zulegten. War mein Mann zu Manövern oder Lehrgängen abkommandiert, fühlte ich mich sehr einsam.

Zu einem richtigen Leben gehörten für uns Kinder. Wir mussten nicht lange warten. Frauenarzt und praktischer Arzt rechneten unterschiedliche Geburtstermine aus. Wem sollte ich glauben? Sechs arbeitsfreie, bezahlte Wochen standen mir vor der Niederkunft zu. Ich entschied mich für den Facharzttermin. Aus meiner Verkaufstätigkeit in der Babyabteilung des Kaufhauses Merkur wusste ich bestens Bescheid über Babyausstattungen und besorgte nach und nach alle notwendigen Sachen. Nur der Stoffbezug für den Stubenwagen musste noch genäht werden, wofür ich ja noch – nach der Rechnung des Frauenarztes – vierzehn Tage Zeit hatte.

Am Samstag, nach dem Putzen der Flurtreppen, zwei Wochen vor der Zeit, bekam ich Schmerzen. Zunächst ging ich davon aus, krank zu sein. Egon und ich tranken Kaffee und spielten Halma. »Ich hab Schmerzen, eventuell vom Treppenputzen«, mutmaßte ich und nachdem sie nicht aufhörten, grübelte ich darüber nach, ob es Wehen sein könnten. Was waren überhaupt Wehen? In meiner vollkommenen Ahnungslosigkeit erhoffte ich Aufklärung durch unseren Sprach-Brockhaus, darin fand ich die kurze Erläuterung: Wehe, -/-n (meist Mehrzahl), Einleitung der Geburt, Geburtsschmerz. Wenig erhellend für mich und meinen ebenfalls unwissenden Mann. Ungefähr zwei Stunden hielt ich die Schmerzen aus, als sie ständig wiederkehrten, war ich mir sicher, nun ärztlichen Beistand zu brauchen. Ganz egal, was los war. Egon sah ein, dass Hilfe notwendig war und lief zu Fuß, in stockdunkler Nacht, fast zwei Kilometer zum Wohnhaus der Hebamme in der Ortsmitte von Großengstingen. Zufälligerweise brannte in einem einzigen Haus noch Licht, und es stellte sich heraus, dass es das Haus Frau Staneckers war. Sie ließ sich meine Beschwerden beschreiben und telefonierte sofort mit dem Arzt und nahm meinen Mann in ihrem Auto mit zu unserer Wohnung. Währenddessen lief ich die ganze Zeit in den Zimmern herum.

Die Hebamme übernahm sofort die Organisation des Haushaltes, und mein Mann folgte ihren Anweisungen: heizte alle Öfen mit Holz und Kohle an, kochte Kaffee und in allen vorhandenen Töpfen Wasser. Eine spürbare Erleichterung wäre es gewesen, wenn der Ofen im Bad elektrisch heizbar gewesen wäre, aber dieser Komfort stand uns als Unteroffiziersfamilie nicht zu.

Die Hebamme meinte nach der Untersuchung, dass die Gebärmutteröffnung schon 5-Mark-Stück-groß sei, und es nicht mehr lange dauern würde. Ich solle schön liegen bleiben. Doch ich bestand darauf, weiterhin herumzulaufen. Irgendwo hatte ich mal mitbekommen, dass Geburten dann schneller und leichter wären. Dann kam der Arzt, und schließlich musste ich mich auf die Liege im künftigen Kinderzimmer legen, die Arzt und Hebamme in die Raummitte geschoben hatten. Hebamme und Arzt meinten, die Presswehen setzten ein.

In den 60er Jahren war es noch nicht möglich, das Geschlecht des werdenden Kindes vor der Geburt zu erfahren. Egon wünschte sich einen Jungen und schwärmte häufig davon, später mit »Ihm« zum Fußballplatz gehen zu wollen. Er war fußballbegeistert und hatte eine

Schiedsrichterausbildung gemacht. Er war immer noch Schalke-Anhänger, bezahlte einen Beitrag an den Verein und bekam regelmäßig eine Vereinszeitung aus dem Ruhrgebiet.

Der Arzt hatte ein letztes Mal »pressen« gesagt und das Baby mit seinen Händen an Kopf und Schulter fassend aus meinem Bauch gezogen. Danach begannen meine Beine fürchterlich zu zittern. Ich schämte mich dafür. »Es ist ein Mädchen«, sagte die Hebamme. »Ein kräftiges und gesundes Mädchen«, sagte der Arzt und ich hörte mein Baby schon schreien.

Nach dem Baden des Neugeborenen und nachdem die Nachgeburt problemlos überstanden war, wurde mir mein in ein Moltontuch eingewickeltes Kind in die Arme gelegt. Ich war glücklich. Hielt mein Mädchen fest in meinen Armen und betrachtete sein Gesichtchen, sah, dass unsere Angela Claudia eine schiefe Nase hatte. »So etwas passiert schon mal durch Druck im Mutterleib. Nach ein paar Tagen ist das Näschen gerade, wenn sie es täglich ein bisschen in die andere Richtung massieren«, beruhigte die Hebamme. So war es dann auch.

Unser Hausarzt hatte mich bei meinem Wunsch, zu Hause zu entbinden, unterstützt und mich mit der zuständigen Geburtshelferin bekannt gemacht. Hebamme und Arzt waren ein gut eingespieltes, umsichtiges Team. Besonders angenehm war, dass sie mir zur Linderung der Wehen abwechselnd über den Rücken strichen. Nach der Geburt verlangte der Arzt nach unserem Bügeleisen. Er stellte mir das kalte und schwere Ding auf den Bauch. Davon sollte sich die Bauchdecke zusammenziehen.

Mutter freute sich auf ihr erstes Enkelkind. Wie verabredet, nahm sie sich Urlaub, kam am nächsten Tag und versorgte unseren Haushalt. Sie achtete darauf, dass ich nicht – so wie sie damals in Lodz – einen Milchstau bekam. Jeden Tag kam die Hebamme, beriet mich beim Stillen, was wegen meiner zu kleinen Brustwarzen nicht klappte. Sofort besorgte sie mir ein Abpumpgerät, zeigte mir dessen Funktionsweise, das Auskochen von Babyflasche und Schnuller und das Erwärmen der Muttermilch, das Zubereiten von Milupa mit Kuhmilch und deren Zugabe zur Muttermilch, die nicht ausreichte. Angela badete sie am dritten Tag mit mir gemeinsam. Ich fürchtete, dass mir das kleine Wesen ins Wasser entgleiten würde, dass ich womöglich die Wassertemperatur falsch einschätzen könnte, aber ich machte keine Fehler.

Bis mein Mann vom Dienst kam, war ich mit Mutter allein und nutzte die Zeit für vertrauliche Gespräch von Frau zu Frau. Auf mein Bitten erfuhr ich Einzelheiten aus ihrer Ehe mit Reinhold. Über Empfängnisverhütung wurde nicht gesprochen; Aufklärung gab es für sie vor der Ehe nicht. »Es war noch kein Jahr seit deiner Geburt vergangen, als ich bemerkte, dass die Regel ausblieb. Dein Vater schaute mich wütend an und sagte: ›Was, du bist schon wieder schwanger!‹ Er wollte kein Kind mehr und tat so, als hätte er damit nichts zu tun. Eine Freundin gab mir die Adresse von einer Hebamme. Meine Periode war erst zwei Mal ausgeblieben. Wenn dein Vater anders reagiert hätte, wäre ich nicht auf die Idee gekommen. Abtreiben ist ja kein Spaß, da habe ich einiges riskiert. Dabei hätte ich auch sterben können«, erzürnte sich Mutter und empörte sich: »So ein Schuft, dein Vater. Mit Männern habe ich nur Pech. Der Krieg ist an allem schuld. Ohne Krieg hätte ich eine Schneiderlehre gemacht und mich nicht von Vater zu dieser Zimmermannehe zwingen lassen, wahrscheinlich hätte ich den netten Hausmann geheiratet. Jetzt muss ich wieder in die Rosegger-Straße zurück zu diesen beiden Schlesiern. Davor graut mir jetzt schon. Bloß gut, dass ich nur abends dort hin muss. Hoffentlich kriegen die bald eine Wohnung.« Bestürzt beobachtete ich Tränen auf Mutters Wangen. Das hatte ich nicht gewollt, wechselte schnell das Thema, bat sie mir zu sagen, wie sie rohe Kartoffelklöße macht.

Am übernächsten Tag würden Knödel zu dem Gulasch, das Egon besorgen könnte, gut passen. Es war meine Lieblingsbeilage zu Gulasch und Sauerkraut. Nun würde ich Hausfrau sein und Zeit haben für aufwendige Gerichte. Darauf freute ich mich sehr, stellte mir vor, dass zukünftig jeder Tag ein Sonntag sein würde, ohne Bürohektik. Kein Chef mehr, der fünf Minuten vor Feierabend noch einen Stapel Post zum eiligen Versand auf meinen Schreibtisch knallte. Ich schrieb alle Rezepte und Tipps auf und bewahrte sie in dem Schnellhefter aus meinem Kochkurs auf.

»Wichtig sind mehlige Kartoffel. Vergiss nicht, die ausgedrückten geriebenen Kartoffeln musst du mit ziemlich heißer Milch abbrühen.« Mutter sagte »ausgedrickten« und »abbriihen«. Wenn sie die Temperatur von Angelas Fläschchen prüfte, dann hielt sie es sich an die rechte Wange. Die eine Woche Urlaub, die sie hatte, ging unwahrscheinlich schnell vorbei. Von unserem Küchenfenster sah ich die Bushaltestelle, wie Mutter – für mich viel zu früh – in den Bus einstieg, der sie nach Reutlingen fuhr. Natürlich war mir klar, dass sie nicht bei uns bleiben konnte, trotzdem fühlte ich mich im Stich gelassen.

Bis zum elften Tag klappte alles wunderbar. Am Vortag sah ich einige kleine rote Pickel an Angelas Bauchnabel. Frau Stanecker meinte, sie kam zum letzten Mal, es sei kein Grund zur Beunruhigung, ich solle sie kräftig einpudern, dann würden sie eintrocknen. Es kam ganz anders. Am nächsten Tag war ihr ganzer kleiner Körper voller Pickel. Rote Pickel mit kleinen Bläschen. Doktor Schwenk riet mir am Telefon, sofort mit dem Baby in seine Praxis zu kommen. Wir hatten kein Auto. Wer konnte und wollte uns helfen?

Egon rannte zu einem Kollegen, der in der Parallelstraße wohnte und fragte, ob er uns mit seinem Volkswagen zum Arzt fahren würde. Er sagte zu. Mir war das sehr peinlich. Nicht bitten oder betteln zu müssen, war auch der Katalysator meines Lebens geworden. Während die beiden Männer im Wartezimmer warteten, assistierte ich dem Arzt. Er piekste mit einer Pinzette jeden Pickel auf und sprühte Angelas ganzen Körper ein. Die ganze Zeit schrie sie ohne Unterbrechung. Bei mir liefen auch Tränen, jeden Pieks fühlte ich mit. »Diese Art von Ausschlägen kommt von unsauberem Umgang mit den Neugeborenen. Sie müssen bei der Versorgung Ihres Säuglings auf strikte Sauberkeit achten«, belehrte mich der Mediziner, und da fielen mir die schwarzen Fingernägel ein, die ich bei der Hebamme gesehen hatte. Gott sei Dank, kann ich nun schon alles selbst machen, stellte ich erleichtert fest. So etwas Ekliges wie schwarze Fingernägel sah ich sofort, doch Erwachsene auf mangelhafte Körperpflege anzusprechen, hätte ich nicht gewagt.

Vierzehn Tage Gehalt gingen mir durch die vorzeitige Geburt verloren. Nun wollte ich die zwei Monate Lohnfortzahlung, die es für stillende Mütter gab, voll ausschöpfen und pumpte täglich mehrmals Milch von meinen Brüsten ab. Stillte man nicht, bekam man nur sechs Wochen Geld. Der Hausarzt wies mich zwar darauf hin, dass ich dadurch eine Hängebrust bekäme, doch das Geld und die Gesundheit meines Kindes waren mir wichtiger, denn Muttermilch war für Säuglinge die beste Ernährung, las ich immer wieder. Die Stillbescheinigung hatte die Hebamme zu unterschreiben, und so musste ich sie noch einmal kontaktieren. Während ich den Kinderwagen den Berg in den Ort hinunter schob, überlegte ich mir, dass man sie auf dieses Versäumnis ansprechen müsste, denn möglicherweise passierte dies auch dem nächsten Neugeborenen. Als sie mir dann freundlich strahlend ihre Haustür öffnete, mich mitsamt Kinderwagen in ihr Haus bat, Angelas gesundes Aussehen lobte, während sie ihr die Wange streichelte, vergaß ich alle Kritik. Mit der unterschriebenen Bescheinigung machte ich mich, nach einem Spaziergang durch den Ort, auf den Heimweg.

Mein Mann war häufig weg: Manöver, Lehrgänge, Fußball und zu einer Nebentätigkeit bei einem Transportunternehmer. Dort konnte er zusätzliches Geld verdienen, was allzu schnell wieder ausgegeben war. Ich war ungern allein. Das hast du nun davon, dachte ich, dass du nicht auf Mutter gehört hast. Jetzt versauerst du für den Rest deines Lebens auf dieser schwäbischen Alb, verheiratet mit einem armen Bundeswehrsoldaten, der jeden Pfennig umdrehen muss. Was hab ich bloß getan? Keine Chance mehr auf beruflichen Erfolg und eine tüchtige Richter zu werden. Verzweifelt griff ich nach den Büchern von Theodor Bovet. Es half. Dann wollte ich wieder eine klaglose fürsorgliche Mutter sein, der eine besondere, individuell geprägte Familienatmosphäre gelingt.

Mitte November packte ich Angela mit zwei Fläschchen Milupamilch (dick in die von mir selbst genähten Mullwindeln eingewickelt) in den Kinderwagen und fuhr mit dem Bus nach Reutlingen. Es klappte besser als ich befürchtet hatte. Sofort sprang der Fahrer aus dem Bus und schaffte für den Kinderwagen im hinteren Bereich Platz. Im Kaufhaus Merkur fand ich viel Aufmerksamkeit bei den ehemaligen Kolleginnen, und meine ehemalige Chefin meinte nach einem

Blick in den Kinderwagen: »Ist das ein lecker Blag.« Aufgemuntert beschloss ich sinnvolles zu tun, schöne Wolle zu kaufen, und für Angela Sachen zu stricken, damit ich ausreichend zum Wechseln hatte.

Steigere dich nicht ins Trübsal blasen hinein, ermahnte ich mich, bald kann das Kind laufen und an einem Brot knabbern, dann bist du nicht mehr ans Haus gebunden. Abends beschäftigte ich mich abwechselnd mit Stricken (Jäckchen, Mützchen, Strümpfchen, Fäustlinge), häkeln, Radio hören und lesen.

An einem Mützchen, aus grünlichem Mohair strickend, saß ich am 22. November 1963 auf der Couch und hörte Nachrichten: Auf Kennedy war geschossen worden, man hatte ihn ins Krankenhaus gebracht. Bis mir fast die Augen zufielen, blieb ich auf, um zu hören, ob er das Attentat überlebt. Wie schrecklich, eine so unmenschliche Tat an einem so sympathisch fortschrittlichen Staatsmann, sagte und dachte ich. Erst als feststand, dass er tot war, ging ich schlafen. Ich war sehr traurig. Die armen Kinder, die arme Frau. Sie war jetzt allein. Alleinsein machte ich nun selbst durch, ich fühlte was es bedeutete. Ein gutes Buch oder die Zeitung lesen brachte Kurzweil. Besonders gern las ich das Feuilleton des Reutlinger General-Anzeigers, den wir abonniert hatten. Warum soll ich nur lesen, fragte ich mich, und schon fielen mir einige Geschichten ein. Meine Schreibmaschine sollte nicht ungenutzt herum stehen, beschloss ich und schrieb. Jede Einsendung wurde veröffentlicht, und ich bekam ein kleines Honorar, das mir der Geldbriefträger brachte. Ich genoss die Spannung, die dadurch in meinen Alltag einkehrte.

Wer sollte und konnte nun Taufpate werden? Möglichst jüngere Familienangehörige, riet der Militärpfarrer Egon. Unsere Verwandtschaft war in Polen und in Norddeutschland, weit weg. Nur Waldemar kam in Frage. Warum gab es diesen verdammten Krieg, grübelte ich, und warum war ausgerechnet ich wieder einmal so schmerzlich davon betroffen.

Nach einigem Überlegen, fragte ich meine damalige, ein Jahr jüngere, Freundin aus der Peter-Rosegger-Straße. Wir hatten in den acht Jahren nachbarschaftlichem Kontakt vieles gemeinsam unternommen. Ihre Mutter war lange Zeit auch vendeuse im Economat, eine Kollegin.

Angela war an ihrem Tauftag ein halbes Jahr alt, war bis zum Zeitpunkt des Taufsegens und der Berührung durch den Pfarrer aufmerksam, ruhig. Danach weinte sie ein paar Minuten, was aber den feierlichen und würdevollen Gottesdienst kaum störte. So empfand ich es, als ich in die verständnisvoll lächelnden Gesichter um mich herum sah.

Die Kirche war nur ein paar hundert Meter von unserer Wohnung entfernt. Waldemar und Egon trugen unseren Täufling, wobei sie sich abwechselten, auf dem Arm nach Hause. Wir nahmen in unserem Wohnzimmer das von mir vorbereitete Mittagessen ein, machten danach mit Angela im Kinderwagen einen Spaziergang auf dem Berg, zeigten unseren Gästen die schöne Aussicht auf den Ort Großengstingen, die Bundeswehrsiedlung mit Lebensmittelladen und Gastwirtschaft. Letztere befand sich in einem barackenähnlichen Bau in Kirchennähe. Waldemar musste nach Wildberg ohnehin über Reutlingen fahren und konnte so Mutter und Freundin nach Hause bringen.

Ich wusste zwar, dass mein Mann schon einige Standortversetzungen hinter sich hatte, rechnete aber trotzdem nicht damit, dass auch Familien davon betroffen sein könnten. Ungläubig hörte ich ihm zu, als er mir eröffnete, dass die Bundeswehr umstrukturiert werde, und er deshalb nach Regensburg abkommandiert sei. Dort gäbe es keine Wohnungen. Vorübergehend müssten wir, um die Trennungszeit abzukürzen, in Neunburg vorm Wald wohnen, dort wären in einigen Monaten einige Häuser bezugsfertig. Bis zum Umzug könnten wir uns nur am Wochenende sehen. Er habe sich schon mit den Auto besitzenden Kollegen beraten, die abwechselnd fahren würden und ihn mitnähmen. Entschädigt werden wir mit Trennungsgeld, das zusätzlich zum Gehalt gezahlt wird. Angela war noch kein Jahr alt. Nun würde ich mutterseelenallein auf weiter Flur sein, jammerte ich. Die Versetzung betraf in unserer Reihenhauszeile ein weiteres Ehepaar mit Kind sowie die Nachbarn mit drei Kindern, die über uns wohnten.

Die 60er und 70er Jahre

Erste Besuche

Stiefvater zog mit seiner Mutter in den Reutlinger Westen. Nun lebte Mutter mit meinen zwei Schwestern allein in der Peter-Rosegger-Straße. Entnervt von den erfundenen Anschuldigungen ihres Ehemannes (es galt noch das Schuldprinzip), verzichtete sie auf Unterhalt und erreichte damit einen schnelleren Scheidungstermin.

In den 60er Jahren gab es in Baden-Württemberg noch eine beachtliche Auswahl an Stellenangeboten. Durch eine Annonce wurde Mutter auf die Stelle einer Zuschneiderin in einer Textilfabrik aufmerksam. Kleidung herstellen zu können, wollte Mutter schon in Lodz. Sie wurde eingestellt, was ihr zu einem bescheidenen Lebensstandard verhalf. Stolz registrierte sie, dass sie keinen »Ernährer« brauchte. Trotzdem war Mutter zutiefst unglücklich über das Scheitern ihrer zweiten Ehe. Ihr fehlte ein vertrauter Erwachsener. Nach zehn Jahren war sie erneut allein und sehnte sich nach ihrer Mutter und nach den Schwestern. 1964 reiste sie für vierzehn Tage nach Lodz, mit dem Ergebnis, dass sie weniger unglücklich zurückkehrte. Polla holte ihre Nichte Helene in Kutno vom Bahnhof ab, begleitete sie zu Hedwigs Wohnung, die sie eingeladen hatte.

»Wenn ich meiner Mama auf der Straße begegnet wäre, hätte ich sie mit ihren siebzig Jahren nicht erkannt, und sie mich auch nicht. Mit der Zeit erinnerte mich ihr Lächeln und ihre Bewegungen an die Frau, wie sie 1945 war«, resümierte sie erschüttert.

»Einen ganzen Tag verbrachte ich bei Tante Polla. Peter ist ein schöner junger Mann geworden. Er schenkte mir zur Begrüßung einen wundervollen Blumenstrauß. Ganz allein fuhr ich mit der Straßenbahn zur Piotrkowska, der Hauptgeschäftsstraße. Sie ist vier oder fünf Mal so lang wie unsere Wilhelmstraße. Es ist nicht mehr die Prachtstraße, wie ich sie kannte. Seit Ende des Krieges wurde dort fast nichts erneuert. Die Häuserfassaden müssten dringend ausgebessert und gestrichen werden. Im polnischen Sozialismus wird alles penetrant schmutzig grau.«

Neugierig auf Polen, wollte ich wissen, wie es ihr ergangen war, und wie unsere Angehörigen leben. »Es war eine große Wiedersehensfreude. In Deutschland lebt es sich besser. Bei uns werden die Arbeiter besser bezahlt, und man kann mehr für das Geld kaufen. Dort ist alles grau und blau, grau durch Schmutz und blau in den Wohnungen. Das ist die billigste Farbe. In der Straßenbahn waren die Sitze so schmutzig, ich hab mich nicht hingesetzt, hatte Angst um mein Kostüm. Hauptsächlich essen die Leute Borschtsch mit Kartoffeln und viel rote Beete. Das esse ich auch mal gerne, aber vier Mal in der Woche ist einfach zu viel. Obwohl der Krieg fast zwanzig Jahre vorbei ist, gibt es noch viel Deutschenhass, sagen Maria und Hedwig. Den Leuten stellten sie mich als ihre Schwester aus Frankreich vor. Die ganze Zeit über sprach ich nur Polnisch. Nach der Grenze habe ich richtig aufgeatmet und war erleichtert, wieder in Deutschland zu sein. Immer wieder hab ich mich gefragt, ob meine Flucht ein großer Fehler war, aber als ich jetzt Lodz sah, merkte ich, dass ich nichts zu bereuen habe. Bei allen Problemen, die ich auch habe, bin ich heilfroh, dass ich in Reutlingen lebe.« Auf meine Frage, ob sie ihr Elternhaus oder eines der anderen Häuser, die einmal der Familie gehörten, gesehen habe, bekam ich eine enttäuschende Antwort. »Nein. Hedwig wollte partout nicht nach Jozefow und meinte, ich solle nicht hinfahren. Man könne den Anblick nicht ertragen. Allein mochte ich nicht hin«, erwiderte Muter.

Mir brachte sie eine große Kristallvase mit, meinen Schwestern Bernsteinringe, denn etwas anderes lohnte es sich nicht zu kaufen. Sich selbst schenkte sie eine Bernsteinkette aus ungeschliffenen hellbraunen Steinen, ohne besonderen Verschluss, die so lang war, dass sie mühelos über den Kopf gezogen werden konnte und außerdem ein mit Rosen bedrucktes schwarzgrundiges Schultertuch mit Fransen.

Schon lange ging es Josef Richter in seiner neuen Familie in Grünberg schlecht. Zwei Jahre nach Kriegsende bekam er mit seiner neuen Lebensgefährtin eine Tochter, die mittlerweile eine junge Frau war. Die körperlich anstrengenden Arbeiten auf dem Bauernhof bewältigte er nicht mehr. Als Folge der Torturen aus zwei Kriegen war sein Gesundheitszustand Besorgnis erregend. Er hatte ein Lungenödem. Zwischen ihm und dem Sohn der Bäuerin aus der ersten Beziehung gab es ständig Auseinandersetzungen. Nach einem heftigen Streit denunzierte ihn der junge Mann bei der Polizei: Jozef Radomski sei ein Betrüger, lebe hier unter falschem Namen, er sei ein Deutscher und heiße Josef Richter. Die Anzeige wirkte sich nicht negativ aus, weil es schon lange die Allgemeine Amnestie gab. Josef bekam einen neuen Pass. Darüber war er sehr froh; er brauchte sich nicht mehr verstellen und verstecken.

Unbedingt wollte er ein anderes Leben. Zunächst fuhr er mit der Bahn nach Lodz, suchte und fand seine Schwester Apolonia. Von ihr ließ er sich berichten, wie und wo seine Frau und seine zwei Töchter lebten. Beide waren mit Polen verheiratet, arbeiteten für ein neues Zuhause. Hedwig hatte einen Sohn, den seine Ehefrau Juliane versorgte, wenn die Eltern beschäftigt waren. Zu viert lebten sie in einer Zwei-Zimmer-Neubauwohnung in einem Wohnblock.

Juliane hatte sich schon lange mit ihrem Dasein ohne Ehemann abgefunden. Im Winter lebte sie in Lodz, und den Sommer verbrachte sie auf dem Land, wo ihr Schwiegersohn ein größeres Grundstück mit Gartenhäuschen eingerichtet hatte. Sie bauten dort Gemüse und Beeren hauptsächlich für den eigenen Verbrauch an, sie fütterte zwei Schweine, die im Spätherbst geschlachtet wurden. Für einen Neuanfang sah Juliane keine Chance. Sie und Josef waren fast siebzig Jahre alt, mittellos und nicht mehr gesund.

»Mein Schwiegervater zeigte uns stolz seinen neuen Pass. Er war erleichtert und froh, dass er wieder unter seinem deutschen Namen »Josef Richter« leben konnte«, erzählte mir Zenon viele Jahre später.

»Du siehst doch, Vater, bei uns kannst du nicht bleiben«, sagte Hedwig und gab ihm auf sein Ersuchen die Adresse von Helene in Reutlingen, die mittlerweile geschieden war und mit zwei Mädchen in einer geräumigeren Drei-Zimmer-Wohnung lebte. Mutter bekam dann Post von ihrem Vater aus Grünberg, wohin er zurück fahren musste.

»Wir zwei Kriegsversehrten müssen einander helfen«, befand Mutter, »ich bin allein, und Vater ist allein.« Umgehend beantragte sie für ihn eine Zuzugsgenehmigung. Im Dezember 1965 holte sie ihn auf dem Reutlinger Hauptbahnhof ab. Ich konnte nicht dabei sein. Hochschwanger mit meinem zweiten Kind, wagte ich mich nicht mit dem vielen notwendigen Gepäck auf diese lange Bahnreise. Hätten wir ein Auto gehabt, dann wäre ich mit meiner kleinen Familie bestimmt zu seiner Begrüßung hingefahren. Noch gaben wir unser ganzes Einkommen für Essen, Wohnung und Kleidung aus.

Meine Schwestern waren vierzehn und zwanzig Jahre alt und ich vierundzwanzig, als wir unseren Großvater kennen lernten. Mutter lernte ihren Vater auch neu kennen. Der frühere Macher war stark verändert: Seine schüchtern verhaltenen Umgangsformen schmerzten sie sehr. Aus dem robust dominanten Mann war ein in sich gekehrter Mensch geworden. Erbost und erschüttert registrierte sie, was Staatsgewalt und die deutschen, russischen und polnischen Gewehre aus ihm gemacht hatten. Großvaters zwanzig Jahre währende Beziehung und Mitarbeit auf dem Hof in Grünberg endeten mit einem kleinen Köfferchen, einem Siegelring für ihn und goldenen Kettchen für Mutter und meine Schwestern als Abschiedsgeschenke.

Schließlich gewöhnte Großvater sich ein, machte sich mit den Nachbarn bekannt und freundete sich mit einem jungen unverheirateten Mann aus dem vorderen Haus an.

Jetzt kann ich Angela versorgen, solange du im Krankenhaus bist, schrieb Mutter, denn Vater arbeitet im Haushalt mit und achtet auf die Wohnung. Seine Krankheit ist zwar eine Belastung, er kann schlecht schlafen und weckt uns oft auf, aber ich bin froh, dass er da ist. Der Arzt sagte zu seinem aufgeblähten Pneumothorax, dass alle Patienten, bei starker Belastung, unter Atemnot leiden. Die mit den Jahren entstandene eingeschränkte Atembreite führe zu Schlafunterbrechungen. Sie werden verursacht durch Atemnot. Das Lungenemphysem entstehe durch aufgeblähte Alveolen, die flächig zunehmen. Vater bewohnt deshalb allein das Kinderzimmer, da kann er sich jederzeit zurückziehen. Die Mädchen und ich schlafen im Schlafzimmer.

Ich freute mich auf Mutters Besuch, war dankbar, dass sich alles so gut für mich und meine Kinder und meinen Mann fügte. Der Gynäkologe errechnete die Geburt unseres zweiten Kindes für Anfang bis Mitte Februar.

Mutter kam, freute sich über die Enkel und kümmerte sich rührend um sie. Sie sah sehr schlecht aus und meinte auch, dass sie sich nicht wohl fühle. Geh bitte zum Arzt und lass dich gründlich untersuchen, ermahnte ich sie noch am Taxi, das sie zur Bahn brachte. Als sie nach Hause fuhr, war ich soweit wieder hergestellt, dass ich uns, nunmehr eine vierköpfige Familie, selbst versorgen konnte.

In Regensburg wohnten wir hunderte von Kilometer von unseren Verwandten entfernt. Regensburg ist eine schöne Stadt, stellte ich auf der Treppe des Domes fest und beobachtete die zahllosen Menschen auf dem Platz, die geschäftig vorbeiliefen. So viele Leute, und du kennst nicht einen einzigen. Ein ungeheuerliches Einsamkeitsgefühl kroch in mir hoch und schnürte mir die Kehle zu. Keine vertraute Nachbarschaft; ein Leben, ohne Berufskollegen und ehemalige Schulkameraden, von unbestimmter Dauer lag vor mir. Sorgenschwer fragte ich mich: kann ich das mit zwei kleinen Kindern durchstehen?

Damit wir öfter unsere Angehörigen besuchen konnten, sparten wir sehr hart auf einen Volkswagen. Ein Bankdarlehen wollten wir nicht mehr in Anspruch nehmen, als wir die vielen intimen Fragen auf dem Kreditantrag lasen. Dazu kam noch, dass mein Mann gegenüber der Bundeswehr seine wirtschaftliche Situation darlegen musste. Lieber verzichteten wir ein ganzes Jahr rigoros auf Neuanschaffungen, gingen nicht mehr aus, und ich kochte, um es beschönigend zu sagen, preiswert. Die Deutschen sparen sich ihre Autos vom Munde ab, las ich in der Mittelbayerischen Zeitung, die wir abonniert hatten.

Genau, so ist es auch bei uns, aber was soll man anderes machen, fragte ich mich ratlos. Der Kinder wegen konnte ich nicht arbeiten, ihre Betreuung wäre zu teuer gewesen.

Unser Unterhaltungsbedürfnis stillte das Fernsehgerät, ein Plattenspieler, ein Radio. Hin und wieder trafen wir uns mit den Bundeswehrkollegen und ihren Frauen. Voller Zuversicht spielte mein Mann regelmäßig im Lotto, immer dieselben Zahlen. Jeden Samstagabend verfolgte er die Ziehung der Lottozahlen im Fernsehen (sie wurde 1965 eingeführt) und stellte fest: »Scheiße, wieder eine Woche arm.«

Wenige Monate nach der Geburt Marions erreichte mich die Hiobsbotschaft, dass Mutter an Krebs erkrankt sei. Sie musste in eine Klinik nach Tübingen und bat mich zu kommen. Ich fuhr mit einem Kind im Kinderwagen und einem an der Hand nach Reutlingen. Sechs Stunden Bahnfahrt und dann noch eine halbe Stunde Fußweg, und wir waren endlich am Ziel.

Unter diesen traurigen Umständen sah ich Großvater bewusst zum ersten Mal. Ich kannte nicht einmal ein Foto von ihm. Sehe ich ihm ähnlich?, überlegte ich, aber gleich fiel mir ein, dass er jetzt ein runzliger alter Mann war. Wie er aussieht, hat wenig Bedeutung, wichtig ist sein Verhalten gegenüber meinen kleinen Kindern und mir. Hoffentlich komme ich gut mit ihm zurecht, grübelte ich. Ob er sich noch an die brüllende Dreijährige erinnerte, die er mit seiner Tochter aus dem Haus warf?

Unsere Begegnung, nach zwanzig Jahren, empfand ich dann ähnlich, wie die mit früheren fremden Besuchern meiner Mutter: freundlich neugierig und abwartend. Von Küsschen und Umarmungen hielt man in unserer Verwandtschaft nichts. Das war albernes Getue, was womöglich falsch verstanden werden könnte. Vor einem Fotografen war so etwas ungemein peinlich. Nur Babys und Kleinkinder küsste und umarmte man.

Bald stellten wir fest, dass uns Freude und Leid gleichermaßen bewegten. Ausgerechnet jetzt musste Mutter krank werden, jammerten wir beide und fanden, dass es unpassender nicht hätte kommen können. Fürsorglich zeigte mir Opa (wie seine Urenkelin Angela ihn gleich begrüßte) seinen Lebensmitteleinkauf. Später fragte ich ihn, wie es ihm bei Mutter und in Reutlingen gefalle. Begeistert berichtete er von den Maschinen, die es hier gäbe. Fasziniert beobachte er den

Hausmeister auf seinem kleinen Traktor beim Rasenmähen. Schade, dass er so einen nicht im Osten hatte, denn damit könnte selbst er, mit seiner Krankheit, in einer Landwirtschaft arbeiten.

An einem Spätnachmittag klingelte es an der Flurtüre. Vor mir stand eine geschätzte fünfzig Jahre alte Frau mit einer Aktentasche. Sie wolle Josef Richter sprechen. Großvater ging mit der Dame ins Wohnzimmer und bot ihr einen Stuhl an.

»Ich besuche sie wegen der Kontaktanzeige auf die sie geantwortet haben, Herr Richter«, hörte ich unfreiwillig in der Küche mit. Alle Zimmertüren standen meist offen. Großvaters Besuch geht mich nichts an, sagte ich mir. Die Frau erkundigte sich nach seinen Vorstellungen bei der Partnersuche, blätterte in ihren schriftlichen Unterlagen herum und machte schließlich das Angebot, für einen Preis von 4000 Mark, etwa ein Jahr eine passende Frau für ihn zu suchen. Darüber würde sie heute einen Vertrag mit ihm abschließen, und ihr Institut schicke ihm dann Fotos und Adressen von heiratswilligen Damen. Du musst dich jetzt einmischen, befand ich, sonst unterschreibt er. Diese Heiratsvermittlerin kann nicht wissen, dass Großvater das nicht bezahlen kann, und er weiß nichts über das Risiko, das er eingeht. Mit ein paar knappen Worten erläuterte ich der Frau die finanzielle Situation. Bestenfalls sei mein Großvater bald Bezieher einer bescheidenen Rente. Darüber sei sie nun sehr enttäuscht, ließ sie uns wissen. Sie glaubte bei dem Alter, dass der Briefschreiber ein gut situierter alter Herr sei. Deswegen hätte sie sich gleich zu einem Besuch entschlossen.

Höflich meinte Großvater, dass er bedauere, dass sie vergebens gekommen sei. Die Dame sah die Aussichtslosigkeit ihrer Mission ein und verabschiedete sich schnell. Auf diese Weise erfuhr ich, dass Großvater eine Frau suchte, und Hugo aus dem Nachbarhaus für ihn den Brief geschrieben hatte. Er hatte lesen und schreiben gelernt, beherrschte aber nur das Schreiben mit großen Druckbuchstaben und schrieb sehr langsam. Über meine Einmischung war er froh. Unangenehm überraschte ihn die Konsequenz seines Briefes; statt der erwarteten Antwort einer sympathischen Bäuerin kam eine Heiratsvermittlerin. Bevor er heiraten kann, müsse er sich ohnehin scheiden lassen. Mit der Suche nach einer Frau eile es nicht, konstatierte der alte Mann.

»Bist du sicher, dass du das alles noch schaffst?«, fragte ich unangenehm überrascht. Meine Vorstellung von diesem Alter war, dass man lebenssatt und wunschlos ein ruhiges Leben im Kreise der Familie führt. »Wenn ich mir die Gleichaltrigen hier ansehe, dann bin ich noch jung. Die schlurfen in ihren Pantoffeln herum oder gehen am Stock. Niemals werde ich mich so gehen lassen, wie diese alten Tattergreise. Ich bin gut zu Fuß und möchte noch einmal mit einer Frau neu anfangen.« Es ist zu spät in diesem Alter, dachte ich, mit dieser Krankheit, aber ich enthielt mich eines Kommentars.

So oft es ging, besuchte ich Mutter und versorgte sie mit allem Notwendigen für diesen Krankenhausaufenthalt. Ein paar Tage nach ihrer Entlassung fuhr ich mit meinen beiden Kleinen nach Regensburg zurück. Das intensive private Gespräch, mit all den Fragen, die ich an Großvater hatte, verschob ich auf unser nächstes Beisammensein. In Polen litten die Menschen, darunter meine bedauernswerten Angehörigen, unter der wirtschaftlichen Ausbeutung durch ihre russischen Befreier. Das Land wurde ausgeplündert wie ein besetztes Land. Polen lieferte Kohle, Schiffe, Getreide, auch Textilien ohne Bezahlung oder gegen geringes Entgelt an die Sowjetunion. Der Lebensstandard war sehr niedrig; alle hassten die Russen.

Hedwigs und Zenons geringer Verdienst in der Fabrik reichte nur für das Allernötigste. Mein Onkel hatte eine Stelle in einer, die Gesundheit gefährdenden, Farbproduktion. Die Wohnung war viel zu klein. Dazu arbeiteten alle noch auf ihrem Grundstück auf dem Land, das sie Zenons Bruder abgekauft hatten. Neben der Eigenversorgung mit Gemüse ergab sich manchmal ein kleiner Nebenverdienst durch den Verkauf der geernteten Waren.

Das Leben war eine mühsame Jagd mit wenig Beute, und es bestand kaum Hoffnung auf Besserung. Nachdem nun auch ihr Vater und zwei ihrer Schwestern in der Bundesrepublik waren, wollte Hedwig sehen, wie es sich in Deutschland lebt. Im Sommer 1966 reiste sie zuerst nach Reutlingen, und danach besuchten sie und Mutter mich in Regensburg. Ich freute mich auf ihr Kommen. Durch den jahrelangen Briefwechsel mit Fotos war sie mir nicht so fremd wie Großvater. Als sie dann leibhaftig vor mir stand, stellte ich fest, dass sie wie ich ein blonder Typ war. Sofort fielen mir ihre wundervollen blauen Augen auf, wie ich sie in dieser Intensität noch nie gesehen hatte.

Dankbar über die wenigen Tage, die wir miteinander verbringen konnten, zeigte ich ihr die Stadt und den schönen Regensburger Dom. Sie schenkte mir und den Kindern dicke hellblaue Wollmützen. Auf einem leichten Wollstoff klebte watteähnlich aussehende Wolle.

»Wie gefällt es dir in Deutschland?« wollte ich wissen, und sie antwortete, dass sie am liebsten sofort nach ihrer Heimkehr für ihre Familie und sich die Koffer packen würde. Doch es gäbe den »Eisernen Vorhang«. Polen ließe niemanden ausreisen; von diesem Verbot wären auch die Deutschen betroffen.

»Erzähl mir von meiner Großmutter und von meiner Patentante Maria«, bat ich. Hedwig erzählte ihre, und ich schilderte unsere Lebensumstände: »Mein Mann ist bei der Bundeswehr, und deshalb dürfen wir auch nicht überall hin reisen. Egon hat noch Verwandte in der DDR und stammt aus Ostpreußen. Wir würden alle so gerne einmal kennen lernen oder unseren Geburtsort besuchen, aber es ist zu gefährlich. Neulich kam er nach Hause und erzählte, dass einige Kollegenfrauen fingierte Liebesbriefe erhalten hätten. Ich solle mich nicht aufregen, falls ich auch einen bekäme und ihn aufbewahren. Er leite ihn an den Erkennungsdienst weiter. Dieser ständige Psychokrieg muss endlich aufhören. Wir haben den so genannten Kalten Krieg satt. Man muss sich mal vorstellen, die DDR feierte fünf Jahre Mauerbau! Wenn Menschen anständig behandelt werden, dann laufen sie nicht weg. Wer verlässt schon gern seine Heimat? Zu Weihnachten denken wir immer an seinen Cousin und an euch in Lodz und stellen Kerzen ins Fenster.«

In den 60er Jahren war der Zweite Weltkrieg mit seinen Folgen Tag für Tag gegenwärtig. Ohne ihn wäre unser aller Leben anders verlaufen, und so war es unvermeidlich, dass Hedwig auf ihre schrecklichen Erlebnisse, nach dem Krieg in Polen, zu sprechen kam. Aufmerksam hörte ich ihr zu …

Nachtgespräche mit Hedwig

» ... ich vermisse meinen Patenonkel Leo sehr. Onkel Leo war ein freundlicher Mensch, gut aussehend, klug, schlagfertig. Wenn er den Krieg überlebt hätte, dann wäre unsere Familie zusammen geblieben und würde bestimmt noch in Lodz leben. Mit seiner Hilfsbereitschaft rettete er unserem Bäcker sein Säckchen Geld. Leo kannte den Bäcker gut. Als die Deutschen nach Polen kamen, wollten sie ihn aussiedeln. Onkel Leo kam gerade vorbei und hat das gesehen. Er blieb stehen, hat geschaut, was die deutsche Polizei dort macht. Der Bäcker hat ihm zugewunken. Leo kannte auch den Laden gut und ist in einen Nebenraum der Backstube gegangen. Nach einer Weile kam der Ladenbesitzer und gab Leo ein Säckchen Geld und bat ihn, das für ihn aufzubewahren. Leo versprach es ihm. Die Polizei erzwang die Schließung des Geschäftes. Als er den Bäcker wiedersah, gab er ihm sein Geld zurück. Aus Dankbarkeit bekam seine Mutter, Franziska Richter, meine Oma, bis zu ihrem Tode kostenlos Brot und Brötchen von ihm.

Dauernd waren die Leute mit den deutschen Vorschriften und Repressalien beschäftigt. Deine Mutter hat ihre polnische Nachbarin auf dem Arbeitsamt registriert. Wenn es nötig war, hat sie im Haushalt mitgeholfen. Damit schützte sie die etwa gleichaltrige Frau vor Umsiedlung und Zwangsarbeit. Nach dem Krieg schrieb Helene an die Nachbarin. Sie hat den Brief zur Mutter gebracht. Dadurch wusste die Familie, dass sie lebt und wo sie lebt.

Irena, eine Polin aus der Nachbarschaft, war bei meinem Vater in Jozefow registriert und hat bei ihm gearbeitet. Aber wenig, weil sie immer krank war. Später, nach Jahren, hat sich herausgestellt, dass sie mit Männern geschlafen hat. Den ganzen Tag war sie müde und krank. Ich war noch jung und hab das nicht gemerkt, voller Mitleid trug ich das von meiner Mutter gekochte Essen hin.

Nachdem die Deutschen von den Russen besiegt waren, fingen die Plünderungen an. Was den Russen und Polen nötig war, haben sie mitgenommen. Auch Irena kam. Sie wusste, dass ich einen schönen goldenen Ring besaß. Er war ein Geschenk meines Patenonkels.

›Gib den Ring her, du Schwäbin. Wenn du ihn nicht gleich runter nimmst, dann nehme ich die Axt und hacke dir den Finger ab‹, schrie sie mich an. Ich gab ihr den Ring. Unser Arbeiter Stephan war dabei und protestierte: ›Nimm ihr doch den Ring nicht weg‹. Aber sie hörte nicht auf ihn. Sie hat den Ring an sich genommen.

Andere, unbekannte Polen kamen und holten die Jugendlichen, Frauen und Männer, die noch da waren ab, und brachten sie in Lager. Mich holten sie auch. Es war Winter mit großem Frost, bestimmt minus 40 Grad. Ein Milizionär ging vor der Menschenschlange mit einem Karabiner, einer hinten, damit niemand flüchten kann. Wir gingen in einen Wald. Von den Leuten war ich die Jüngste und Schwächste. Ich konnte nicht mehr laufen. Nachts haben wir immer angezogen geschlafen, weil man wusste, dass die kommen, und man nichts mitnehmen kann. Ich blieb zurück. Der Pole kannte mich. Manche Polen wohnten in deutschen Dörfern. Ich kannte ihn nicht. Er wusste, dass ich die Tochter von Josef Richter bin. Er wollte mich vergewaltigen. Zum Glück war ich zu dick angezogen. Er riss immer wieder vergeblich an meiner Kleidung. Es fiel ihm ein, dass die Leute weglaufen könnten und da hat er mit der Hand gemacht: ›Ah, lauf fort, lauf fort und lass dich nicht mehr zeigen‹, und ging weiter. Ich blieb zurück, ging in den Wald, trotzdem ich mich nicht auskannte. Aber ich hatte einen Schutzengel. Er führte mich zur Hauptstraße. Links ist man zu meiner Oma in die Stadt gegangen und rechts nach Jozefow zu meinem Elternhaus.

Zur Oma war es näher. Die Oma war in ihrem Haus von Luzia nach oben in eine Kammer ausgesiedelt worden. Die junge Frau wohnte jetzt mit einem russischen Offizier im Erdgeschoss. Sie war mit ihm liiert. Mit seiner Hilfe eignete sie sich (und ihre Familie) Onkel Leos Haus, Grundstücke und den ganzen Hausrat an. Ich bin da hingekommen, und sie befahl mir: ›Ich gehe jetzt weg und komme zurück um die und die Stunde, und du schälst und kochst Kartoffel.‹ Ich konnte gar nicht kochen. Die Oma hat mir gezeigt, wie man das macht. Ich habe die Kartoffeln gekocht. Zuhause habe ich das nicht gemacht, ich war ja noch ein Schulkind. Soll ich die Kartoffeln stampfen oder ganz lassen, überlegte ich und habe sie gestampft. Sauce war da und Fleisch.

Luzia kam und sah die gestampften Kartoffeln. Sie beschimpfte mich. Sie hätte ganze Kartoffeln haben wollen. Der Russe ohrfeigte mich, hat den Karabiner herausgenommen und wollte mich erschießen. Sie hat es nicht zugelassen: ›Erschieß sie nicht.‹

Dann ging ich zur Oma nach oben. Oma weinte. Am späten Nachmittag machte ich mich auf den Weg nach Jozefow. Dort war nur noch Stephan; von der Familie habe ich niemanden mehr angetroffen. Er war auch schon umgezogen. Unsere Wirtschaft hatte schon ein Pole übernommen.

In unserem Dorf gab es in der Nachbarschaft ein Lebensmittelgeschäft. Müller hat der Ladenbesitzer geheißen. Nebenan in einem Häuschen hatte er sein Lager. In diesem Häuschen fand ich Stephan. Stephan überlegte: ›Was mach ich jetzt mit dir?‹ Er versteckte mich im Schrank. Ein paar Tage versteckte ich mich darin. Es war Winter und kalt. Wenn Stephan weggegangen ist, habe ich den Schrank verlassen und habe dem Ofen etwas zugelegt. Holz hatte er. Es sollte etwas warm sein. Es war nur ein Raum. Trotzdem die Vorhänge zugezogen waren, sah jemand Licht vom Ofen. Die Nachbarin, die mir den Finger abhacken wollte, kam und fragte: ›Wer ist hier bei dir?‹ Er: ›Niemand.‹ ›Du warst nicht da‹, sagt sie. Er antwortete: ›Da bin ich vielleicht auf einen Moment raus gegangen.‹

Nach diesem Vorfall meinte Stephan, dass er mich hier nicht mehr behalten kann. Er war ein guter Junge. Er wollte mir helfen, weil er es bei meinen Eltern sehr gut hatte. Er führte mich in das dritte Dorf zu seiner Schwester. Seine Schwester steckte mich in den Keller. Tag und Nacht war ich in dem Keller. Am Tag bin ich ein bisschen zum Essen raus gekommen, danach gleich wieder zurück in den Keller. Dort sind Leute hin und her gegangen. Es war noch Krieg. Dann meinte die Schwester, dass zu viele Leute zu ihr kommen. Ich könne nicht mehr bleiben. Sie hatte Angst. Man hätte sie dafür erschießen können.

Stephans Schwester brachte mich zu einer polnischen Bäuerin. Das war eine ausgesiedelte Familie, die nach dem Krieg zurückgekommen war. Sie hatten drei Kinder, und die Bäuerin war schwanger. Die Leute hatten eine Kuh, ein paar Hühner und auch nicht viel zum Essen. Die Menschen mussten langsam zu sich kommen. Ich habe dasselbe zu essen bekommen, wie die Familie: viel Milch. Täglich musste ich die Kuh melken und konnte das nicht. Die Kuh steckte immer ihren Fuß in den Eimer. Mir fiel nichts anderes ein, als Wasser zu der Milch zu gießen. Von der Milch wurde dann Verschiedenes gekocht; Suppen für die Kinder. Auf dem Waschbrett musste ich die Wäsche waschen. Es gab eine große runde Wanne aus Holz, die musste ich mit der Schubkarre zum Fluss fahren. Die Bäuerin meinte, wenn man die Wäsche in kaltem Wasser spült, dann wird sie schöner. Es ging erst durch eine Wiese. Die Wiese war sehr nass, und deshalb fiel mir die Schubkarre in den Fluss. Ich konnte nur mit großer Anstrengung alles aus dem Fluss retten. Beim nächsten Mal ließ ich die Schubkarre einen halben Kilometer vor der Wiese stehen und trug die Wäsche einzeln zu der Schubkarre zurück.

Auf dem Feld sollte ich Kartoffeln hacken. Dazu war ich zu schwach und bin ohnmächtig geworden. Abends war ich so abgearbeitet, konnte nur noch die Hände unter den Kopf legen und schlief am Tisch ein.

Jeder Tag brachte irgendeinen Schrecken in mein Leben. In der Nachbarschaft wohnte ein kranker, etwas gelähmter polnischer Mann. Sein Arbeiter kam abends zu Besuch. Es wurde Karten gespielt, geredet, die Abende verbracht wie es im Winter üblich war. Im Sommer war dafür keine Zeit. Er zeigte auf mich: ›Die Schwäbin da, an dem Tisch, die soll morgen früh nicht mehr da sein. Wenn sie morgen früh noch da ist, da komm ich und erschlag sie.‹ Die Bäuerin bekam Angst. Es hörte sich ernst an, und der Mann war nicht richtig im Kopf.

Als sie mir das erzählte, beschloss ich zu meinem jetzigen Mann zu gehen, der drei Häuser weiter in der Nachbarschaft wohnte. Damals wusste ich nicht, dass er einmal mein Mann sein würde. Wir waren gleich alt: fünfzehneinhalb Jahre. Er versprach, mir zu helfen. Sein

Herz dachte mit. Dazu wollte er den Ausweis seiner vier Jahre älteren Schwester stehlen. Damit sollte ich weggehen.

Tatsächlich brachte er mir den Ausweis und ich bin fort, zu meiner Mutter. Sie lebte bei einem anderen Bauern im selben Dorf. Mutter meinte, dass Tante Polla in der Stadt eine Wohnung hat und mir vielleicht helfen kann. Zuerst wollte ich aber zu meiner Oma. Das war auf dem Weg. Zufällig war bei der Oma gerade die Tante. Durch ihren Blumenladen hatte sie sehr viele Bekannte. Darunter waren auch Rechtsanwälte. Auch in der Familie war ein Rechtsanwalt. Der Name Richter war sehr bekannt in Lodz.

Tante Polla sprach mit Luzia, die im Haus meines Onkels Leos mit Großmutter wohnte. Ihr Vater war Gärtner und hatte in Schweidnitz eine Gärtnerei übernommen. Dort lebte auch seine jüngste Tochter. Er siedelte Deutsche zum Arbeiten aus. Luzia wurde von Polla gebeten, mich in diese Gärtnerei mitzunehmen. Ich sollte dort arbeiten und bleiben, bis in Lodz wieder normal gelebt werden kann.

Luzias Vater nahm mich dann im Zug mit. Die Arbeit in der Gärtnerei war schwer. Sobald der Vater weg fuhr, bekam die Tochter über eine Leiter nächtlichen Besuch. In dieser Zeit musste ich für sie und ihre Gäste kochen. Wenn der Vater zurückkam, arbeitete ich wieder in der Gärtnerei. Draußen.

Dort blieb ich bis Ende 1946. Im Juli war ich siebzehn Jahre alt geworden. Dann kam die Amnestie für die Deutschen, und die Tante schrieb dem Gärtnereibesitzer, er solle mich zurückbringen. Bei der Tante erfuhr ich, wo meine Mutter wohnte.

Mutter hatte eine Wohnung in der Nähe von Lodz bei einer bekannten Polin, ihre Tochter nähte während der Kriegszeit für uns, gegen Abgabe von Lebensmitteln. Oft brachte ich ihr die Sachen. Möbliert war Mutters Zimmer mit einem Bett, darin haben wir zu zweit geschlafen. Ein kleiner Schrank, ein Tisch und ein Ofen waren unsere ganze Einrichtung.

Ich ging dann von einer Fabrik zur anderen und suchte Arbeit. Überall wo ich meinen Namen ›Richter‹ gesagt habe, haben sie ›auf mich geguckt‹ und haben gesagt: ›Für dich ist keine Arbeit.‹

Schließlich ging ich in eine Weberei in Lodz, und dort meinte man, dass ich zu jung sei; ich müsse das lernen, einen Kurs machen. ›Gut‹, antwortete ich, ›ich mache den Kurs‹. Es hat sich herausgestellt, dass die Arbeit in der Weberei für mich zu schwer war. Ich wurde oft ohnmächtig, fiel plötzlich um.

Mittlerweile wohnte Tante Polla in der Nähe, und ich beschloss, einmal wieder bei ihr vorbei zu schauen. Möglicherweise wusste sie Rat. Es war gerade eine ihrer Freundinnen bei ihr, die Meisterin in einer Strickwarenfabrik war. ›Vielleicht kannst du die Hedwig in der Strickwarenfabrik unterbringen?‹, fragte Polla die Freundin. Sie meinte, dass sie es versuchen wolle. Die Hedwig darf aber nicht viel sprechen, weil ihr Polnisch so schlecht ist. Gerade ging eine Frau, die an einer Maschine die Ärmel der Strampelhosen mit Zickzackspitzen umnähte, in Rente. Die Firma war klein. Alle Beschäftigten arbeiteten in einem Saal. Die Strampelhosen musste ich mir bei der Zuschneiderin holen. Nach ein paar Tagen, als ich vor der Zuschneiderin stand, hat mich die neben ihr sitzende Frau gefragt: ›Kennst du eine Apolonia Richter?‹ Ich bin rot geworden und habe geantwortet: ›Nein, ich kenne sie nicht‹, und bin weg gegangen. Dabei war das meine Tante. Die Frau durfte mich nicht weiter erkennen. Ständig befürchtete ich, entlassen zu werden.

Danach versetzte man mich in eine andere große Firma. Dort schafften 5000 Leute. Die Zuschneiderinnen waren in einem anderen Gebäude. Auf holländischen Maschinen lernte ich Overlok nähen, schwere Pullis. Das war die schwierigste Arbeit mit dem geringsten Verdienst. An diese Maschine setzte mich unsere Vorgesetzte, nachdem sie durch meine Geburtsurkunde erfuhr, dass ich eine Niemka (Deutsche) bin. Eine Mitarbeiterin des Personalbüros brachte das Dokument in den Saal und zeigte es den Frauen.

Polen verkauft die Strickwaren auch nach Amerika und Deutschland. Nach Amerika und Deutschland und andere Länder geht die erste Wahl, die zweite Wahl nach Russland, die dritte Wahl bleibt in Polen. Russland plündert Polen aus wie ein erobertes Land. Getreide, Kohle, Schiffe beansprucht Russland für sich. Alle Leute hassen die Russen, weil die nur wenig oder gar nichts bezahlen.«

»Ich hasse die Russen auch, wegen des eisernen Vorhangs, wegen ihrer Terrorherrschaft, wegen der Aufrüstung, wegen der ganzen kommunistischen Politik«, pflichtete ich Tante Hedwig bei. So redeten wir bis tief in die Nacht hinein und trennten uns unter Tränen und mit zerrissenen Herzen. Vielleicht hatten wir uns zum ersten und zum letzten Mal gesehen.

Neuorientierung

Mein Mann hatte sich für zwölf Jahre bei der Bundeswehr verpflichtet, hätte gerne weiterhin gedient, aber wurde wegen des eingetretenen Beförderungsstaus nicht übernommen; der Stellenkegel sei übersetzt. Egon Schöpf nahm das Weiterbildungsangebot der Bundeswehr an und ging wieder zur Schule. Er holte die Mittlere Reife nach. Trotz neu entdeckter Freude am Lernen machte er sich Sorgen um unsere materielle Zukunft. Der erste Konjunktureinbruch in der Bundesrepublik reduzierte die Stellenangebote erheblich, gerade im bayerischen Regensburg. Mit »wir werden das schon schaffen« und »ich kann auch arbeiten« beruhigte ich uns.

Im Sommer 1967 kauften wir den lange ersparten und ersehnten Volkswagen. Es war ein nagelneuer weißer Käfer mit roten Plastiksitzen. Gebrauchtwagenkäufe waren zu jener Zeit sehr riskant, und wir wollten den Wagen gut pflegen und lange fahren. Unsere Einweihungstour ging zu meinen Angehörigen in die Peter-Rosegger-Straße. Vierzehn Tage lebten wir zu acht in Mutters Dreizimmerwohnung, in der im Wohnzimmer eine breite rosasamtene Doppelbettcouch stand, auf der mein Mann und ich gut schliefen. Für unsere Kinder lieh Mutter Faltkinderbettchen bei Nachbarn aus.

Großvater hatte tatsächlich einen Anwalt aufgesucht und lebte in Scheidung. Sobald die Trennung amtlich wäre, würde er die Suche nach einer Frau wieder aufnehmen. Diesmal wirkte Großvater sehr viel lebendiger als bei unserem ersten Zusammentreffen. Er bekam jetzt Rente und zeigte mir stolz seine neue goldene Uhr, die er sich von Rentennachzahlung und Lastenausgleich selber geschenkt hatte. Neben dem Uhrenetui in der Nachttischschublade sah ich ein kleines braunes Büchlein liegen. »Und was ist das?«, fragte ich, während ich darauf deutete. »Mein Gebetbuch. Ich konnte es retten. Dieses Büchlein respektierten die Polen und die Russen. Dein Ururgroßvater brachte es als Geschenk aus seiner Heimat mit nach Polen. Mein Vater und ich haben daraus in Essen in den Kohlegruben gebetet, und mich hat es vor den Nazis beschützt. Leider ist es nun sehr zerfleddert.« Vorsichtig legte er es mir in die Hand, und ich wagte nicht, richtig darin zu blättern, weil ich fürchtete, dass es auseinander fällt. »Bevor ich sterbe, werde ich es deiner Mutter geben, und danach bekommst du es.« »Man müsste es restaurieren lassen«, fand ich und gab Großvater das Büchlein zurück. »Mir fällt im Moment nicht ein, wo so etwas gemacht wird. Bestimmt wird es nicht billig sein.« Mutter rief nach mir, und ich musste Großvaters Zimmer verlassen. Ich nahm mir fest vor, später das Gespräch fortzusetzen.

Es waren schöne Ferien mit all den Treffen bei Bekannten und Freunden. Beim Abschied vor dem Haus fotografierte uns Egon mit unserem ersten eigenen Fotoapparat, den wir uns auch endlich gönnen konnten. Alle kamen mit ans Auto, um »Ade« zu sagen, auch Großvater.

Ausgerechnet kurz vor Weihnachten verschlechterte sich Großvaters Gesundheitszustand, und der Arzt wies ihn ins Reutlinger Krankenhaus ein. Schon lange wünschte sich meine jüngste Schwester einen Besuch bei uns und wollte nicht akzeptieren, dass Mutter die versprochene Weihnachtsreise nach Regensburg, wegen Großvaters Erkrankung, aufschieben wollte. Sie bettelte so lange – der Opa ist doch versorgt, der braucht uns gar nicht – bis Mutter nachgab. Kurz vor Ende der Weihnachtsferien reisten beide zurück.

Im Krankenhaus erfuhren sie, dass Großvater verstorben sei. Man habe keine Angehörigen finden können, und der Pfarrer habe Josef

Richter, ohne jegliche Begleitung, auf dem Friedhof Römerschanze beerdigt. Es war für uns alle schrecklich. Mutter bereute ihre Nachgiebigkeit zutiefst. Der Arzt erweckte bei ihr den Eindruck, dass ihr Vater nach ein paar Wochen intensiver Therapie wieder nach Hause kommen würde. Großvaters Tod 1968 war der erste Todesfall in unserer Familie in Reutlingen.

Josef Richter ging mit dem Jahrgang. Er ist im Januar 1900 geboren, und im Januar 1968 schloss er für immer die Augen. Nur zwei Jahre, mit zwei unbefriedigend kurzen Begegnungen, waren mir mit ihm vergönnt.

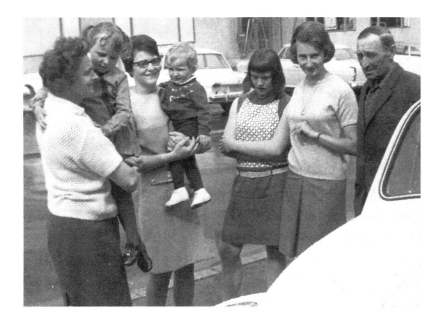

von links nach rechts: Helene, Angela, Erika, Marion, Hildegard, Ursula, Josef, Reutlingen 1967, im Hintergrund der Eingang des französischen Economats

Kleines Familientreffen

Vier Jahre nach dem Tod Großvaters stand ich in Berlin mit zittrigen Knien auf einer Holzplattform in der Nähe des Reichtagsgebäudes und sah in den Osten. Zittrige Knie, ein bisher unbekanntes Gefühl. »Todesstreifen« nannten die Medien die Grenze zur DDR. Diesen Begriff und die Bezeichnung von Berlin als einer Insel der Freiheit verstand ich erst in dem Moment, als ich auf diese Grenzanlage sah.

Neben mir, meinem Mann und meinen beiden neun- und sechsjährigen Mädchen standen einige Leute. Schweigend starrten wir hinüber und hörten den Erläuterungen eines Fremden zu: »Die Mauer im Hintergrund ist eine Betonplattenwand mit Rohren. Die Rundung verhindert, dass man sich an der Mauer festhalten kann. Davor, auf dem geharkten Kontrollstreifen erkennt man sofort, dass jemand entlang gelaufen ist. Dort sieht man das Signalgerät und einen Scheinwerfer. Auf dem Kolonnenweg und KFZ-Graben bewegt sich die Wachmannschaft, und davor sieht man die Hundelaufanlage. Die Grenze wird die ganze Nacht mit Straßenlaternen beleuchtet. Im Beobachtungsturm sind rund um die Uhr Soldaten. Da sieht man noch einen Bunker. Das ist die best durchdachte Grenze der Welt. Hierher wagen sich meiner Ansicht nach nur Selbstmörder, denn hier kommt niemand lebend durch. Im Dezember 63 erlaubten die Kommunisten erstmals wieder Besuche bei Verwandten. Soviel ich weiß, haben damals über eine Million Menschen davon Gebrauch gemacht. Die Regierung Brandt verhandelt hoffentlich erfolgreich, und wir haben hier bald keine Mauer mehr.«

Während wir weiter in Richtung Brandenburger Tor gingen, erklärten wir unseren Kindern den Zweiten Weltkrieg und die gerade besichtigten Kriegsfolgen. Noch drastischer wirkte die Grenzbewachung vor dem Brandenburger Tor. Vor Barrikaden und Stacheldraht stand in geringem Abstand ein bewaffneter Soldat neben dem anderen.

Abschreckender und Furcht einflößender konnte man es sich gar nicht vorstellen. Unmenschlich empfanden wir die Situation für uns und für die Berliner, und angesichts dieser Gewaltdemonstration gaben wir unsere Hoffnung auf eine baldige friedliche Koexistenz zwischen Ost und West auf. Übereinstimmend waren wir der Meinung, dass Reisen zu unseren Leuten jenseits der Grenze zu abenteuerlich wären. Auf Nimmerwiedersehen Bernburg (Wohnort eines Onkels meines Mannes), Lodz, Marienwalde in Ostpreußen.

Von Hannover waren wir, anlässlich eines Besuches bei in der Nähe wohnenden Verwandten meines Mannes, nach Berlin geflogen. Bedienstete der Bundeswehr sollten weder mit dem PKW noch mit der Bahn durch die DDR reisen. Zu den teureren Flugreisen bekamen sie deshalb vom Staat einen Zuschuss. Egon war zwischenzeitlich Beamter beim Bundeswehrverwaltungsamt in Bonn und machte uns mit dieser Reise eine wunderbare Überraschung. Erst als wir am Flugplatz waren, eröffnete er uns, dass wir nach Berlin fliegen; es war unser erster Flug. Wir wohnten in einer Pension am Kurfürstendamm und bestaunten die hauptstädtischen Gebäude und mehrspurigen, belebten innerstädtischen Straßen. Egal, zu welcher Stunde ich aus dem Fenster sah, es waren immer viele Leute unterwegs.

Jederzeit hatten einige Lokale geöffnet. Verglichen mit Bonn eine ganz andere Kategorie. Nun verstanden wir auch den politischen Kampf um diese imposante, ehemalige Hauptstadt, basierend auf der Sehnsucht nach Wiedervereinigung der geteilten Stadt und des geteilten Landes Deutschland.

Ein halbes Jahr zuvor, im Oktober 1971, waren Großmutter, Tante Hedwig, Onkel Zenon und mein Cousin Georg über Friedland nach Metzingen bei Reutlingen zugezogen. Nach sechsundzwanzig Jahren feierte meine Mutter wieder das Weihnachtsfest mit ihrer Mutter mit einem polnisch-deutschen Weihnachtsbaum: neben Kugeln, viel Lametta, hafteten noch mehr weiße Wattebäuschchen an den Zweigen. Und ich lernte in meinem neunundzwanzigsten Lebensjahr meine Großmutter kennen. An jedem unserer Feste hatte ich an sie gedacht und sie schmerzlich vermisst. Nun war sie endlich da! Sie war noch sehr rüstig, kochte täglich für die ganze Familie und machte, trotz ihrer fünfundsiebzig Jahre, noch alle Hausarbeiten.

Elf Personen kamen zusammen: ein wundervolles Gewirr aus Rufen, Lachen und Reden. Das erlebte ich bisher nur bei Hochzeiten, Taufen und Konfirmationen. Es wurde ein Zusammensein voller Freude und Zuneigung. Zum ersten Mal genoss ich Weihnachten in einem so großen Kreis. Auf meine Frage an Hedwig, wie es ihnen in Deutschland gefalle, sagte sie: »Gut. Wir haben jeden Tag etwas zu essen.«

Oma Juliane, so nannten Angela und Marion sie, stellte eine große Schüssel mit Sülze auf den Tisch. Alle langten begeistert zu, denn sie schmeckte einfach köstlich. Nie wieder aß ich so etwas Gutes. Die Zutaten waren nicht teuer, doch was Juliane daraus machte, war süperb. Vielleicht hätte ich denselben Geschmack hinbekommen, aber mir war die viele Schnippelarbeit mit dem Fleisch zu viel. Deshalb nahm ich ihr Angebot, mir das Rezept aufzuschreiben, gar nicht erst an. Zu jedem weiteren Besuch machte sie mir zuliebe Sülze, worüber sich groß und klein hocherfreut zeigte. Und natürlich durfte bei keinem Treffen die selbst gemachte Grützwurst fehlen. Nach Julianes geheimem Familienrezept entstand immer ein Wurstvorrat für mehrere Wochen, denn alle besaßen für ihre Vorratshaltung eine Gefriertruhe von Bosch.

Im Sommer, nach unserem Berlinflug, brachten meine zehn Jahre jüngere Schwester und ihr Mann, Großmutter und Mutter zu einem Besuch nach Aschaffenburg mit. Dort zogen wir von Regensburg aus hin. Egon bekam nach dem Ausscheiden aus der Bundeswehr beim dortigen Kreiswehrersatzamt eine Stelle. Seine neuen Kollegen halfen ihm, bei einem privaten Mietshausbesitzer, eine Drei-Zimmer-Wohnung zu finden. Unser Vormieter hatte Telefon, und das konnten wir praktischerweise übernehmen. Aschaffenburg sollte für uns nur eine Übergangslösung sein, eigentlich wollten wir in einer Universitätsstadt leben. Als eine Stelle bei der Bundeswehrverwaltung in Bonn frei wurde, bewarb sich Egon. Während mich meine Angehörigen in Aschaffenburg besuchten, wohnte mein Mann bereits in einem möblierten Zimmer in Bonn-Friesdorf.

Deshalb konnte ich ausreichend Schlafgelegenheiten anbieten. Mutter und ich stellten mit Genugtuung fest, dass wir es endlich geschafft hatten, vier Generationen unserer Familie zusammen zu bringen; 1972, fast dreißig Jahre nach ihrer Flucht. Sechs weibliche Wesen ließen sich von dem Fotografen ablichten, fanden, dass das Leben auch seine schönen Seiten hatte.

v.l.n.r.: Helene, Juliane, Ursula, Hildegard, Angela, Marion, Aschaffenburg 1972

Bis zum Herbst des folgenden Jahres warteten wir auf die Zuteilung einer größeren Wohnung. Eine Bonner Wohnungsbaugesellschaft wollte in Wachtberg-Ließem, auf dem Areal des Bauern Köllen, für zugezogene Bundesbedienstete eine Wohnsiedlung errichten. Wenigstens hatte ich in dieser Zeit Telefon, und dadurch wurde diese lange Trennung erträglicher als alle voran gegangenen.

Drei Jahre bewohnten wir eine Erdgeschoßwohnung an einer stark befahrenen Ausfahrtstraße. In Aschaffenburg wurden unsere Kinder eingeschult, und ich ging auch wieder zur Schule; in die nahe gelegene Volkshochschule. Ich lernte Englisch und Italienisch. Egon kam, mehr als ein Jahr lang, am Freitagabend nach Hause und fuhr am Sonntag gegen achtzehn Uhr mit dem Zug nach Bonn. Zu seiner Dienststelle hatte er einen kurzen Fußweg, und mit der Straßenbahn kam er günstig zum Bahnhof und in die City. Deshalb überließ er mir den VW, damit ich die Kinder zum Sportverein fahren und bequem und preiswert im etwas außerhalb gelegenen Einkaufszentrum einkaufen konnte.

Nun wohnte der größte Teil meiner Familienangehörigen in Baden-Württemberg. Das war nicht gerade um die Ecke. Mit den Besuchen bei den Verwandten erging es mir so ähnlich wie mit Theaterbesuchen. Sie kamen selten vor, aber es beruhigte mich zu wissen, dass es die Möglichkeit gab, sie jederzeit telefonisch zu sprechen oder besuchen zu können. Nur Tante Apolonia, ihr mittlerweile verheirateter Sohn Peter mit Peter junior und Tante Maria mit ihrem Mann Johann Kluska und ihrer Adoptivtochter Anja waren noch »drüben«. Johann wollte seine kranke Mutter nicht im Stich lassen.

Bis auf die desolate Versorgung mit Lebensmitteln und dem minimalen Warenangebot ging es ihnen nicht schlecht. Dem Ehepaar Kluska war es gelungen, nicht weit vom Anwesen seiner Eltern, in Zgierz, ein Einfamilienhaus zu bauen. Das Haus umgab ein großer Garten, in dem sie Blumen, Gemüse und Beerensträucher anpflanzten. Maria arbeitete im Kino, ihr Mann war in einer Weberei beschäftigt. Im Nebenerwerb betrieb er eine Baumschule. Diese Arbeiten erlernte er während seiner Zwangsarbeit bei einer deutschen Familie. »Bei den Leuten ging es mir verhältnismäßig gut. Ich habe viel gelernt«, betonte er stets in den Gesprächen über diese Zeit im Zweiten Weltkrieg. In seinem Wohngebiet gehörte er bald zur Gruppe der wenigen Autobesitzer.

Weg von Mießem

Sparen, immer nur Sparen. Ich hasste es zu sparen. Während der Bundeswehrzeit meines Mannes war ich häufig allein: Manöver, Ausbildungslehrgänge, Schießübungen. Alle paar Monate waren für ihn Ortswechsel anbefohlen. Im Oktober 1963 saß ich abends allein am Wohnzimmertisch. Neben mir der grün bezogene Stubenwagen mit meinem wenige Wochen alten Baby. Ich rechnete. Als stillende Mutter bekam ich noch zwei Monatsgehälter. Danach schied ich auch pekuniär aus dem Berufsleben aus. Wir brauchten noch einen Kühlschrank und eine Waschmaschine. Nach einem Vergleich der zu erwartenden Einnahmen und Ausgaben würde unser Geld reichen, und dann glaubte ich fest, nie mehr sparen zu müssen.

Es stellte sich als naive Illusion heraus. Mit Nähen (von den ausbezahlten Sozialabgaben kaufte ich u. a. eine Nähmaschine), Backen und überlegtem preiswertem Einkaufen und Kochen, gelang es mir in den ersten Jahren, mein weggefallenes Gehalt zu erwirtschaften. Das stetig wachsende Warenangebot und die Anschaffungswünsche nahmen kein Ende und damit auch nicht das Sparen. Uns erfasste auch das große Unbehagen an der Leistungs-, Konsum- und Wegwerfgesellschaft. Irgendwann kam das Wort »Konsumterror« auf. Terrorisieren lassen wollten wir uns nicht, man muss nicht alles haben. Mit den Kollegen konnten wir ohnehin nicht mithalten, sie wurden von zahlungskräftigen Eltern unterstützt oder waren doppelt verdienende kinderlose Ehepaare.

Die Eltern meines Mannes waren 1961 (der Vater) und 1973 (die Mutter) verstorben; mein Vater kümmerte sich ausschließlich um seine dritte Frau und meinen jüngeren Halbbruder und einen Hausbau.

Wir investierten lieber in die Ausbildung unserer Mädchen und schickten sie in den Ballettunterricht, was sogleich Nachahmung im Bekanntenkreis fand. Höhepunkt des gesellschaftlichen Lebens in

Regensburg war der Chrysanthemenball, der von der Ballettschule ausgerichtet wurde und den wir nie versäumten.

Bausparverträge, als Basis für eine Hausfinanzierung, waren der Beginn einer systematischen, vertraglich eingegangenen Sparverpflichtung. Wohneigentum brachte Unabhängigkeit von den Vermietern und ständig steigenden Mieten. Von Wachtberg-Ließem aus sahen wir uns nach einem Haus oder nach einem geeigneten Grundstück um.

Wahrscheinlich war es die Nähe zur Hauptstadt Bonn und die schnelle telefonische Verständigungsmöglichkeit (mittlerweile gehörten Telefonanschlüsse in Neubauwohnungen zur Grundausstattung), dass wir die ersten zwei Jahre viele Gäste hatten. Der willkommenste Gast war meine Patentante Maria. Zuerst fuhr sie mit Mann und Tochter nach Reutlingen, und dort schlossen sich Hedwig, ihr Mann Zenon und Sohn Georg an. Über dreißig Jahre hatten wir auf diese Begegnung gewartet. Liebevoll überreichte mir Maria eine goldene Kette mit einem herzförmigen Medaillon. Glücklich genossen wir unser Beisammensein. Sie war dunkelhaarig wie meine Mutter, hatte auch das schmale Gesicht, die großen Augen und seidig feinen Haare. Von den vier Mädchen war sie die Hübscheste. Bei schönstem Sommerwetter verbrachten wir anregende Tage mit Ausflügen an den Rhein und erkletterten den Drachenfels; verinnerlichten den weiten und wundervollen Blick auf das Rheintal.

Marias Tochter Anja, Hedwigs Sohn Georg und Angela und Marion verstanden sich gut, obwohl Anja kein Deutsch sprach. Hedwig und Georg dolmetschten unermüdlich, auch zwischen Johann und meinem Mann und mir. Noch schöner wäre es natürlich ohne diese Sprachbarrieren gewesen. Zornig zählten wir all die Kriegszerstörungen auf, die unser Leben immer überschatten werden. Neben den materiellen Verlusten beklagten wir, dass unsere Wohnorte so weit voneinander entfernt waren, dass wir es niemals schaffen würden, dass alle Familienangehörigen zusammen kommen könnten, und dass sich auf unseren Festen so viele Menschen versammelten wie bei den Einheimischen.

Neidvoll registrierte ich die vielen Besucher meiner bayerischen Bettnachbarin im Krankenhaus in Regensburg. Eine Woche lagen wir, nach der Geburt unserer Kinder, in einem Zweibettzimmer zusammen. Auf meinem Nachttisch stand ein einziger Blumenstrauß, sie benötigte das ganze Fensterbrett für die zahlreichen Blumengebinde und Geschenke ihrer vielen Gratulanten.

Unsere Neubausiedlung nannten die Ließemer im alten Ortsteil »Mießem«. Pikiert schüttelten wir den Kopf, mochten uns aber nicht darüber aufregen. Früher waren wir die unbeliebten Polacken.

Die Mädchen gingen aufs Konrad-Adenauer-Gymnasium, und ich besuchte einen Volkshochschulkurs zur Vorbereitung auf die Begabtensonderprüfung an der Pädagogischen Hochschule Rheinland in Bonn. Nachdem ich in Ließem im Alltag angekommen war, besorgte ich mir ein Programm der Volkshochschule und entdeckte den Vorbereitungskurs. Teilnahmebedingung war eine abgeschlossene Berufsausbildung. »Genügt ein Kaufmanns-Gehilfenbrief als abgeschlossene Berufsausbildung?«, fragte ich schüchtern per Telefon den Leiter der Volkhochschule. »Ja, natürlich. Kommen Sie schnell in mein Büro in der Volkshochschule Bad Godesberg, es gibt nur noch wenige freie Plätze.« Was für ein Glück, dass Mutter darauf bestanden hatte, dass ich die Lehre beendete. Das »ja, natürlich« war Balsam für meine Seele, denn ich kämpfte neuerdings gegen Hemmungen unterschiedlichster Art an. Ein Kaufmannsgehilfenbrief war also nicht wertlos. Noch am gleichen Tag telefonierte ich mit Mutter, die sich mit mir darüber freute.

Euphorisch über die Chance, meinen Jugendtraum »Lehrerin« verwirklichen zu können, schaffte ich viele teure Bücher an und richtete mir vor dem Fenster im Schlafzimmer einen eigenen Arbeitsplatz ein. Die Mädchen hatten jede ihr Zimmer in unserer Vier-Zimmer-Wohnung. Im tagsüber leer stehenden Schlafzimmer konnte ich ungestört arbeiten. Obwohl man hin und wieder in der Presse von rückläufigen Schülerzahlen las, versicherte man uns von Seiten der Volkshochschule, dass in den naturwissenschaftlichen Fächern Lehrkräfte fehlten.

»Schülermangel«, folglich »Lehrerschwemme« wurde unter den achtunddreißig Kursteilnehmern bald Abend für Abend diskutiert. Immer mehr gaben ihr Vorhaben auf. Ich wollte das nicht, weil ich daran glaubte, dass mir ein Studium irgendwie nützen würde. Dass diese Beschäftigung mich von der Langenweile im Haushalt erlöste, war ein weiteres Plus. Außerdem fand ich die Inhalte Biologie und Geschichte/Politik sehr interessant, fand sogar den Lehrstoff anfangs mehr unterhaltsam als stressig. Die Lehrkräfte ließen uns nicht im Unklaren, dass wir uns auf ambitiöse Prüfungsthemen und Anforderungen einstellen müssten. Achtzig Prozent der Prüflinge fielen durch. Nach zwei Jahren Vorbereitung nahmen von den achtunddreißig Interessenten acht (mit mir) das Pädagogikstudium auf.

Hedwig blieb mit allen Verwandten in der Bundesrepublik und in Polen telefonisch und brieflich in Kontakt. Zumindest zu Ostern und zu Weihnachten verschickte sie Grußkarten und kurze Briefe.

Fast auf den Tag genau, zogen wir nach fünf Jahren Ließem in unser neu erbautes Haus in Berkum ein. Durch eine Zeitungsannonce fanden wir einen Bauplatz und eine Architekten-Handwerker-Gemeinschaft, die das eineinhalb geschossige Gebäude in sechs Monaten erbaute. Trotz Festpreisvereinbarung hatten wir erheblich unser Baukonto überzogen. Das war 1978, was wieder einmal bedeutete, hart zu sparen und mehr Geld einnehmen zu müssen.

Ich fand eine Arbeit im Büro einer Brauereifiliale und verschob deshalb die Examensanmeldung für das Erste Staatsexamen um ein Jahr, was sich als großer Fehler herausstellte. Grundsätzlich profitierte ich von dem Studium. Ich konnte den Mädchen in ihrer gymnasialen Ausbildung helfen. Mit Abitur und Führerschein sollten sie in ihr Berufsleben starten. Es gelang. Beide begannen ein Studium an der Universität in Bonn.

Mein Mann wechselte von der Bundeswehrverwaltung in das Ministerium für Wirtschaftliche Zusammenarbeit. Als Frühaufsteher begann er um sieben Uhr morgens seinen Dienst und war zwischen sechzehn und siebzehn Uhr zu Hause. Am Feierabend kümmerte er sich um den Haushalt und um Haus und Garten, während ich die Lehramtsanwärterzeit im Seminar in Aachen verbrachte. Dort fand ich als Wochenendfahrerin recht bald ein möbliertes Zimmer.

Neun Jahre harter Arbeit lagen hinter mir, als ich 1982 das Zweite Staatsexamen bestand. Zwischenzeitlich waren die Schülerzahlen stark rückläufig (konnte man alle paar Tage in der Zeitung lesen), aber die Klassenfrequenzen waren viel zu hoch: über dreißig Schüler. Chaotische Zustände in den Klassen. Jeder ausgebildete Lehrer wäre dringend gebraucht worden. Kultusminister Girgensohn gelang es nicht, vom Finanzminister mehr Geld für die Schulen zu bekommen. Unser Ausbildungsjahrgang war der erste, dem keine Anstellung angeboten wurde. Nicht einmal reduzierte Teilzeitstellen. Rücksichtslos opferte man die Qualifizierung der Schüler und die jahrelange Lehrerausbildung dem Rotstift, d.h. man gab die Steuergelder lieber anderweitig aus. Unsere Nichteinstellung sollte vom Pädagogikstudium abschrecken!

Für mich war das eine furchtbare Enttäuschung, denn wir hatten durch den Hausbau und die Ausbildung unserer Töchter enorme Ausgaben. Fast täglich blockten wir deshalb berechtigte Wünsche unserer beiden Gymnasiastinnen ab, was schmerzlicher war als der eigene Verzicht.

Persönlich empfand ich es als Absturz: Von neun Jahren täglicher Arbeitshektik in untätiges Nichtstun. Die ersten Wochen stand ich rat- und lustlos in der Wohnung vor den Fenstern, weil ich nicht wusste, wie ich mich beschäftigen sollte. Wie gewohnt wachte ich um sechs Uhr auf. Viel zu früh. Frustriert fragte ich mich, was ich mit all dieser vielen Zeit anfangen sollte. Mein Mann und meine Töchter waren außer Haus. Meist war ich bis zum Abend allein, was ich nicht mehr gewöhnt war. Ich meldete mich arbeitslos. Verheiratete Frauen verwaltete man lediglich; ich bekam Arbeitslosengeld, während die mit uns studierende Ehefrau eines Schulrektors nahtlos eine Stelle an der Schule ihres Mannes erhielt. Ohne Beziehungen, zig kilometerweit entfernt von den Ausbildungsschulen wohnend, blieb ich außen vor. Flüchtlingsschicksal. Kollateralschaden.

Es gelang mir, als Aufsicht im Rheinischen Landesmuseum und danach als Betreuerin einer psychisch Kranken unsere Schulden mit abzubauen. Zwei Jahre nach dem Examen fand ich Anschluss an eine unabhängige Wählergemeinschaft und damit die Gelegenheit, die erworbenen Kenntnisse wenigstens kommunalpolitisch einzubringen.

Mutter fühlte sich nach der Scheidung, dem Tod ihres Vaters und der Verheiratung ihrer drei Töchter sehr einsam. Reutlingen expandierte stetig, war bekannt als Stadt mit den meisten Millionären in Baden-Württemberg. Prestigeorientiert bemühte man sich um eine Hochschule, die in den 70er Jahren – nicht weit weg von der Peter-Rosegger-Straße – entstand. Mutter konnte zu Fuß hin gehen und fand nach der Ausheilung ihrer Krebserkrankung eine Stelle in der Kantine der Pädagogischen Hochschule.

Damals bezog sie noch immer die Heimatzeitung. Ein mehrseitiges DIN-A-4 großes Blättchen, das auch Kontaktanzeigen enthielt. Sie las die Annonce eines Lodzer Jungen, dem sie sogleich schrieb. Oskar Grunwald erkrankte vor einigen Jahren an Kehlkopfkrebs, aber Mutter schreckte seine Sprechbehinderung nicht ab. Er wurde nach kurzer Bekanntschaft ihr dritter Ehemann.

Sobald ich volljährig war und wählen durfte, beobachtete ich die Ost-West-Politik unter dem Primat meines Heimatvertriebenenstatus. Die von Egon Bahr geprägte Formel »Wandel durch Annäherung«, mit der über die Anerkennung des Status quo seine langfristige Überwindung erreicht werden sollte, verbunden mit dem Verzicht auf Gewalt und Schaffung von Ostverbindungen, fand meine uneingeschränkte Zustimmung.

Aufmerksam verfolgte ich alle entspannungspolitischen Überlegungen unserer Regierungen und erhoffte baldige Reisemöglichkeiten für unsere Familien. Ab 1980 erlaubte die politische und wirtschaftliche Situation der Familie Richter immer öfter gegenseitige Besuche. Anlässlich der Beerdigung meiner Großmutter Juliane Richter, kurz vor Weihnachten in jenem Jahr, trafen sich zum ersten Mal nach dem Krieg ihre vier Töchter: Wanda kam aus Wildberg, Maria aus Zgierz, Helene und Hedwig aus Reutlingen. Den weitesten Weg hatten die Lodzer Angehörigen. Danach kamen wir Schöpfs mit immerhin vier Stunden Autofahrt. Dass dieses Beisammensein erst durch den Tod ihrer Mutter möglich wurde, erfüllte die vier Frauen mit großer Trauer, und sie nahmen sich vor, sich künftig nicht nur zu Beerdigungen zu treffen.

Nicht ganz zehn Jahre lebte sie noch in ihrer Urheimat, wie Juliane sagte. Dankbar erinnerte ich mich an ihre Hilfe anlässlich unseres Hausbaus. Worum es genau ging, weiß ich nicht mehr, jedenfalls sagte ich, dass wir wegen des Hausbaues kein Geld hätten. Darauf hin meinte sie, an Hedwig gewandt, die ihre Rente verwaltete: »Gib der Ursel fünfhundert Mark. Ich bekomme doch jeden Monat neues Geld« (Rente als Witwe Josef Richters). Großmutter konnte nicht lesen und schreiben, sah fern, hörte Radio und lernte telefonieren. Unser erstes Gespräch blieb mir wegen ihres Lodzer Dialektes unvergessen. »Wer sein sie?«, fragte sie mich nach meiner, wie ich glaubte, deutlich laut gesprochenen Grußformel.

Nicht weit von ihrem Grab entfernt ruhten schon zwölf Jahre die Gebeine ihres Ehemannes, der verstarb, bevor die Scheidung rechtskräftig wurde.

Hedwigs Erinnerungen

Hedwigs Fotos

Fotos immer wieder anzusehen, finde ich nicht langweilig. Sie sind Stoppschilder gegen das Vergessen. Ein Geschenk des Lebens an sich selbst. Voller Dankbarkeit genieße ich diese kostbaren Gaben aus der Vergangenheit. Familiäre und berufliche Verpflichtungen ließen häufige Besuche, bei den weit entfernt wohnenden Verwandten, nicht zu. Solange meine Mutter noch lebte, waren wir zumindest einmal im Jahr in Reutlingen, und dann besuchten wir auch Knyszkas. Stets drehten sich unsere Gespräche auch um Polen, die noch dort lebenden Verwandten und die verstorbenen oder abwesenden Angehörigen. Beim Kaffee oder am späten Abend sahen wir uns die wenigen Fotos an, die von ihnen gemacht wurden und gerettet werden konnten. Hedwig dachte oft zurück an das familiäre Leben mit Großeltern, Tanten und Onkeln und ihren Schwestern vor dem Krieg, das bis zu ihrem zehnten Geburtstag vergleichsweise unbeschwert war. Wie sich alles in kürzester Zeit nach dem Einmarsch der Deutschen veränderte in eine Kampf- und Knebelzeit, bis hin zu den verhängnisvoll katastrophalen Folgen nach dem Ende des Krieges 1945.

»Meine Schwester Wanda lebte auch bei einem Bauern. Sie wurde von ihrer eigenen Landwirtschaft ausgesiedelt. Ihr Mann war während des Krieges beim Militär in Deutschland und ist dort geblieben. Sie und ihr Sohn Waldemar haben einige Zeit bei ihrem ehemaligen Knecht gearbeitet. Sie kannte die Adresse ihres Mannes und bemühte sich um eine Ausreise. 1952 reisten sie zu ihm nach Baden-Württemberg. Der Bauer wollte Wanda und Waldemar natürlich zur Arbeit behalten, denn Waldemar war ein kräftiger junger Mann. Er redete ihm ein, dass es ihm in Deutschland sehr schlecht gehen würde, dort gäbe es nichts zu essen. Waldemar ließ sich beeinflussen und wollte unbedingt in Polen bleiben. Wanda war schon ganz verzweifelt, alle Verwandten redeten auf ihn ein, bis er endlich mit dem Wegzug einverstanden war. Meine Schwester Helene flüchtete als Erste nach Deutschland. Von ihr bekamen wir lange keine Post. Erst als uns die polnische Nachbarin einen Brief brachte, wussten wir, wo sie lebt. Wir haben uns dann geschrieben.

Meine Schwester Maria und mein Vater bekamen durch die Tante einen polnischen Ausweis. Bei einer Bäuerin in Grünberg fanden sie Unterkunft und Arbeit. Maria kam zurück. Vater ist dort geblieben. Man ging möglichst weit weg, damit einen niemand erkannte. Die Schwester hat dann bei uns gewohnt. Durch einen Freund meines Patenonkels Leo bekam meine Schwester eine Arbeit als Platzanweiserin im Kino. Er besuchte Apolonia, weil er Onkel Leo suchte. Die beiden Männer verabredeten, sich nach dem Krieg zu treffen. Nun erfuhr er, dass Leo im Lazarett in Ebersbach verstorben war. Die beiden Männer hatten sich gut verstanden, und deshalb bot er der Tante an, ihr einen Wunsch zu erfüllen. Sie wünschte sich eine Arbeit für ihre Nichte, als er ihr erzählte, dass er Betriebsleiter der Lodzer Kinos sei. Den Blumenladen hat Apolonia in der Kriegszeit aufgeben müssen. Sie kaufte eine Landwirtschaft und beschäftigte dort Landarbeiter. Nach Kriegsende wurde sie aus ihrem Anwesen ausgesiedelt. Sie fand mit ihrem Sohn ein Zimmer bei einer Bekannten. Ihr und unser Glück war, dass sie durch ihr Geschäft viele Kontakte zu Polen hatte.

Maria arbeitete im Kino und ich in der Strickwarenfabrik. An einem Sonntag sah ich zufällig zum Fenster hinaus und sah meinen jetzigen Mann, der mit dem Fahrrad vorbei fuhr. Wir hatten uns ein paar Jahre nicht gesehen. ›Wohnt ihr jetzt hier?‹, fragte er mich und meinte, dass nicht weit von hier seine Schwester wohne. Sie habe geheiratet. ›Kann ich auf dem Rückweg zu dir kommen?‹, erkundigte er sich und ich sagte: ›Ja, du kannst kommen‹. Er besuchte uns immer wieder.

Zenon zwang man während des Krieges zur Arbeit bei einem geizigen und gewalttätigen Deutschen, der das Gut und die dazu gehörenden Höfe requirierte. Er missgönnte ihm sogar seine Schuhe. »Wieso hast du Schuhe?«, fragte er ihn und als Zenon antwortete, dass das Pferd, mit dem er gerade den Acker bearbeite, auch Schuhe habe, schlug ihn der Mann so heftig mit einem Knüppel, dass er seitdem an starken Rückenschmerzen leidet.

Durch den Krieg mussten wir beide viele Quälereien durchmachen. Das wollten wir in einem gemeinsamen neuen Leben vergessen und wieder gut machen. 1953 heirateten wir. Trotz Heirat und polnischem Namen hatten wir kein normales Leben. Immer wieder wurden wir benachteiligt. Die erste Zeit nach Kriegsende arbeiteten fast alle Deutschen als Hilfskräfte bei den Bauern. Auch meine Mutter. Dafür bekam sie Kartoffeln und nahm sich die Kartoffelstauden dazu. Das haben wir den ganzen Sommer gegessen. Davon bekam ich Bauchkoliken und Durchfall. Bis heute kann ich nur wenig Grünzeug essen, weil ich Durchfall bekomme.

Meine Oma Franziska starb am 9. Mai 1953. Um acht Uhr sollten wir getraut werden, und um acht Uhr war der Pfarrer noch bei meiner Oma, in ihrer Wohnung unter dem Dach. Von dort bis zur Kirche war es ziemlich weit. Der Pfarrer ging zu den Hochzeitsgästen in die Kirche, und bat sie zu warten. Alles würde sich verspäten. Mein Mann war unterwegs zur Tante, um den Hochzeitsblumenstrauß von ihr zu holen.

Bevor Polla nach Lodz umziehen konnte, wohnte sie auch in diesem Haus. Danach bewohnte Maria die Wohnung. Sie lernte ihren polnischen Mann über die Familie meines Mannes kennen. Genau wie ich, war sie auch froh über ihren polnischen Namen. Wegen ihres deutschen Familiennamen machte man ihr im Geschäft immer wieder Schwierigkeiten. Sie zog nach Zgierz, in das Haus ihrer Schwiegermutter. Dort lebte sie mit ihrem Mann in einem Zimmer, solange, bis sie ihr eigenes Haus gebaut hatten. Jeden Tag fuhr sie mit der Straßenbahn nach Lodz zur Arbeit.

Nach Marias Hochzeit zog ich in Omas Wohnung. Es war nur eine Kammer. Mein Mann renovierte sie selbst, und dann gab es noch eine zweite Kammer, die kleiner und niedriger war. Dort hatten wir unsere

Küche. Sie war so klein und niedrig, dass sich nur eine Person hineinsetzen konnte. In dieser Küche kochte meine Mutter. Ich war immer mit meiner Mutter zusammen. In der Kammer standen ein Bett für meine Mutter, eines für mich und meinen Mann und das Kinderbettchen. Dazu kam ein kleiner Tisch, an dem nur eine Person Platz hatte.

Leute aus den Dachgeschosswohnungen sollten eine Neubauwohnung bekommen, deshalb ging ich zu der Baugenossenschaft, ähnlich der GWG wie hier in Reutlingen. Ich trug uns in eine Warteliste ein. Daraufhin bekamen wir eine Zweizimmerwohnung in Lodz.

Ich traute mich kaum auf die Straße, weil ich befürchtete, als Deutsche erkannt zu werden. Aus der Firma, in der ich arbeitete, waren zehn Personen durch die Nazis umgekommen, und man wollte deshalb keine Deutschen beschäftigen. Wenn jemand ahnte, dass ich eine Deutsche bin, bekam ich viele Schwierigkeiten, deshalb ging ich selten mit meinem Sohn auf der Straße spazieren.

Mir ist entfallen, in welchem Jahr es war. Vor mir stand unerwartet der polnische Besitzer unseres Hofes in Jozefow. Für 5000 Zloty würde er ihn an mich verkaufen. Das Angebot kam zu früh; niemand aus der Familie hatte soviel Geld.

Als ich 1964 von meiner Schwester Helene besucht wurde, musste ich sie den Nachbarn so vorstellen: »Das ist meine Schwester. Sie lebt jetzt in Frankreich.« Die ganzen vierzehn Tage redeten wir nur Polnisch. Trotz dieser Vorsichtsmaßnahmen bekam eine Frau mit, dass ich deutscher Abstammung bin. Die Frau ging zur Lehrerin, sagte dass Jezcegs (Georgs) Mutter eine Deutsche ist. Die Lehrerin reagierte sofort mit ›ab morgen brauchst du nicht mehr in die Schule kommen.‹ Mit meinem Jungen habe ich darüber nie geredet. Dazu war er zu klein. Womöglich hätte er auf der Straße davon gesprochen, dass seine Mutter eine Deutsche ist. Davor hatte ich furchtbare Angst.

Als wir von der Jaweniczka, von Omas Haus, in die Stadt zogen, war er acht Jahre alt. Ein paar Jahre ging alles gut. Nun hatte die Denunziantin ein Schulverbot erreicht. Wir wagten nicht, dagegen vorzugehen. Das konnten die machen, und sie hätten ihm vielleicht so schlechte Noten gegeben, dass er nicht versetzt worden wäre. Mein Mann und ich wollten, dass unser Sohn, damals vierzehn Jahre alt, einen Schulabschluss macht. Wären wir in Polen geblieben, hätten wir deshalb eine andere Schule suchen und wahrscheinlich umziehen müssen.

Unser Glück war, dass meine Schwester durch das Rote Kreuz eine Zuzugsgenehmigung schickte. Die Regierung Brandt schloss mit Gierek Ausreiseverträge ab. Vorher gab es auch für Deutsche keine Möglichkeit, das Land zu verlassen. Polen rechnete mit 10 000 Ausreisewilligen, aber das Rote Kreuz hatte schon 250 000 Anträge vorliegen.

Ich musste zur Personalabteilung gehen und die Genehmigung vorzeigen und sagen, dass wir wegfahren. Ich hatte Angst, dass ich meine Arbeit verliere und nicht ausreisen darf. Meinen Mann, als Polen, wollten sie überhaupt nicht ausreisen lassen. Er ging in die Personalabteilung. Zufällig war der Personalchef nicht da, nur sein Vertreter. Der Vertreter kannte sich nicht aus und hat das Papier unterschrieben. Als der Personalchef kam und die Ausreisegenehmigung auf dem Schreibtisch liegen sah, las er alles und fragte: ›Wer hat das unterschrieben?‹ Der Vertreter sagte, dass er das gemacht habe. Der Chef bekannte, dass er nicht unterschrieben hätte. Zenon bekam als Pole zunächst einen falschen Ausweis. Dadurch hat sich die Ausreise um einen Monat verschoben.

Zenek arbeitete in einer Fabrik, in der Farben zusammengestellt wurden. Das war eine große Firma. Er hatte diese Farbenzusammenstellungen im Kopf. Die Farben wurden in der ganzen Welt vertrieben. Alles, was es auf der Welt gibt, was man mit Farben macht, wurde dort zusammengestellt. Mein Mann besuchte einen Kurs, hatte wegen seines guten Gedächtnisses alles im Kopf. Man befürchtete, dass er dies in Deutschland verrät. Beinahe hätte er das. Wir sind aber nach Reutlingen gekommen und nicht nach Westfalen, wo es so eine Firma gab. Dorthin wollten wir nicht ziehen. Ich wollte mit meiner Familie, mit meinen Schwestern zusammen sein. Wir verkauften unser Gartenland, um damit alle entstehenden Kosten bezahlen zu können, wie einen Grundbuchauszug.

1971 kamen wir nach Deutschland, am 15., 16., 17., Oktober waren wir in Friedland. Dort wurden wir in Baracken untergebracht. Danach schickte man uns in das Durchgangslager Rastatt, Unterbringung in Kasernen. In Rastatt blieben wir länger und wurden registriert.

In Deutschland kam Georg in eine Förderschule. Von Weihnachten bis Ostern lernte er in Tauberbischofsheim die deutsche Sprache. Er konnte gut schwimmen und erzählen. Er war erfolgreich. Betreut und vermittelt wurde das von der evangelischen und der katholischen Kirche. Am Ostersamstag kam eine Frau vom Jugendamt und bot ihm einen Schulplatz in Vaihingen/Enz an, wo in Klassen unterrichtet wurde. Am ersten Osterfeiertag fuhren wir dorthin und schauten uns das Gebäude an. Das Büro war geöffnet. Georg gefiel es. Mit diesem einen Jahr ging er insgesamt neuneinhalb Jahre zur Schule.

In Polen waren die Kinder in der Schule weiter. Schwierigkeiten hatte er auch schon in Polen mit dem Rechnen, er konnte es nicht begreifen. Tante Polla vermittelte uns eine Professorin, die ihm Nachhilfestunden gab. Eigentlich wollte die alte Dame nicht mehr unterrichten. ›Wenn du sagst, dass du eine Nichte von Apolonia Richter bist, dann wird sie dem Jungen helfen‹, ermutigte mich die Tante und schickte mich zu der Professorin. Er lernte bei ihr so gut, dass er sogar den deutschen Schülern überlegen war.

In der Schule in Vaihingen traf er einige Studenten und tat sich mit ihnen zusammen. Sie verkauften Gebrauchtwaren auf der Straße, wie Fernseher. Gelernt hatte er das Verkaufen bei der Tante. Nach dem Krieg kaufte sie ein Grundstück, baute ein Haus und schaffte es, wieder eine Gärtnerei zu eröffnen. Wir gingen öfter zu ihr und halfen. Manchmal verkaufte der Junge auch Blumen.

Wie üblich gingen wir zur Berufsberatung. Georg wollte gern Autoelektriker werden. Der Berufsberater: ›Es gibt 30 Bewerbungen auf eine Stelle, und er kann nicht richtig Deutsch.‹ Sofort berichtigte ich: ›Er hat sehr schnell Deutsch gelernt, er kann Deutsch.‹ Berufsberater: ›Höchstens kann er Automechaniker werden.‹ Er schickte uns drei Stellenangebote von Mercedes, BMW und VW. Georg wählte BMW. Heute ist er selbstständig, und es geht ihm gut.

Maria gefiel es in Polen immer weniger. Die Versorgungslage mit Lebensmitteln war erbärmlich, und die Kriminalität nahm ständig zu. Nachdem ihre Schwiegermutter verstorben war, gab es für sie, ihren Mann, ihre mittlerweile verheiratete Tochter und deren Ehemann und Kind, keinen Grund mehr, in Polen zu bleiben. Die Trennung von ihrem Haus fiel ihr nicht schwer, denn es gäbe ihr kein Essen, sagte sie sich. Mit über sechzig Jahren halte sie das Anstehen in den Läden nicht mehr aus. Das Einfamilienhaus wurde an eine Geschäftsfrau verkauft. Im Frühjahr 1988 zog sie nach Reutlingen um.«

Hedwig erinnert sich auch an das Foto von Franziska Richter mit ihrem Bernhardiner Bordo. Es war Mutter aus Polen geschickt worden, aber es ist und bleibt wohl verschollen. Dafür haben wir von ihr noch eine Porträtaufnahme und das Foto mit ihrem Enkel Peter als Baby. Beim Betrachten der Bilder fallen Hedwig Überlieferungen und erzählenswerte Geschehnisse ein. Gespannt höre ich zu, bekomme ein weiteres Kleinod für meine Geschichtensammlung.

»Hier das vergrößerte Passbild von Franziska Richter, deiner Urgroßmutter. Zuletzt wohnte Oma bei Leo. Regelmäßig brachte ich ihr Milch und Eier. Meistens nachmittags. Dann saß sie auf der Veranda in ihrem Schaukelstuhl und betete mit ihrem Rosenkranz für ihre fünf kleinen Kinder, die in zwei Wochen von der spanischen Grippe dahin gerafft wurden.

Eine polnische Nachbarin rettete ihr während der Nachkriegswirren das Leben. Sie wohnte im Nebenhaus und sah Soldaten im Garten und in Leos Haus hinein gehen. Sie folgte den Männern; es waren Russen und Polen, die Oma mit vorgehaltenem Gewehr zwangen, das Haus zu verlassen. ›Lasst die alte Frau in Ruhe! Wehe ihr macht ihr was! Ich nehm, was ich erwische und schlage das auf euch kaputt. Die Frau hat niemandem etwas gemacht. Das hier waren gute Leute.‹ Die Männer hörten auf sie und verließen das Grundstück.«

Beim Betrachten des Passbildes von Leo Richter dachte sie zurück: »Leo Richter war mein Patenonkel und zog mich immer auf seinen Schoß und meinte scherzhaft, er werde mich einmal heiraten. Er war reich. Mir wolle er einmal ein Säckchen Gold von seinem Reichtum vererben. Zu Ostern bekam ich von ihm immer das größte Schokoladenosterei, das es gab, an Weihnachten einen Schokoladenweihnachtsmann. Alle beneideten mich um seine Geschenke. Als er verwundet in Ebersbach bei Dresden im Lazarett lag, wollte er ein Testament machen. In einem Brief bat er Tante Polla um einen Besuch, sie sollte mich mitbringen. Sie hat das nicht zugelassen, weil ich noch nicht volljährig sei. Das Testament wurde auf ihren Namen gemacht. Polla versprach ihrem Bruder, dass sie mich nach dem Krieg von diesem Geld zur Schule schickt. Sie hielt sich nicht an ihr Versprechen. Leos Gold hat sie in seinem Gewächshaus ausgegraben und behalten. Später hat sie es verkauft. Davon und mit einem Kredit baute sie ein Haus und schickte ihren Sohn zur Schule. Er wurde Gärtner-Ingenieur. Mit ihrer Unterstützung baute er sich eine große Gärtnerei auf. Mir vermittelte sie die Arbeit in der Strickwarenfabrik. Dafür war ich ihr dankbar.

Das Familienfoto entstand in Michalow. Das ist Vater und Mutter mit Wanda, Helene und Maria. Mich gab es noch nicht. In der Nähe unseres Hauses gab es einen Wald und einen Bach. Als wir nach Jozefow zogen, war ich drei Jahre alt. Auf diesem Foto sieht man Mutters Bruder Wilhelm Rode. Er wanderte nach Kanada aus. Hin und wieder schrieb er uns. Auf dem Foto sieht man ihn mit seiner Frau, seinem Schwiegersohn und seiner Tochter und zwei Enkelkindern. Wir haben ihm die Adresse deiner Mutter mitgeteilt, und ihr habt von ihm ein Paket bekommen. Es ging ihm in Kanada besser als in Polen. Geschäftstüchtig und gewinnbringend verkaufte er Häuser.

Deine Mutter Helene Richter mit ihren drei Freundinnen in Jozefow. Sie gingen gemeinsam zur Schule und zum Konfirmandenunterricht. Hier stehe ich mit Zenek (Rufname für Zenon) vor dem Haus der Großmutter. Der Schuppen wurde von Zenek gebaut. Er hatte keine Angst vor der Hausbesitzerin Luschka (Luzia), die sich das Haus aneignete. Zenek sagte ihr oft: ›Mir gehört hier von dem Haus mehr Vermögen als ihnen.‹ Die Stube unter dem Dach war sehr heiß im Sommer, man konnte gar nicht schlafen. Georg bekam dort eine Lungenentzündung. Der Arzt konnte nicht feststellen, was ihm fehlte. Auf der Röntgenaufnahme war nichts zu erkennen. Er hatte über vierzig Grad Fieber und sah aus wie ein Toter. Voller Panik lief ich zur Tante und klagte, dass Georg sterben wird. Polla schickte mich zu einer Doktorin, einer Freundin. Ich musste wieder sagen, dass sie mich geschickt hat. Ihre Praxis war in Bemma, dort wo du, Ursel, gewohnt hast. Auf der anderen Straßenseite hatte sie ihre Wohnung. Ich kam als Privatpatientin zur Röntgenaufnahme. Zuerst gab es auch keinen Befund. Nachdem ich dem Doktor das Kärtchen von der befreundeten Ärztin zeigte, durchleuchtete er Georg mit einem weiteren Gerät. ›Es ist eine Lungenentzündung, tief drin, kaum zu erkennen‹, diagnostizierte er schließlich. Ich erhielt einen Brief, mit dem ich zu der befreundeten Ärztin zurückging, und von ihr bekam ich einen ganz langen Brief an die Medizinerin, die für unsere Straße zuständig war. Man durfte zu keinem anderen Doktor gehen. Die Ärztin entschuldigte sich, schrieb mich einen ganzen Monat krank, verschrieb Penicillin, gab mir zu verstehen, dass Georg Essen eingeflößt bekommen muss, wenn er selbst nichts mehr zu sich nehmen kann. Ein Krankenpfleger kam, spritzte das Penicillin. Er ahnte, dass wir Deutsche sind, als er sah, wie arm wir gewohnt haben. Voller Gewalt stieß er die Spritze in den kleinen Körper. Der Junge hat so geschrieen, er schrie ein paar Tage. Dann ist wieder derselbe Mann gekommen und hat gespritzt. Zenek musste den Jungen festhalten. Der Mann und viele andere leben bis heute ihren Hass auf die Deutschen aus.

Für Zenek war es nicht leicht, eine Deutsche zu heiraten. Anfang April 1953 bestellte er in der Kirche das Aufgebot. An drei Sonntagen verkündete der Pfarrer, dass das Brautpaar Hedwig Richter und Zenon Knyszka heiraten will. Der Organist war für die Papiere zuständig und hatte nicht dasselbe Interesse wie der Priester. Vorwurfsvoll bemerkte er: ›Es gibt doch polnische Mädchen. Musst du eine Deutsche heiraten? Hast du schon angemessen?‹ ›Freilich. Ohne geht es nicht. Ein deutsches Mädchen ist nicht anders als ein polnisches‹, brachte Zenek vor. Daraufhin schrieb der Mann schweigend die erforderlichen Angaben auf. Gerade wurden die Kirchenfenster erneuert, wofür Zenek aus Anlass unserer Hochzeit 300 Zloty spendete.

Der Pfarrer kam vor der Trauung zu uns in die Wohnung. Er sah unsere Armut, und dass ich eine Deutsche bin. Deswegen wollte er keine Bezahlung. Trotzdem gaben wir ihm 300 Zloty. Wir haben in der Kirche des Klosters in Lagewniki geheiratet. In das Kloster gingen die Paare, die für die Trauung nicht so viel bezahlen konnten. In den anderen Kirchen wollte man mehr Geld. Die Kirche war groß, und im Jahr 2000 haben wir sie besucht. Nach uns heiratete Zeneks Bruder. Er ließ sich seine Trauung 1000 Zloty kosten.

Hier unser Schulfoto. Deine Tanten Hedwig und Maria mit weißen Kragen am Kleid vor dem Schulgebäude in Jozefow. Lehrer Lindner inmitten seiner Schulkinder.«

o.l.: Schulfoto, o.r.: Helene mit Schulfreundinnen, Lodz 1938,
l.: Familie Rode, Kanada

v.l: Juliane Richter, Franziska Richter, Hochzeitsbild von Mieczyslaw Richter und Daniela Lewandowska

l.: unbekannte Freundin, Apolonia, Lodz etwa 1930; r.: Hedwig, Zenon Knyszka, Lodz 1956;

Lodz anschauen

Familienangehörige kennen lernen

Gespräche über Lodz begleiteten mein Leben. Zu wissen, wo man geboren ist, den Ort bewusst zu erleben, wünschen sich alle Menschen, die ihren Geburtsort (aus welchen Gründen auch immer) verlassen haben. Diese Reise stand noch immer als unerfüllter Wunsch auf meiner Lebenswunschliste. Immer wieder ergab sich ein Anlass, darüber nachzudenken, ob eine Reise nach Polen möglich wäre.

Im Sommer 2009 kamen mehrere Gründe für einen Besuch zusammen. Ich hatte keine Verpflichtungen, bei meiner Tochter Angela war es ebenso. Dazu kam, dass ich ihr gern das Autofahren überlasse, sie ist eine exzellente Fahrerin. Mein Twingo war fast neu, sodass gefürchtete Pannen im Ausland ausgeschlossen werden konnten und so klein, dass er für Diebe uninteressant war. Onkel Zenon wünschte sich, seinen achtzigsten Geburtstag Ende August in seiner Heimat bei seiner Familie zu feiern. Er und Tante Hedwig waren meine letzten lebenden Verwandten, die noch Kontakt zu meinem Großcousin Peter Miller hatten, die Stadt und alle Orte kannten, die für unsere Familie bedeutend waren. Trotz seiner Herzbeschwerden traute sich Zenon die Reise zu. Hedwig litt und behandelte schon lange ihre Arthrose und hatte Kreislaufprobleme. Wer weiß, überlegte ich, wie lange der Gesundheitszustand der beiden solche Reisestrapazen zulässt. Mein Eindruck: Höchste Zeit für diese Unternehmung.

Onkel und Tante wollten fliegen. Angela buchte online die Flugtickets, schickte sie per Post nach Reutlingen. Der Flug von Stuttgart nach Warschau klappte reibungslos. Peter holte seine Cousine und Mann mit seinem BMW vom Flughafen ab und brachte sie zur Wohnung ihrer Freundin. Stanislawa (Staschia) wohnt in einem Hochhaus mit Aufzug, nicht weit von der Stadtmitte. Früher wohnte sie auch in Jozefow. Die beiden Frauen waren Nachbarkinder, sind seither befreundet. Sie besuchen sich, schreiben einander und telefonieren miteinander.

Am letzten Sonntag im Juli 2009 startete meine Tochter im Morgengrauen, holte mich ab, stieg in mein Auto um und programmierte ihr Navigationsgerät für Dresden. Dort hatten wir vor, die Frauenkirche zu besichtigen, an der Elbe einen Spaziergang zu machen, einzukehren und in einem Hotel zu übernachten. Ohne Pause durchzufahren, war uns zu anstrengend. Bei herrlichem Sonnenschein setzten wir unsere Vorhaben – nach dem Einchecken – um. Musizierende Gruppen auf den Straßen umrahmten unser Abendprogramm.

Von Dresden nach Lodz war es noch einmal so weit. An der Grenze hielten wir an einer, in einem Container untergebrachten Wechselstube, besorgten uns eine kleine Summe Zloty, damit wir Geld haben – falls etwas passiert. Unnötig und zu einem sehr hohen Kurs, wie wir später feststellten. Jedenfalls in Lodz nahmen die meisten Polen gerne Euro.

Auf zweispurigen Landstraßen fuhren wir unserem Ziel entgegen. »Das Navi zeigt an, dass wir um 15 Uhr in Lodz sind. Das glaub ich nicht. Bei diesem Straßenbelag und dem ständigen Gegenverkehr schaffen wir das bestimmt nicht«, orakelte Angela, und so kam es auch. Während der Fahrt lernten wir aus dem Buch »Polen« von Ute Frings (eine Taschenbuchausgabe von 1998), das ich vor vielen Jahren als Sonderangebot kaufte, die wichtigsten Vokabeln: tak (ja), nie (nein), dziekuje (danke), prosze (bitte), dzien dobry (guten Tag), do widzenia (auf Wiedersehen) etc.

Verabredet war, dass Peter an der Look-Tankstelle vor der Stadt auf uns warten wird und uns durch den starken Straßenverkehr zu unserer Unterkunft geleitet. Zuvor gab es ein Telefonat von Handy zu Handy. Peter erkundigte sich bei Angela, an welchem Ort wir uns befänden. Wir hatten uns unsere Automarke, Autofarbe und das Kennzeichen mitgeteilt. Von weitem sahen wir ihn, wenige Meter hinter der Tankstelleneinfahrt, neben seinem Wagen stehen.

Wir sollten in der unbewohnten Wohnung Tante Pollas wohnen, die seit ihrem Tod leer steht. Ich hätte mich auch gerne in einem Hotel einquartiert, um niemanden zu belasten, aber Hedwig meinte: »Da braucht ihr doch in kein Hotel gehen, wenn da eine ganze Wohnung leer steht! Das kommt überhaupt nicht in Frage!« Sie bestand darauf, in Polen alles selbst und per Telefon zu organisieren.

Nun stand der Mann, über den ich sechs Jahrzehnte reden hörte, vor mir. Die leichte Befangenheit, die sich bei mir einschleichen wollte, überspielte ich mit einem fröhlichen »Hallo«, einem Händedruck und den zwei üblich gewordenen Wangenküssen und einer kurzen Umarmung. Ich vermisste bei mir Empathie und fragte mich gleichzeitig, woher soll sie auch kommen? Unser Schicksal ist, dass wir uns, unweit vom Ende unseres Lebens, ganz unten auf der Empathiescala befinden.

Peter öffnete seinen Kofferraum und überreichte uns zur Begrüßung einen Blumenstrauß. »Ach, Tagetes, vielen Dank, die mag ich auch so gern. Ich pflanze sie immer in meine Blumenkästen«, bedankte ich mich. Peter bot mir an (er sprach Deutsch), in sein Auto umzusteigen, aber ich wollte meiner Tochter als Beifahrerin assistieren.

Großcousin fuhr vor uns her. Ich staunte: über das Verkehrschaos, die achtspurigen Ausfallstraßen, die anders gestalteten Straßenschilder, die vielen Fahrräder, die frei herum laufenden Hunde. In einer Wohnsiedlung am Stadtrand, wie es sie in unseren Städten auch gibt, hielt er an. Allerdings, die Fassaden waren mit bunter Geometrie gestaltet. Die Fenster im Erdgeschoss des Wohnblocks, in dem wir wohnen würden, warben mit kleinen Plakaten für die Bibliothek, die in dieser Wohnung eingerichtet war. Heftig nach Luft schnappend, kam ich mit meinem Gepäck im fünften Stock an. Während Peter uns die Funktion der zwei Schlösser erklärte, öffnete er die mit braunem Leder bezogene, massive Wohnungstür. Wir standen in einer Drei-Zimmerwohnung mit Bad und gesondert eingebauter Toilette. Die Küche war mit orangefarbenen Schränken, einem Gasofen sowie einem Kühlschrank ausgestattet. Alles erinnerte mich an die siebziger Jahre in Deutschland, wo diese Art von Küche Standard in Fertighäusern war. Im Wohnzimmer mit Balkon stand ein frisch hergerichtetes Bett, ebenso im Nebenraum. Alle Räume waren aus Anlass unseres Besuches frisch gestrichen worden. Deshalb belegte Angela, als Raucherin, den Raum mit Balkon. In der Küche erklärte Peter: »Hier sind noch Sachen, Geschirr, Töpfe von meiner Mutter. Für Wasser kochen habt ihr hier das«, dabei zeigte er auf den Wasserkocher. »Ich kann noch etwas Deutsch sprechen und verstehen, aber langsam. Jetzt gehen wir in den Laden und kaufen Kaffee, Tee, Brot, was zu essen. Was ihr wollt.«

Nach dem Einkauf holte Peter Tante Hedwig und Onkel Zenon ab, und wir nahmen gemeinsam das Abendbrot ein, mit denselben Lebensmitteln wie bei uns. Glücklich über die gelungene Reise und Ankunft, stießen wir mit »dem besten polnischen Vodka von Sobieski«, wie Peter stolz erläuterte, auf unser lang ersehntes »Wiedersehen« an. »Als Kleinkinder habt ihr euch gesehen«, wusste Hedwig, und ich erinnerte an die Fotografien. »Hast du noch alte Fotografien von deiner Mutter?«, fragte ich Peter. »Nein«, bedauerte er. »Meine Mutter war die letzten Jahre an Demenz erkrankt. Ich habe sie hier in dieser Wohnung jeden Tag besucht und versorgt. Zum Schluss musste ich sie sogar anziehen und füttern. An einem Tag saß sie auf dem Boden vor zerrissenen Fotos. Sie hatte alle Fotos kaputt gerissen.«

Schwierige Sachverhalte übersetzte Hedwig, wie das Parken unseres Twingos in dem bewachten Parkplatz, der zu der Wohnanlage gehörte. Am nächsten Tag verabredeten wir, uns zunächst Lodz (Aussprache in polnisch: Udsch) anzusehen. Mich interessierten alle Straßen und Häuser, die in unserem Familienleben eine Rolle gespielt hatten. Bevor Peter Hedwig und Zenon zur Freundin brachte, stellte er uns alle »seinen Besuch« und das Auto dem Parkwächter mit Hund vor.

Angelas Navi funktionierte auch in Polen. Wir fanden fast immer ohne Umwege die eingegebenen Ziele. Mit dem Handy klappte es weniger gut. Nur eingehende Gespräche waren möglich.

Unsere erste Fahrt machten wir in Richtung ULICA ZAWILCOWA. Ganz langsam fuhren wir die Straße entlang, bis Hedwig meinte, dass hier das erste Anwesen von Tante Polla sein müsste, dass sie später verkauft hatte und in einer der Nebenstraßen wäre das Haus, in dem zuletzt meine Mutter gewohnt hatte. Wir parkten und schlenderten langsam an den Gebäuden vorbei. »Hier ist es. Ich erkenne das Haus am Eingang. Die Leute haben angebaut«, verkündete Zenon. Hedwig klingelte an der Gartentür. Am zwei Meter hohen Metallzaun hing ein Schild der Firma »Solid SECURITY«. Eine Frau kam zu uns an das Tor. Hedwig führte mit der Firmeninhaberin – wie sich bald herausstellte – ein kurzes Gespräch, und wir wurden eingeladen, uns hier umzusehen. Es stand noch eines der Gewächshäuser von Tante Polla, an die sich die jetzige Besitzerin noch erinnerte. Jetzt war das Anwesen eine kleine Strumpffabrik. Kurze Zeit danach gesellte sich der Ehemann zu uns. Freundlich führte uns das Paar durch das Erdgeschoß des Wohnhauses mit Büro und zeigte uns die Firma, die, in einfachen flachen Gebäuden, in Tantes ehemaligem Garten untergebracht war.

Neben dem Sicherheitsdienst bewachte eine grausamtene Dogge und ein schwarzweiß gefleckter Terrier die Immobilie. Wir wurden zum Kaffee eingeladen, mussten wegen des umfangreichen Programms leider absagen. Ich kaufte zwei Strumpfhosen und bekam einen Kalender geschenkt, auf dessen erster Seite der eindrucksvolle Hund, mit einer elegant bestrumpften jungen Dame, abgebildet war. Ein glücklicher Zufall war, dass die dunkelhaarige Pani Krysta (Name der Firma und Strumpfmarke) von der Familie Zimmermann gehört hatte und uns zu deren ehemaligem Haus führen wollte.

Die ULICA ZAWILCOWA war eine bucklige Sandstraße, überwiegend mit zweistöckigen Gebäuden bebaut. Strommasten und -kabel verhinderten einen freien Panoramablick. Für Fußgänger gab es uneinheitlich gestaltete Bürgersteige, die sicherlich von den Hausbesitzern in Eigenregie angelegt wurden, wie in meiner Wohnstraße in Berkum. Hedwig ging mit der Frau voraus und stellte fest, dass niemand im Haus war.

Eigentlich nahm ich mir vor, alles genau anzusehen, empfand aber nun in der konkreten Situation eine beklemmende Scheu vor dem Eindringen in diese Privatsphäre. Hedwig ging zum Nachbarhaus und versuchte, dort Kontakt zu bekommen. Auch da blieb es bei Blicken durch den Zaun. Die Straße und die Gärten waren menschenleer. Beim Anblick der großen Fichte im Vorgarten kam die Frage auf, ob sie wohl von meinen Eltern gepflanzt wurde.

Ein einfaches Haus in einer ruhigen Wohngegend, stellte ich fest. Dass es hier den Zwillingen und Mutter gut gefallen hatte, konnte ich nachvollziehen. Gern hätte ich den Garten hinter dem Haus gesehen, mir dort vorgestellt, wie meine Halbgeschwister hier geschaukelt haben. Meine Tochter fotografierte mich vor dem rostfarbenen Eingangstor. Danach machte ich mit meiner Kamera nicht ganz geglückte Videos von der Umgebung – mit nicht enden wollendem Hundegebell. Von Pani »KRYSTA« erfuhren wir noch, dass Polla früher Schafe hielt. Jenseits der Straße gehörte ihr eine größere Wiese.

»Mutter erzählte, dass sie nach der Hochzeit zuerst bei Onkel Gustav gewohnt habe. Das muss hier in der Nähe gewesen sein. Von diesem Haus habe ich eine Aufnahme mit meinen Eltern auf der Treppe. Das möchte ich mir auch gern anschauen«, wandte ich mich an Hedwig. Sie begann, heftig mit dem Kopf zu schütteln: »Nein. Da geh ich nicht hin. Aus diesem Haus hat dein Onkel Gustav die polnische Familie mit dem Gewehr vertrieben. Er war bei der SS. Das trau ich mich nicht.« Peinlich berührt akzeptierte ich ihre Weigerung.

Es ging auf die Mittagszeit zu, wurde zunehmend heiß. Gemeinsam mit unserer Begleiterin gingen wir zur Strumpffabrik und unserem Auto zurück, während Hedwig sich angeregt mit der Frau auf Polnisch unterhielt. Unter anderem regte sie an, dass ich in Deutschland Reklame für ihre Waren machen solle. Das wird nicht einfach sein, ich wolle es aber versuchen, lächelte ich verbindlich.

Der nächste Programmpunkt war Leos Haus. Die beiden Altlodzer lotsten uns zu einer vierspurigen Ausfallstraße, und von dort bogen wir ab in eine zweispurige Wohnstraße. »Als wir hier wegzogen, gab es diese breiten Straßen noch nicht. Hier waren Wiesen und Felder. Ich kenn mich gar nicht mehr aus«, lamentierte Zenek. »An Leos Haus kam man auf dem Weg nach Jozefow vorbei. Das war nicht weit von der Unterführung entfernt.« Schließlich bat er Angela, bei der nächstmöglichen Gelegenheit zu halten und zu parken.

An die graue Fahrbahndecke grenzte ein Fahrradweg, daran schloss sich ein rosafarben geplätteter Bürgersteig an, und vor der Grundstückseinfriedung gab es noch einen etwa drei Meter breiten Grünstreifen. Die Fahrbahnanlagen bevorzugten hier großzügig Radfahrer, Fußgänger und Hausbewohner. Erwartungsvoll spähten wir durch die hohen Zäune hindurch auf gepflegte Rasenflächen. Auf großen Grundstücken standen, ziemlich weit von der Straße entfernt, attraktive Neubauten. Ähnlich große Häuser baut man jetzt auch bei uns im Rheinland.

»Tak, tak. Ja. Das ist mein Brunnen. Den erkenn ich wieder. Den hab ich selbst gebaut«, freute sich Zenek. »Hier war Leos Haus. Das Holzdach hat jemand anderes gemacht. Das ist nicht meine Arbeit.« Wir vier gingen ganz nah an den Zaun. Plötzlich schoss ein bellender Collie auf uns zu, und eine fremde Frau mit einem Kleinkind auf dem Arm folgte. Hedwig sprach sie Polnisch an. Während die Polin das Tor öffnete, redete sie auf den sich langsam beruhigenden Hund ein.

Von dem Gespräch zwischen den beiden Polnisch sprechenden, verstanden Angela und ich wie immer kein einziges Wort. Auf eine Pause lauernd gelang es mir, Hedwig zu sagen, sie solle fragen, ob wir fotografieren dürften. Die Frau hatte nichts dagegen. Sie verband ihre Zustimmung mit einer Einladung zum Kaffee. Wir mussten wieder ehrlich bedauernd ablehnen, weil wir nur ein paar Tage in der Stadt wären. Wenig Zeit. Aber vielen Dank. Dziekuje.

Durch die schon erwähnte Unterführung fuhren wir weiter und besuchten die Kirche, in der Hedwig und Zenon getraut worden waren. Danach nach Michalow, zu Mutters Geburtshaus.

Auf Julianes ehemaligem Grundstück, umgeben von einem kleinen Wald, fanden wir ein alt wirkendes graues Haus vor. Es war weiträumig umzäunt, bis zur Haustür waren es bestimmt fünfzig Meter. Überall lag Gerümpelähnliches herum; es machte einen verwahrlosten Eindruck. Einige weitere Häuser wirkten dagegen ordentlich und gepflegt. Die Lage war bemerkenswert idyllisch mit den großen Getreidefeldern, die von Wald begrenzt wurden. Wir fanden einen Weg zu dem kleinen Fluss, der Großvater auf die erfolgreiche Idee brachte,

Ferienangebote zu machen. Hedwig erinnerte sich daran, dass sie beinahe in dem Fluss ertrunken wäre. Ein Nachbarkind stieß sie hinein. Auf schmalen Sandwegen fuhren wir zur Landstraße zurück. Wir waren hungrig geworden und suchten nach einer Gaststätte. In einer recht verlassen wirkenden »Gospoda« ließen wir uns Koteletts, Bratkartoffeln und Salat schmecken. Wir waren die einzigen Gäste. Der freundliche Wirt beschrieb uns den Weg nach Moskul, wo Vaters Landwirtschaft war, und wo auch meine Großeltern väterlicherseits ihren Hof hatten.

In Moskul machten wir einen Verdauungsspaziergang entlang der teils villenartig neu erbauten Häuser, die von ziemlich großen Gärten oder von Feldern umgeben waren. Aussiedlerhöfe schienen es nicht zu sein. An der Grundstücksgröße konnte man ablesen, dass Land in Polen reichlich vorhanden und deshalb nicht teuer war, im Gegensatz zur Bonner Gegend, wo immer größere Häuser auf stetig kleineren Parzellen stehen. Hedwig wagte es, Leute in einem alten Hof nach den früheren Bewohnern des Ortes zu fragen, während ich das Bauernhaus mit seinen Gänsen fotografierte. Ihr selbst war Moskul unbekannt, und die Neumoskuler konnten uns auch nicht weiter helfen. So blieb uns nichts weiter übrig, als zu spekulieren und den sonnendurchfluteten Ort zu besichtigen.

»Vielleicht hat Mutter sich im Januar 1945 auf dieser Straße von Jozefow hierher geschleppt«, vermutete ich, vor einem Baum stehend, auf dem ein blaues Ortsnamensschild (UL. MOSKULE 3 A LODZ-BALUTY) angenagelt war und machte eine Aufnahme.

Von Moskul fuhren wir nach Jozefow. Hedwig hatte den Ort bis zu diesem Tag nicht wieder betreten. Sie erkannte aber sofort die Straße, an deren Ende ihr Elternhaus stand. Konsequent vermied sie alles, was sie an die durchlittenen Brutalitäten der Nachkriegszeit erinnerte. Schlicht, wie es ihre Art ist, sagte sie: »Ich konnte nicht mehr hierher gehen.« Nun waren wir auf meinen und Angelas Wunsch hergekommen, und sie ging beherzt in den nicht ganz umzäunten Garten, vorbei an einem neuen zweistöckigen weißen und modern gestalteten Haus. »Komm rein, wirst sehn«, rief sie mir zu, als sie mein Zögern bemerkte. In einigem Abstand folgte ich ihr mit eingeschalteter Videofunktion an meiner kleinen Canon-Digitalkamera. Ich entdeckte ein Schild vor der Zypresseneinfriedung des Grundstückes: 3000 qm zu verkaufen. Ein beagleähnlich aussehender Mischling erschien, gefolgt von seiner Besitzerin. Wie bisher folgte auf Hedwigs »dzien dobry« ein längeres Gespräch zwischen den beiden Frauen. Angela, Zenon und ich standen schweigend dabei. Nach einer Weile erfuhren wir, dass wir uns umsehen und fotografieren dürfen.

»Guckt mal, da sind noch unsere Kriechkeiten, und die Kastanie ist noch da und so ein großer starker Baum geworden. Das Tor zu unserem Hof war an der gegenüber liegenden Straßenseite. Unser Garten war genau so groß wie dieser jetzt ist, aber wir hatten Beete und Gemüse und lauter Fliederbüsche an der Straße. In allen Farben. Es hat in ganz Jozefow danach gerochen«, beschrieb Hedwig.

Eingang zu den überdachten Kriechkeiten, Jozefow 2009

Ich stand vor der recht klein und eng wirkenden Öffnung der Kriechkeiten, dieses höhlenartig wirkenden Vorratsbaus und gruselte mich bei dem Gedanken, dort hinein kriechen zu müssen, wie Mutter es tat, um sich vor Verfolgern in Sicherheit zu bringen. Vielleicht nahm sie mich mit, und das war der Grund, warum ich mich noch viele Male, im Traum, mit meiner Mutter vor dem Krieg in einer Höhle im Wald verstecken wollte. Bei diesen Gedanken merkte ich, wie sich meine Augen mit Tränen füllten und ging schnell zu dem schönen Essigbaum, machte ein Foto und verhinderte mit dieser Ablenkung, dass ich vor Allen weinen musste.

Meine Tochter und ich fotografierten, Zenon und Hedwig plauderten mit der freundlichen Polin. Sie erzählte, dass sie für sich und ihre verheiratete Tochter neu gebaut haben. Auch sie bot uns Kaffee an. Wieder lehnten wir dankend ab, denn wir wollten noch nach Zgierz, Marias ehemaliges Haus besichtigen. Aus Zeitgründen deutete Hedwig nur die Richtung an, in der die Schule war, in der sie und Maria von Lehrer Lindner unterrichtet wurden. Nachsehen, ob es sie noch gab, wollte sie nicht. Bevor wir uns wieder auf den Weg machten, fotografierten wir noch vor dem Ortsschild.

Vielleicht hielten wir uns eine gute Stunde in Jozefow auf. In dieser Zeit sah ich zwei fahrende Autos, einen Radfahrer und einen frei laufenden Hund, von der Größe eines Schäferhundes. Angesichts des Radfahrers fiel mir Mutters Sehnsucht nach dem flachen Land ein und ihre Aversion gegenüber Bergen. Gebirge gibt es in Polen lediglich im Süden; mit 2499 Metern ist der Rysy dort der höchste Berg.

Am Abend saßen Angela und ich auf Tante Pollas kleinem Balkon und ließen die Eindrücke des Tages Revue passieren. Vorwurfsvoll kam Angela auf die Situation zu sprechen, wo sich Hedwig weigerte, zu Gustavs ehemaligem Haus zu gehen. »Du hast doch erzählt, dass deine Eltern ein leer stehendes Haus gemietet haben. Du hast gelogen.« Betreten hörte ich: »Es ist für mich schrecklich, zu wissen, dass Leute aus unserer Familie Polen und Juden beraubt haben. Ich schäme mich dafür und nehme dir deine Heimlichtuerei und deine Beschönigung sehr übel. Wenn ich das gewusst hätte, wäre ich nicht hierher gekommen.« »Mir war das auch nicht bekannt. Ich habe mir die Anmietung von Wohnraum so vorgestellt, wie ich es in Deutschland erfahren habe. Ein Gebäude, eine Wohnung wird gebaut oder frei und man mietet oder kauft sich ein.« Wir diskutierten lange. Obwohl ich sehr müde war, konnte ich erst gegen Morgen einschlafen.

v.l.n.r.: Hedwig, Ursula, Zenon vor dem Ortsschild von Jozefow, 2009

Vom Nahen zum Fernen wollten wir unsere Polenerkundung organisieren. So verabredeten wir für den folgenden Tag einen Bummel in der Stadtmitte: zur Piotrkowska, der Lodzer Flaniermeile. Bevor wir uns von Staschias Wohnstraße zu Fuß auf den Weg machten, parkten wir den Twingo fast um die Ecke, auf einem bewachten Parkplatz. Es kostete zehn Zloty. Parkgeld sollten wir keinesfalls durch parken auf der Straße sparen wollen, ermahnte man uns immer wieder.

Hedwig führte uns zu einer Wechselstube, und wir tauschten eine größere Summe Euro um. An einem Kiosk erwarben wir ein mit Blaubeeren gefülltes Kuchenteilchen, das wir unbedingt probieren mussten. Tatsächlich schmeckte es sehr lecker.

Mich drängte es in eine Buchhandlung, wo ich hoffte, interessante Informationen über die Stadt zu finden. Außerdem hielten wir es für möglich, etwas unwiderstehlich Günstiges zu entdecken, das sich lohnte, mit nach Hause genommen zu werden.

Zufällig begann unsere Tour unweit einer Buchhandlung. Angela sprach die ernst blickende Verkäuferin auf Englisch an. Vergeblich. Hedwig übernahm wieder, und zu meiner Überraschung gab es, ähnlich wie in der Türkei, in Italien, Frankreich einen Bildband über Lodz in deutscher Sprache, von polnischen Autoren konzipiert und in Italien gedruckt. Touristisch war Lodz up to date, stellten wir verblüfft fest. Ergänzend kaufte ich noch eine Landkarte, damit wir uns ein Bild über die Umgebung der Stadt machen konnten.

Staunend blickte ich die ULICA PIOTRKOWSKA hinunter, erkannte einen runden Platz mit einem großen Denkmal. Jedes Mal, wenn ich von Lodz sprach, fiel die abfällige Bemerkung, dass die Stadt hässlich und dreckig wäre. Das Gerede löste bei mir den Gedanken aus, dass ich wohl nichts versäume, sollte die Reise dorthin niemals zustande kommen. Wie schön, fand ich, dass ich mich vor solch einseitigen Herabwürdigungen zu schützen wusste und nun hier stehe. Angenehm überrascht sah ich auf die breite Fußgängerzone mit einladender Außengastronomie. Ein Geschäft neben dem anderen. Paläste und palastähnliche attraktiv restaurierte Gebäude gaben der Straße ein prunkvolles Aussehen. Von hier war meine Mutter am Vortag des russischen Einmarsches mit der Straßenbahn nach Hause gefahren. Jetzt radelten hier Rikschas für jeweils zwei Personen. An einem Gebäude erkannte ich den Schriftzug von »fielmann« und natürlich einen unvermeidlichen Mac Donald's. Marias ehemalige Kinoarbeitsstelle war unbedingt zu fotografieren. Vier Kilometer ist die Piotrkowska lang, wusste Zenon, und wir beschlossen, uns müde zu laufen und uns dann von einer Rikscha zum Platz der Freiheit bringen zu lassen.

»So schöne Denkmalideen bewunderte ich vor dem Rubinstein-Klavier stehend, nachdem ich die vielen Namenstafeln auf der Straße sah. Jeder, der sich als Lodzer verstand, konnte (und kann immer noch) zur Jahrtausendwende eine Tafel erwerben und seinen Vor- und Zunamen auf der Mitte der Piotrkowka-Straße verewigen.

Hungrig und müde gelaufen, nahmen wir Platz in der Straßenbestuhlung eines italienischen Restaurants. Nachdem wir unsere Bestellung aufgegeben hatten, wandte sich Angela an Hedwig: »Ich bin sehr beeindruckt, wie gekonnt du mit den Leuten umgehst. Sie laden uns spontan zum Kaffee ein. Das würde einem in Deutschland nicht passieren. Leider kann ich nichts verstehen, deshalb muss ich dich fragen. Was sagst du eigentlich zu den Leuten?« »Ich sage ihnen, dass wir für ein paar Tage zu Besuch hier sind. Meine Nichte ist in Lodz geboren, sage ich, und sie möchte sich ansehen, wo ihre Familie früher gelebt hat. Das können die Leute gut verstehen.« Ich blätterte in meinem neu erstandenen Buch und entdeckte das Zentrum »Manufaktura«, Palast und Fabrikgelände von Izrael Poznanski (früher 15 ha). Las vor, dass eine französische Firma die Gebäude in ein Einkaufs- und Unterhaltungszentrum umgewandelt hat. Hedwig und Zenon wollten auch gerne sehen, was aus den backsteinroten, unverputzten Fabriken geworden ist.

Wir trafen einen riesigen Platz an, mit einer kleinen Springbrunnenstraße, auf der die Kinder herumliefen und im Wasser planschten. Viele bunt gestaltete Bänke und Sitzgruppen vor zahlreichen Restaurants luden zum Verweilen ein. Mit Einschränkung vergleichbar mit dem Platz vor dem Louvre in Paris, aber hier so viel sinnvoller, insbesondere für die gegenwärtigen heißen Tage Ende Juli. Nach einem Gang durch die Verkaufsräume konnten wir nur noch von dem vielfältigen und auch eleganten Warenangebot schwärmen. Auch das Restaurant, in dem wir ein Abendessen einnahmen, hatte in Qualität und Service internationalen Standard. Alle Leute waren geschmackvoll gekleidet. Die Frauen nicht so elegant wie in Düsseldorf, kombinierten aber ihre zweiteilige Kleidung - Hose - Oberteil; Rock - Oberteil - farblich passend.

Peter und seine Frau gingen ihren beruflichen Verpflichtungen nach. Marilla als Besitzerin eines Blumenladens, mein Großcousin widmete sich der Pflanzenzucht und dem Einkauf. An einem Abend wollten sie, bei diesem schönen Wetter, in ihrem stattlichen Garten mit uns grillen. Zwei Hunde begrüßten uns laut bellend. »Der Schäferhund ist uns zugelaufen, den Dackel haben wir schon sehr lange«, informierte uns der Hausherr in langsamem Deutsch. Danach führte er uns durch seine Gewächshäuser, und wir bestaunten eine riesige Fläche roter Weihnachtssterne. Dazu fielen mir sofort die großen Sträucher in Brasilien ein. Dort konnte ich sehen, dass unsere Topfpflanze, ähnlich unserem Holunder, an Straßenrändern wächst.

Im Hof parkte neben dem BMW ein Lastwagen, und auf einer größeren Rasenfläche zwischen Haus und Straße plätscherte ein Brunnen. Danach erwartete uns ein fertig gedeckter Tisch, wie er auch in meinem Garten hätte stehen können: mehrere Sorten Fleisch, Salat, eingelegte Gurken, ein besonders gut schmeckender Quark, Wein und Wodka und andere Getränke. Ich hatte Fotos von zu Hause mitgebracht und erzählte mit ihrer Unterstützung von meinem Leben in Deutschland. Das bewog Marilla ihr Fotoalbum zu holen, was viel dazu beitrug, dass es ein unterhaltsamer Abend wurde: ohne Konsum- und Zeitlimit. Ein Mitarbeiter Peters fuhr uns gegen Mitternacht in Tante Pollas etwa zwanzig Kilometer weit entfernte Wohnung.

Freitag, letzter Tag im Juli, fuhren wir mit einem Taxi zum Bahnhof und weiter mit dem Zug nach Warschau. In einem neuen, mit weinrotfarbenen Polstern ausgestattetem Abteil, fand jeder einen Sitzplatz. »Zuerst müssen wir mit dem Aufzug zur Plattform des Palastes der Kultur und Wissenschaft«, schlug Hedwig vor, dort habe man in 114 Metern Höhe eine tolle Aussicht auf die ganze Stadt. Das Gebäude ist in der Nähe des Bahnhofes und bietet im Erdgeschoss das übliche touristische Informationsmaterial an, und so konnte ich relativ problemlos einen Bildband über Warschau kaufen. Danach wollten wir zur Altstadt. Unterwegs fand ich ein Fotogeschäft und kaufte einen Speicherchip für meine Kamera: Unentwegt reihte sich ein lohnendes Motiv an das andere.

Vom Schlossplatz scholl uns eine männliche Megaphonstimme entgegen. In schwarzer Schrift prangten große Lettern auf weißem

Stoff. Mehrere solcher Tücher und kleine Flaggen in den nationalen Farben rot-weiß hatten die Protestierer vor dem südlichen Eingang des Schlosses postiert. Das Gebäude wird jetzt für kulturelle Zwecke und als Museum genutzt. Etwa vierzig Personen standen, mehr oder weniger weit entfernt von den Demonstranten, auf dem Platz. Ich erfuhr, dass die Leute gegen den jüdischen Einfluss auf die polnische Politik waren, im Zusammenhang mit dem Irakkrieg.

Unweit der Demonstration warteten zwei Kutschen auf Fahrgäste. Wir beschlossen, in dem Restaurant vis-à-vis des Schlosses unser Mittagessen einzunehmen. Bei herrlichem Sonnenschein fanden wir Plätze auf hellen Korbstühlen, umgeben von einem schmiedeeisernen Zaun, an dem Blumenkästen mit roten Geranien hingen. Unter beigefarbigen Sonnenschirmen mit der Reklameaufschrift »TYSKIE« bekamen wir gerade noch genießbare Gerichte.

Über den altstädtischen Marktplatz, den wir ausgiebig bewunderten und dessen Gartenlokale verständlicherweise voll besetzt waren, gingen wir auf meinen Wunsch hin zur Weichsel. Jahrelang war dieser Strom für mich nur ein Name, vermittelt über die Landsmannschaft Weichsel-Warthe. Nun wollte ich die Gelegenheit nicht verpassen, den Fluss mit eigenen Augen zu sehen. Trotz seiner stattlichen Ausmaße schien er nicht die Transportbedeutung des Rheins zu haben, kein fahrendes Schiff war zu sehen. Da ich nun wieder einen Speicherchip für den Fotoapparat besaß, machte Angela zur ewigen Erinnerung ein Lichtbild.

Peter hatte sich für Samstag überlegt, mit uns einen Ausflug zu machen. Das Ausflugsziel verriet er nicht, meinte nur, es sei etwas weit zu fahren, aber es würde sich lohnen. Er nahm in seinem BMW Hedwig und Zenek mit. Angela und ich fuhren in meinem Twingo hinterher. Andere Fahrzeuge zwängten sich zwischen uns, und plötzlich war Peter verschwunden. Da uns das Ausflugsziel unbekannt war, konnten wir ohne ihn nicht weiter fahren. Wir parkten und hofften, dass er bald bemerken würde, dass wir uns verloren hatten. Angelas Handy funktionierte nur für eingehende Gespräche, und so mussten wir darauf warten, dass Peter uns vermisst. Wir sahen auf die Uhr, um festzuhalten, wie viel Zeit wir verschwendeten, witzelten über Telepathie, verwandtschaftliche Spiritualität, dachten ganz fest abwechselnd an die drei Verschwundenen. Falls er sich nicht bald melden würde, beschlossen wir, nach Lodz zurückzufahren. Zwanzig Minuten später klingelte endlich das Handy. Peter beschrieb seinen Standort und unsere Route, und als wir seinen Wagen entdeckten, stiegen wir aus und verabredeten einen sofortigen Stopp, bei nochmaliger Trennung.

Nach zwei Stunden machten wir in einer Waldgaststätte Pause. Peter lud uns zum Essen ein und bestellte bei dem Wirt Kotelett mit Beilagen. So eine lange Fahrt ins Blaue fand ich übertrieben, und wir Frauen zweifelten die Sinnhaftigkeit dieser langen Strecke an. Peter bat wiederum um Geduld und meinte immer noch, dass wir uns bald freuen würden.

Mein Rücken schmerzte empfindlich, als wir endlich auf einem größeren Parkplatz hielten, wie es ihn überall auf der Welt vor touristisch interessanten Orten gibt. »Das muss jetzt wirklich was ganz Außergewöhnliches sein, was du uns hier zeigst«, wandte ich mich vorwurfsvoll an Peter, »sonst verzeih ich dir diese Tortour in meinem ganzen Leben nicht mehr.« »Kommt. Es wird euch gefallen«, lächelte Peter selbstbewusst, und wir gingen erwartungsvoll hinter ihm her, auf eine Schlossanlage zu. Vor dem längeren Weg zum Haupteingang kaufte Peter an einem Stand eine Broschüre mit viel Text in Polnisch und ein wenig Englisch.

»Das Bauwerk ist die größte Ruine Europas und steht auf einer fünfeckigen Befestigungsanlage. Dieses Schloss Krzyztopor wurde in den 1640er Jahren erbaut, und der italienische Architekt, namens Senes, verbaute nur Material aus dem Umland und plante nach dem Kalender. Die vier Türme symbolisieren die Jahreszeiten, zwölf Ballräume die Anzahl der Monate, zweiundfünfzig Zimmer die Wochen und 365 Fenster die Tage in einem Jahr. Der Turm dieses Kastells steht über einer Quelle und überall in den Mauern waren Vorratsräume. Die Erbauer stellten sich vor, dass man hier eine Belagerung durch Feinde sehr lange aushalten würde. Krzyztopors Glanzzeit war nur von kurzer Dauer. 1655 zerstörten schwedische Truppen die Festung und stahlen alles Wertvolle«, erklärte uns Peter in der Broschüre blätternd, dabei gingen wir an einem ziemlich großen Rasenplatz vorbei, auf dem eine Theaterbühne stand.

»Um die Ruine vor weiterem Verfall zu schützen, wurden Teile aufgestockt und überdacht. Vielleicht findet sich irgendwann ein Finanzier. Schade für Ujazd, das es nicht mehr genutzt wird«, bedauerte Peter und niemand widersprach. »Genial. So eine praktische Planungsidee. Die Zeit wurde damit konkret und für jede Person sichtbar. Ich habe schon viele Schlösser und Burgen besichtigt, aber diese Feste ist außergewöhnlich gut durchdacht. Originell. Man kann dir nur zustimmen. Es tut einem leid, dass dieses Schloss nicht wieder hergestellt werden kann. Ehrlich gesagt, hat sich die lange Tour gelohnt. Du hattest Recht, Cousin«, freute ich mich und lief voller Entdeckungslust mit meiner Kamera in dem Komplex herum.

Schlossruine Krzyztopor

Ohne es auszusprechen, beneidete ich die Polen um diese imposante Kulisse für ihre kulturellen Veranstaltungen. Die angenehme Kühle zwischen den Mauern umwehte mich wie ein Frühlingswind. Zur Schlossruine gehörte auch eine Gaststätte. Dort machten wir eine kurze Pause und fuhren dann nach Osten weiter: nach Sandomierz an der Weichsel (polnisch Wisla).

Auf einem kleinen Platz unweit des Stadtzentrums parkten wir. »Sehenswert ist hier das Rathaus, das Museum und der unterirdische Touristenweg. Der Weg ist einen halben Kilometer lang, wurde schon im fünfzehnten Jahrhundert unter den Bürgerhäusern angelegt. Interessant sind die Verkleidungen und die Ausstellungen. In diesen altstädtischen Händlerlagern wird neben anderen Waren heißer Wein verkauft. Heute bei dieser Hitze wahrscheinlich nicht. Marilla wollte, dass ich euch diese schöne Stadt zeige und dass wir für unser Abendessen Wein mitbringen«, ließ uns Peter wissen. Wir gingen an einer sehr einladend wirkenden Weinhandlung vorbei. Auf dem Rückweg wollten wir von hier ein paar Flaschen mitnehmen.

Der Weg, das Flanieren auf dem Rathausplatz mit seinen Verkaufsständen und der Besuch im Museum, rundeten den Tag ab und machten ihn zu einem außergewöhnlichen Erlebnis. Ein Schauspieler, der in einem malerischen Kostüm Reklame für sein Theater machte, flanierte an uns vorbei und ließ sich bereitwillig mit meiner Tochter und mir fotografieren.

Es war schon dunkel, als wir bei Marilla zum Abendessen eintrafen. Der Wein schmeckte allen Liebhabern von herbem Wein. Sandomierz ist eine bezaubernd schöne Stadt, versicherten wir Marilla und bedankten uns für ihre Fürsprache bei Peter. Den Twingo mussten wir zu dieser späten Stunde auf der Straße parken. Wir fanden einen Platz, der von unseren Wohnungsfenstern zu sehen war und hofften inbrünstig, dass ihm nichts passiert. Am nächsten Tag wollten wir – auf Angelas speziellen Wunsch – nach Danzig fahren. Wenn ich schon in Polen bin, dann muss ich Danzig sehen. Warum auch nicht?, dachte ich.

Angela sah es zuerst: »Unter dem Scheibenwischer klemmt ein Zettel.« Wir stellten unser Gepäck auf dem Bürgersteig ab, mich beschlich ein ungutes Gefühl, während meine Tochter das Papier vorsichtig hervorzog. Schönschrift ist es nicht, stimmten wir überein und rätselten, was die polnischen Worte wohl bedeuten. Hatten wir falsch geparkt? Wir gingen um das Auto herum, fanden es unverändert, verstauten unser Gepäck im Kofferraum und auf den Rücksitzen und den Zettel im Handschuhfach. Bei nächster Gelegenheit würden wir ihn übersetzen lassen. Zwei Übernachtungen waren von Angela, in englischer Sprache, von Staschias (Stanislawa) Telefon aus gebucht worden.

Sandomierz Rathausplatz

»Jetzt sind wir schon acht Tage in Lodz, und ich war noch nicht bei meiner Familie«, beschwerte sich Zenek, als wir nach unserer Warschauer und Danziger Reise angeregt plaudernd in Stanislawas Wohnzimmer saßen.

»Morgen Vormittag wollen wir mit Peter auf den Friedhof. August, Franziskas und Pollas Grab besuchen, das Peter neu herrichten ließ.

Danach will er Angela und mir einen noch lebenden Arbeiter, den Polla auf ihrer Landwirtschaft beschäftigte, vorstellen, und ich soll ihn fotografieren. Gegen Mittag sind wir bestimmt damit fertig und holen euch hier ab. Ihr braucht nur sagen, wohin ihr wollt. Ist es weit zu deinen Verwandten?«, erkundigte ich mich und gab meinem Onkel Auskunft.

v.l.: Peter Miller und Jurek Jacubowski im Garten der Familie Jacubowski; Lodz 2009 (J.J. verst. 2010)

Zuerst wollte Zenek zu seinem Bruder nach Marcjanka, der den Hof schon lange an seinen Sohn übergeben hatte. Anschließend zum Abendessen zu den Kindern seiner verstorbenen Schwester. Zufällig hatte seine Schwägerin an diesem Tag Geburtstag. Das erfuhren wir aber erst, als wir zu zehnt an der Geburtstagstafel saßen. Sie war reichlich gedeckt. Besonders lecker schmeckte das in einem Teig gebackene Fleisch. Angela versuchte sich in einem Gespräch mit dem Sohn, der noch zur Schule ging und Englisch lernte. Es klappte noch nicht. Ich hörte zu und genoss die familiäre Wiedersehensfreude. Die Altbäuerin war achtzig Jahre alt geworden.

Wie schön, dass ich an der Strecke Lodz-Danzig ein Blumenkörbchen für mich gekauft hatte, dachte ich. Das konnte ich ihr nun schenken. Ich ging zum Auto. Dabei fiel mir der Scheibenwischer-Zettel ein. Hedwig würde ihn übersetzen können, aber sie reichte ihn an ihren Neffen weiter. Grinsend meinte er, dass unser Auto jemandem gefallen hat. Er möchte es kaufen. Unter dem fast unleserlichen Gekrakel stand eine Telefonnummer.

Zeneks Neffe stellte sich als tüchtiger Landwirt und Soltys (Ortsvorsteher) heraus. Wir besichtigten den Stall, in dem sich circa fünfzig Rinder befanden, die gerade gefüttert wurden. Unter der Stalldecke entdeckte ich ein rundes Etwas und bekam erklärt, dass es eine Kuhwaschanlage sei. Sobald sich ein Rind an die gelbliche Bürstenrolle lehne, beginne sie zu rotieren.

Kuhwaschanlage auf dem Hof Knyszka, 2009

Der Raum mit dem riesigen Milchbehälter glich einem kleinen Labor. Polnische Landwirte beklagen auch: die niedrigen Erträge, die ständig steigenden Kosten für Futtermittel, den sonstigen Lebensunterhalt, den teuren Maschinenpark. Man bemühe sich um Hilfen bei der EU. Dieses kurze Statement erhielten wir bei unserem, von zwei Hunden bewachten Gang über den Hof, begrenzt von zwei Wohnhäusern und einer Remise. Das Gehöft von Zeneks Nichte in Swendow war kleiner und nicht spezialisiert. Vor der Eingangstür zum Wohngebäude hingen zwei Blumenampeln und standen zwei große Kübel mit Agaven. Die Stallungen befanden sich vis-à-vis. Das Anwesen erinnerte mich an die Bauernhöfe meiner Kindheit in Niederbayern. Bewundernd standen wir vor den Goldfasanen mit ihrem buntschillerndem Gefieder. Damit würde sicherlich ein guter Verdienst realisiert werden können, vermutete ich. Nein, die verkaufen wir nicht, sagte man mir, sie werden für den Eigenbedarf gezüchtet.

v.l.n.r.: Angela Schöpf, Zenon, Jan Knyszka

Vergebens hatte ich die ganzen Tage nach einer Metzgerei Ausschau gehalten, um Grützwurst zu kaufen. An diesem Abend bekamen wir zwei Sorten angeboten, dazu selbst eingelegte saure Gurken, unbehandelte eigene Kuhmilch, Säfte aus der Saftpresse, in der die jüngere Großnichte Zeneks arbeitete, Tee, Brot und zweierlei selbst gebackenen Kuchen. Es war ein fröhliches Kennenlernen und für Hedwig und Zenon ein Wiedersehen unter Zuhilfenahme meiner Fotos und des Fotoalbums unserer Gastgeber. Hedwig dolmetschte unermüdlich und erfragte die Adresse von dem Geschäft, in dem ich mehrere Ringe Grützwurst für zu Hause erwarb.

Schade, dass wir so weit auseinander wohnen, bekundeten wir uns gegenseitig. Kommt bald nach Deutschland, forderten Angela und ich alle auf, die uns in diesen zehn Tagen begegneten. Ihr seid herzlich eingeladen.

Wohnhauseingang der Familie Jarmusz, Swendow 2009, v.l.n.r.: Jan Jarmusz, Elzbieta Klich, Halina Jarmusz

Auf der Heimfahrt spürten wir gemeinsam dem aktuellen deutsch-polnischen Verhältnis im Lodzer Raum nach. Hedwig gab zu bedenken, dass Peter erzähle, einige seiner Nachbarn würden nicht mit ihm sprechen, weil er Deutscher sei, obwohl er aufgrund seiner Jugend mit den Gräueltaten der Deutschen gar nichts zu tun habe. Zwei Mal habe er polnische Frauen geheiratet. Woran man erkennen kann, dass er sich zu Polen zugehörig fühle. Man schließe ihn ungerechterweise aus, was ihn ärgere.

Diese Empfindung kenne ich nur zu gut. Mich kränkte es als Schülerin und Jugendliche ebenso, wenn ich von Leuten wegen meines Flüchtlingsstatus übersehen oder überheblich behandelt wurde. Mittlerweile weiß ich, nach zehn Wohnortwechseln und zunehmendem Alter, dass man überall auf Sympathie und Antipathie trifft, genau wie einem selbst auch nicht jeder Mensch gleich angenehm ist. Aus Selbstschutzgründen nehme ich Ablehnung und Ignoranz im Privaten nicht zu ernst. Das Leben ist so.

Wir waren alle etwas müde und schwiegen lange. Mir fiel die Situation im Garten ein, wo Hedwig die Kriechkeiten und die große Kastanie entdeckte und darüber ein klein wenig, ein Quäntchen (ein Quäntchen sind 3,65 Gramm) glücklich zu sein schien und die Situation wie eine professionelle Fremdenführerin meisterte.

Resümee

Über ein halbes Jahrhundert lang beschäftigten sich meine Gedanken mit dem Verlangen, meine Geburtsstadt kennen zu lernen; einen realistisch konkreten Gesamteindruck vom Leben meiner Vorfahren und Angehörigen im Raum Lodz zu bekommen. Dass die Geschichte meiner Familie auch eine Geschichte über Liebe und Zuneigung jenseits von Rassismus und Nationalismus ist, fand ich bestätigt sowie Mutters Schilderung unserer Familiengeschichte.

»DAS GOLDENE BUCH« über Lodz berichtet über die Villen der Fabrikanten Reinhold und Jozef Richter, die als österreichische Untertanen aus Tschechien stammten. Jozef Richters Villa, im Stil der italienischen Renaissance, entwarf Karl Seidl aus Wien. Neben Geyers und Grohmans, schreiben die Autoren, »gehörten sie zu den am stärksten polonisierten Fabrikanten.« Mutter formulierte es so: »Die Familie beschloss, sich zu Polen zu bekennen, weil sie nun schon lange in diesem Land lebte.«

Vielleicht sind meine Ahnen Florian und Franziska Seidel mit Karl Seidl verwandt und Franz und August Richter mit Reinhold und Jozef Richter. Ein Gewinn für meine Ahnentafel wäre, wenn ich sie mit all diesen Personen ergänzen könnte. Sollte es mir selbst nicht gelingen, so hoffe ich, dass sich die nächste Generation mit diesen offen gebliebenen Fragen erfolgreich beschäftigt.

Ermutigt fühle ich mich dazu durch die Gewissheit, dass es in Lodz nicht nur Feindschaft zwischen den ethnischen Volksgruppen, sondern, sowohl unter deutscher als auch unter russischer Besatzung, uneigennützige freundschaftliche Hilfe gab. Neben all den Gräueln, den widerwärtigen Begleitumständen im Zuge der Industrialisierung, die wir weder akzeptieren noch vergessen dürfen, muss auch das Gute benannt und gewürdigt werden. Alle Weber und Handwerker, die zur Gründung der Textilindustrie nach Polen gingen, waren Pioniere der Völkerverständigung und -zusammenarbeit. Dafür schulden wir ihnen Dankbarkeit und Anerkennung.

Seit ich den Garten, die Kastanie, die Felder gesehen habe, empfinde ich Mutters Heimweh und ihren Zorn über den völkerrechtswidrig enteigneten Besitz mit neuer Qualität. Es verlangte mich sehr danach, mich unter den stattlichen Baum zu setzen, den sommerlichen Familienversammlungen nachzuspüren, die es hier einmal gab; mir vorzustellen, wie ich als Zweijährige an Vaters und Mutters Hand über die Wiese trippelte. Sein Foto in meinem Haus ist kein Ersatz, nur eine schmerzliche Erinnerung.

Ich vermisse intensiver die bis heute ausgebliebene gerechte Regelung über diesen enormen Verlust: Heimat, Besitz, Rechte und familiäre Traditionen. Von fast 200 Jahren Arbeit in Lodz verblieben uns Fotos, Dokumente, ein Grundbuchauszug und das Gebetbuch meiner Urahnen als dürre Zeugnisse vieler leidvoller Erfahrungen.

Die Politik des zwanzigsten Jahrhunderts raubte uns die Freiheit der Person von privater und kollektiver Macht. Lebenserfüllung, Freude und Glück hängen davon ab, ob der Mensch sich selbst entfalten kann. Dazu gehört der Freiraum zur eigenen Entscheidung, der den meisten Vertriebenen durch ihre Armut und ihr ausgegrenztes Sein in der Nachkriegszeit verwehrt war. Traumata und Benachteiligungen dauern an.

Überrascht hat mich die Größe der Stadt mit ihren mannigfaltigen Sehenswürdigkeiten. Lodz zeigte sich mir touristisch lohnend im Bereich des jahreszeitlich unabhängigen Städtetourismus. Ohne Bedenken empfehle ich in meinem Freundes- und Bekanntenkreis den Besuch dieser Stadt mit ihrer jetzt gepflegten City, ihren schönen Plätzen und Denkmälern, zumal sich die jüngere Generation mit einem jährlich stattfindenden Fest der Kulturen weltoffen zeigt. Jüdische, deutsche und russische Verdienste um die Entwicklung der Stadt werden nicht mehr verleugnet. Sakral-, Industrie- und Wohngebäude beschreibt und bildet man wertneutral ab. Die von Bombardierungen verschont gebliebenen Paläste der Textilbarone verhalfen Lodz zum polnischen Hollywood. Was früher wenige Fabrikantenfamilien nutzten, kommt heute vielen Filmschaffenden zugute. Bekanntester Schüler der in einem Prachtbau untergebrachten Filmschule ist Roman Polanski.

So viele Einrichtungen hätte ich noch gerne besichtigt. Besonders leid tut mir, dass ich es nicht schaffte, das Textilmuseum und das Museum für Kinematographie zu besuchen.

Den Ort Jozefow stellte ich mir wie ein Straßendorf vor, ähnlich unseren Orten hier in Wachtberg. Stattdessen sind die Häuser von großen Gärten umgeben und liegen weit auseinander. Hier wurde mir die unterschiedliche Bevölkerungsdichte besonders deutlich; Polen 122 Einwohner, Deutschland 229 Einwohner pro Quadratkilometer. Der nachbarschaftliche Schutz fehlt, er wird durch die Haltung von Hunden ersetzt. In keinem Land habe ich, sowohl in der Stadt, als auch auf dem Land, soviel Hunde gesehen wie in diesen zehn Tagen in Polen.

Überall ist man mir und meiner Tochter freundlich begegnet. Nur einmal meinte Hedwig, in einem Lokal, dass die Leute vom Nebentisch unsretwegen gegangen seien, weil wir Deutsch sprachen. Bei den Einladungen bekamen wir köstliche Gerichte serviert. Mein Großcousin schenkte mir lange aufbewahrte Dokumente von meinem Urgroßvater. Nur in Danzig begegneten wir in einem Lokal anderen Deutschen. Sie empfahlen uns ihr Fischgericht.

Immer wieder gab es Situationen in meinem Leben, wo ich mich nebenbei mit der Geschichte meiner Familie befasste. Ein immer wiederkehrender Gedanke: das müsste alles einmal aufgeschrieben werden. Berufstätigkeiten, Familie, Ehrenamt, Haus und Garten ließen lange Zeit wenig Raum für diese aufwändige Arbeit. 2009 änderte sich das, ich ging in eine Art Ruhestand.

Zufrieden über die Ergebnisse meiner Besuche sowie Reiseerlebnisse verspüre ich tiefes Bedauern darüber, dass mir dies erst nach so langer Zeit möglich war. Neben vielem Sehenswertem waren es, bedauerlicherweise, Tage freundlich lächelnder Sprachlosigkeit wie in jedem Ausland, wo man auf einen Dolmetscher angewiesen ist. Pädagogisch gesehen fühlt es sich hin und wieder so an, als hätte ich eine, vor langer Zeit aufgegebene, unerledigt gebliebene Hausaufgabe bewältigt.

Gegen Gewalt

Es ist schon alles gesagt

jetzt muss sich
jeder
jeder Mann jede Frau
Tag für Tag daran halten

und es muss aufgepasst werden
dass es keinen Rückschritt gibt
in die Gewalt

darum seid wachsam
wehret den Anfängen
überall

haltet fest den Arm
öffnet die Faust
legt hinein
in die offenen Hände
euer Geschenk

Aufmerksamkeit
Liebe
Frieden

Stadt meiner Dokumente

geboren in Lodz
registriert in Innere Stadt

wie bist du Stadt meiner Geburt?
gegenwärtig und nichts in meinem Leben

hässlich ohne Charme sagen die Leute
farblose Arbeiterstadt der Stoffe

Mutter floh mit mir
aus lehmiger Gasse
mit Gärten und Brunnen

sagte dem bellenden Hund Morras
der Straßenbahn aus Urgrosselterns Zeiten adieu

heute mache ich mich auf
schwarzer Punkt auf der Karte
werde eintauchen in das Jetzt
bemale die blinden Flecken

nach hunderten von Kilometern
befahre ich Großstadtstraßen vor grauen Kästen
staune und bewundere
verzierte ziegelrote Fabriken die Manufaktura
schaue Paläste und Gotteshäuser
sitze auf der Denkmalbank neben Rubinstein
am Tisch mit berühmten Textilbaronen
laufe über unzählige Namen auf der Denkmalstraße

bei einem Cafe auf der sonnigen Piotrkowska
nenne ich die Namen der Menschen aus Lodz
die meinem Herzen nahe sind
vergesse alles Schaurige in einer Fahrradrikscha

jetzt kenne ich dich ein wenig Lodz
zeitgemäß wurden Wiesen zu Straßen
du hast viel Grün mit einem Tierpark
einen Platz der Freiheit
bist stolz auf weltberühmte Filmemacher
verkaufst dich gut im Goldenen Buch

froh dich gesehen zu haben wünsche ich mir
do widzenia
ein Wiedersehen

August Richters Dokumente

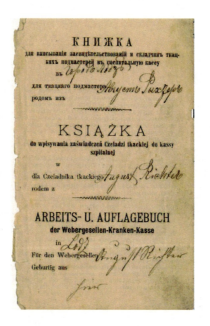

— 4 —

wskazać mu ulicę i Nr domu, w którym pracować będzie, starszy zaś czeladnik obowiązany jest ze swej strony udzielić mu na to upoważnienie przez doręczenie mu wyciśniętej pieczęci.

§ 4. Majster, który chce oddalić czeladnika, powinien mu obowiązek na 14 dni naprzód wypowiedzieć.

§ 5. Również czeladnik obowiązany jest zawiadomić majstra na 14 dni naprzód, że u niego dłużej pracować nie będzie.

§ 6. Majster może zaliczać czeladnikowi naprzód tylko tygodniowy zarobek.

§ 7. Każdy majster obowiązany jest płacić składkę szpitalną za swojego czeladnika, na żądanie starszego z czeladzi lub kasyera.

§ 8. Jeżeli czeladnik zasłabnie i zażąda z kassy całotygodniowego zarobku, musi się zgłosić do starszego czeladnika najdalej we Wtorek, we Środę może tylko żądać połowy; zgłaszający się później, nie ma prawa do żadnego funduszu.

§ 9. Jeżeli stały czeladnik, który z kassy składkowej pobiera fundusze, przed zupełnem wyleczeniem okaże się zdolnym do pracy, w takim razie stosownie do rodzaju choroby i innych okoliczności, traci prawo do pewnej części lub całego funduszu.

dnia   18

Starszy i Podstarszy Zgromadzenia tkackiego

Jan Feltmann
Josef Tanisch

— 5 —

Gesellen-Reglement.

§ 1. Derjenige Meister, welcher einen Gesellen ohne Buch aus seinem letzten Arbeitsorte annimmt, muss allen Schaden und Verlust Demjenigen ersetzen, dem solcher hieraus entstanden, und noch eine Polizeistrafe von 4 Rub. 50 Kop. erlegen. Ebenso darf der Meister keinen zugereisten Gesellen ohne dieses Buch in Arbeit nehmen.

§ 2. Der Meister soll dem aus Arbeit gehenden Gesellen in dieses Buch quittiren.

§ 3. Jeder Geselle ist verpflichtet, wenn er aus Arbeit geht, sich beim Altgesellen zu melden und ihm Strasse und Hausnummer bemerken, wo er wieder in Arbeit tritt; wo hingegen der Altgeselle verpflichtet ist, es mit seinem Siegel zu bestätigen.

§ 4. Derjenige Meister, welcher seinen Gesellen entlassen will, ist verpflichtet selbigen 14 Tage zuvor in Kenntniss zu setzen.

§ 5. Der Geselle ist ebenfalls verpflichtet, 14 Tage vorher dem Meister zu benachrichtigen, wenn er aus Arbeit gehen will.

§ 6. Der Meister soll dem Gesellen nicht mehr Vorschuss geben, als er wöchentlich verdienen kann.

§ 7. Jeder Meister ist verpflichtet, die Beiträge zur Krankenkasse für seinen Gesellen bei der Einforderungen an den Altgesellen oder Kassirer zu entrichten.

§ 8. Wird ein Geselle krank und will Anspruch auf die Krankensteuer einer ganzen Woche machen, so hat er sich spätestens bis Dienstag bei dem Alt-

— 6 —

gesellen zu melden; von Mittwoch an kann nur die Hälfte, und bei späterer Meldung gar nichts verabreicht werden.

§ 9. Wird ein kranker Geselle, der Steuer erhält, bei dem Krankenbesuche als arbeitsfähig, jedoch nicht völlig hergestellt angetroffen, jo kann ihm nach Beschaffenheit der gehabten Krankheit oder sonstigen Umständen die Krankensteuer ganz oder zum Theil entzogen werden.

Łódź den 4 September 18 7

Die Ober-und Vormeister des Weberhandwerks

Johann Feltmann
Josef Tanisch

— 7 —

Годъ Rok Jahr 18 / Мѣсяцъ Miesiąc Monat	Квитанцiя во внесѣ складочныхъ / Kwit na zapłacone składki / Quittung der bezahlten Auflagen		Недоимка Zaległość Rückstand	
			Rub.	Kop.
			въ томъ числѣ уплачено з того zapłacono davon bezahlt	
			Rub.	Kop.
Январь Styczeń Januar	#174 R			
Февраль Luty Februar				
Мартъ Marzec März				
Апрѣль Kwiecień April				
Май Maj Mai				
Іюнь Czerwiec Juni				
Іюль Lipiec Juli				
Августъ Sierpień August				
Сентябрь Wrzesień September	240 Kop	A.G.		
Октябрь Październik October				
Ноябрь Listopad November				
Декабрь Grudzień December	40 Kp	A.G.		

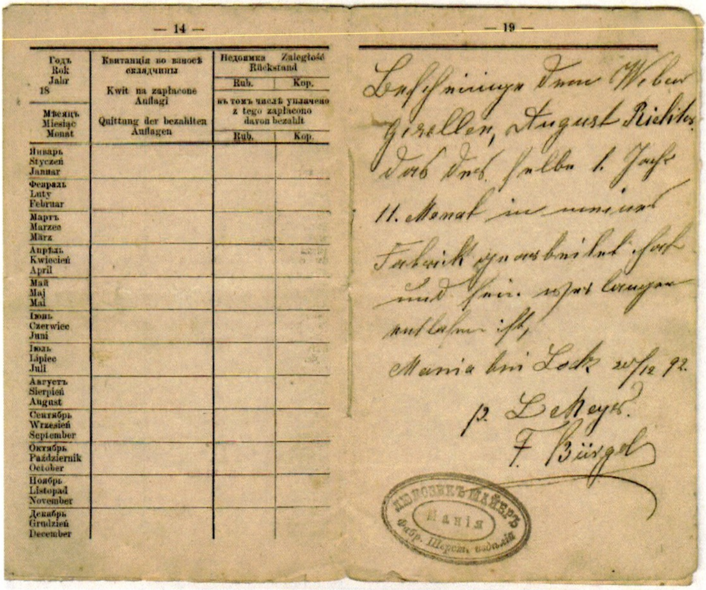

— 14 —

Годъ Rok Jahr 18	Квитанція во внесеніи складчины Kwit na zapłacone Anlagi Quittung der bezahlten Auflagen		Недоимка Zaległość Rückstand		въ томъ числѣ уплачено z tego zapłacono davon bezahlt	
	Руб.	Коп.	Руб.	Коп.	Руб.	Коп.
Январь / Styczeń / Januar						
Февраль / Luty / Februar						
Мартъ / Marzec / März						
Апрѣль / Kwiecień / April						
Май / Maj / Mai						
Іюнь / Czerwiec / Juni						
Іюль / Lipiec / Juli						
Августъ / Sierpień / August						
Сентябрь / Wrzesień / September						
Октябрь / Październik / October						
Ноябрь / Listopad / November						
Декабрь / Grudzień / December						

— 19 —

[handwritten text:]
Bescheinigung dass Weber Gesellen, August Richter
doch drei halbe l. Jahr
11. Monat in unserer
Fabrik gearbeitet hat
und Heute ohne Verzug
entlassen ist,
Mania bei Łodz 20/12 92.
p. Lebeyd
F. Bürgel

[stamp: Mania]

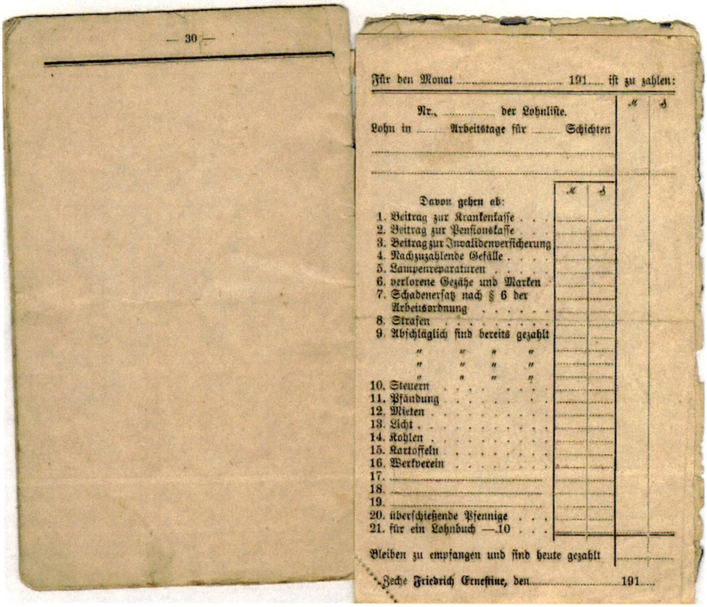

— 30 —

Für den Monat _____ 191_ ist zu zahlen:

	ℳ	₰
Nr. _____ der Lohnliste.		
Lohn in _____ Arbeitstage für _____ Schichten		
Davon gehen ab:		
1. Beitrag zur Krankenkasse		
2. Beitrag zur Pensionskasse		
3. Beitrag zur Invalidenversicherung		
4. Nachzuzahlende Gefälle		
5. Lampenreparaturen		
6. verlorene Gezähe und Marken		
7. Schadenersatz nach § 6 der Arbeitsordnung		
8. Strafen		
9. Abschläglich sind bereits gezahlt		
" "		
" "		
" "		
10. Steuern		
11. Pfändung		
12. Mieten		
13. Licht		
14. Kohlen		
15. Kartoffeln		
16. Werkverein		
17.		
18.		
19.		
20. überschießende Pfennige		
21. für ein Lohnbuch —10		

Bleiben zu empfangen und sind heute gezahlt _____

Zeche Friedrich Ernestine, den _____ 191_

Richter

Für den Monat 10 1916 ist zu zahlen:

Nr. _____ der Lohnliste.
Lohn in 17 Arbeitstage für 18¼ Schichten

	M	₰
	293	70

Davon gehen ab:
1. Beitrag zur Krankenkasse 5,76
2. Beitrag zur Pensionskasse .... 1,—
3. Beitrag zur Invalidenversicherung .. ,99
4. Nachzuzahlende Gefälle ....
5. Lampenreparatur ....
6. verlorene Geräte und Marken ....
7. Schadenersatz nach § der Arbeitsordnung
8. Strafen ....
9. Abschläglich sind bereits gezahlt .. 80,00
10. Steuern ....
11. Bündung ....
12. Mieten ....
13. Licht ....
14. Kohlen ....
15. Kartoffeln ....
16. Werkverein ....
17. ....
18. ....
19. ....
20. überschießende Pfennige .... ,05
21. für ein Lohnbuch —,10

	147	80
Bleiben zu empfangen und sind heute gezahlt	85	90

Zeche Friedrich Ernestine, den 19.11. 1916

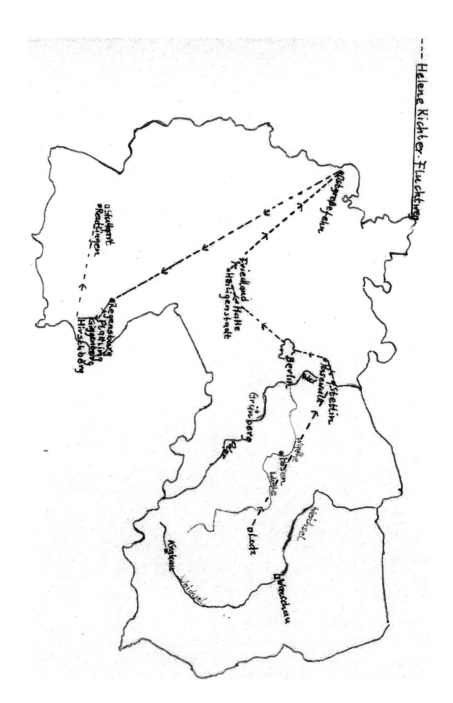

Ahnentafel

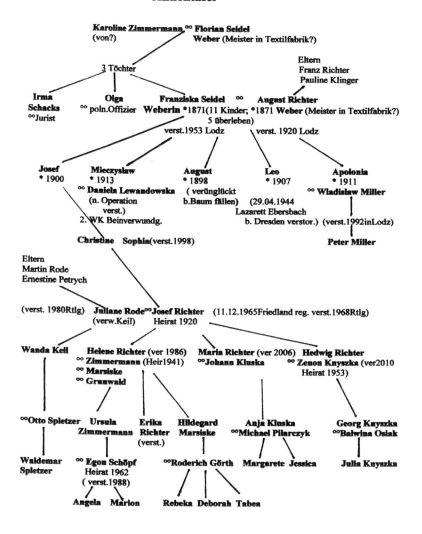

Angela Schöpf, Alter Friedhof,
Grabstätte Richter-Miller, Lodz 2009

Ursula Schöpf, 1942 in Lodz geboren, lebte nach der Flucht aus Polen ab 1945 in Bayern: im Raum Deggendorf und in Rosenheim, danach bis 1963 in Baden-Württemberg. Kaufmännische Lehre, Büroangestellte in Reutlingen. 1962 Heirat mit einem Soldaten der Bundeswehr, Flüchtling aus Marienwalde in Ostpreußen. Zehn Jahre Hausfrau in Regensburg und Aschaffenburg, zwei Töchter. 1973 Übersiedlung nach Wachtberg, wo sie noch heute lebt. Studium und Zweite Staatsprüfung für das Lehramt an der Pädagogischen Hochschule Rheinland in Bonn. Seit 1984 kommunalpolitisch engagiert. Nach mehreren Beiträgen in Zeitschriften und »Haltestellen« und »tag für tag« ist »Ein Quäntchen Glück« ihr drittes Buch, in dem sie ihre und die Geschichte ihrer Familie erzählt.

Gestaltung und Satz: Jürgen Eis
Sämtliche Fotografien und Reproduktionen von Dokumenten aus dem Privatbesitz der Autorin
Druck : SOWA

Free Pen Verlag
www.freepenverlag.de

1. Auflage 2014
Alle Rechte vorbehalten / Tous droits réservés / All rights reserved
ISBN 978-3-945177-16-7